教育部哲学社会科学研究重大课题攻关项目
"习近平总书记关于边疆治理重要论述研究"(22JZD003)资助

何以与何为

优秀传统治理资源的
创造性转化

廖林燕　等著

中国社会科学出版社

图书在版编目（CIP）数据

何以与何为：优秀传统治理资源的创造性转化 / 廖林燕等著. -- 北京：中国社会科学出版社, 2024.8.

ISBN 978-7-5227-3871-0

Ⅰ. D630.1

中国国家版本馆 CIP 数据核字第 202415J2P5 号

出 版 人	赵剑英
责任编辑	孔继萍
责任校对	李　莉
责任印制	郝美娜

出　　版	中国社会科学出版社
社　　址	北京鼓楼西大街甲 158 号
邮　　编	100720
网　　址	http：//www.csspw.cn
发 行 部	010-84083685
门 市 部	010-84029450
经　　销	新华书店及其他书店
印　　刷	北京君升印刷有限公司
装　　订	廊坊市广阳区广增装订厂
版　　次	2024 年 8 月第 1 版
印　　次	2024 年 8 月第 1 次印刷
开　　本	710×1000　1/16
印　　张	16
字　　数	254 千字
定　　价	98.00 元

凡购买中国社会科学出版社图书，如有质量问题请与本社营销中心联系调换
电话：010-84083683
版权所有　侵权必究

目　录

导　论 …………………………………………………………… (1)
　第一节　研究概要 ………………………………………………… (1)
　　一　研究的主要内容 ……………………………………………… (1)
　　二　研究的创新点 ………………………………………………… (7)
　第二节　关于少数民族传统资源的研究综述 …………………… (8)
　　一　研究范式 ……………………………………………………… (8)
　　二　研究视角 ……………………………………………………… (9)
　　三　研究进路 …………………………………………………… (11)
　　四　研究内容 …………………………………………………… (12)
　　五　研究述评 …………………………………………………… (15)
　第三节　关于乡村建设与治理研究的学术史梳理 …………… (16)
　　一　20世纪30年代以来的乡村建设研究 …………………… (16)
　　二　20世纪90年代以来的村民自治研究 …………………… (17)
　　三　2006年取消农业税以来的乡村治理研究 ……………… (18)
　第四节　基于CiteSpace文献可视化分析的乡村振兴研究
　　　　　综述 ……………………………………………………… (20)
　　一　关于乡村振兴研究的可视化分析 ………………………… (21)
　　二　多维视角：乡村振兴研究的学术争鸣 …………………… (24)
　　三　时代意涵：乡村振兴研究的战略定位 …………………… (27)
　　四　战略要求：乡村振兴研究的多维融合 …………………… (32)
　　五　热点探析：乡村振兴研究的纵深发展 …………………… (36)
　　六　民族视角：少数民族乡村振兴研究的关注 ……………… (41)

七　路径探索：乡村振兴研究的策略措施……………………（42）
　　八　研究述评……………………………………………………（46）

**第一章　理论基础：乡村振兴与传统治理资源创造性转化的
　　　　　逻辑关系**……………………………………………（48）
　第一节　乡村振兴：一种文明转型与秩序重塑的政治学解读……（48）
　　一　理论逻辑：乡村振兴旨在实现从传统乡村文明向现代
　　　　乡村文明转型……………………………………………（49）
　　二　现实逻辑：乡村振兴也是应对转型中乡村治理困境的
　　　　秩序重塑…………………………………………………（54）
　第二节　文明转型视域下少数民族乡村振兴的推进：建立现代
　　　　　乡村文明……………………………………………………（58）
　　一　"建设好美丽家园"：少数民族乡村经济社会发展相对
　　　　滞后，呼唤加快推进乡村经济社会振兴………………（59）
　　二　"记得住乡愁"：传统与现代变奏中少数民族传统文化
　　　　不同程度的解构，呼唤重塑乡村文化生态以推进乡村
　　　　文化振兴…………………………………………………（64）
　　三　"守护好神圣国土"：边疆独特的地缘环境，呼唤创新
　　　　乡村治理机制以重塑现代乡村文明秩序………………（66）
　　四　"维护好民族团结"：民族与宗教问题的复杂性与国内外
　　　　形势交织，呼唤铸牢少数民族的中华民族共同体意识以
　　　　强边固防…………………………………………………（69）
　第三节　优秀传统治理资源：少数民族乡村振兴的内生性
　　　　　资源……………………………………………………（71）
　　一　优秀传统治理资源的类型与特点……………………（71）
　　二　优秀传统治理资源古为今用的关键：创造性转化……（73）
　　三　现代转化优秀传统治理资源：因地制宜推进乡村振兴的一个
　　　　突破口……………………………………………………（75）

第二章　内生资源：优秀传统治理资源的基本类型……………（81）
　第一节　优秀传统组织资源……………………………………（81）

一　生成逻辑：传统社会组织生成的政治生态环境……………（82）
　　二　差异性与共同性：传统社会组织的表现形式……………（88）
第二节　优秀传统习俗资源……………………………………………（98）
　　一　风俗习惯……………………………………………………（98）
　　二　传统习惯法………………………………………………（108）
　　三　传统爱国规约……………………………………………（112）
第三节　优秀传统价值资源…………………………………………（114）
　　一　国家观……………………………………………………（114）
　　二　民族观……………………………………………………（118）
　　三　社会观……………………………………………………（121）
　　四　自然观……………………………………………………（123）

第三章　内在机理：优秀传统治理资源创造性转化的理路………（125）
第一节　何以转：传统治理资源创造性转化的推动逻辑…………（125）
　　一　国家制度的重构：传统治理资源创造性转化的制度
　　　　逻辑…………………………………………………………（125）
　　二　国民身份塑造：传统治理资源创造性转化的身份
　　　　逻辑…………………………………………………………（131）
　　三　"多元一体"的国族建设：传统治理资源创造性
　　　　转化的关系逻辑…………………………………………（134）
　　四　政治文化的重塑：传统治理资源创造性转化的文化
　　　　逻辑…………………………………………………………（138）
　　五　内生性动力的驱动：传统治理资源创造性转化的自发
　　　　逻辑…………………………………………………………（141）
第二节　如何转：优秀传统治理资源创造性转化的表现
　　　　形式………………………………………………………（142）
　　一　"协同"：优秀传统社会组织创造性转化的基本样式……（143）
　　二　"再生"：优秀传统习俗创造性转化的基本样态…………（147）
　　三　"发展"：优秀传统价值资源创造性转化的基本形式……（158）

第四章 古为今用：现代转化的优秀传统治理资源助力乡村振兴的效能 …………………………………………………… （162）

第一节 乡村全面振兴的推动力：优秀传统治理资源创造性转化的效能 …………………………………………………… （162）
一 产业振兴：通过文化传承助力乡村特色文化产业发展 …… （163）
二 文化振兴：通过文化传承助力乡村文化生态发展 ………… （165）
三 生态振兴：通过习惯法助力乡村绿色生态空间涵养 ……… （169）
四 治理有效：通过文化戍边助力强边固防 …………………… （172）

第二节 基层治理的协同力：优秀传统组织资源创造性转化的效能 ……………………………………………………………… （175）
一 乡村治理：传统社会组织是乡村治理的积极协同力量 …………………………………………………………… （177）
二 边疆治理：传统社会组织是合力治边的重要民间力量 …………………………………………………………… （184）

第三节 政治社会化的内生力：优秀传统习俗资源创造性转化的效能 ……………………………………………………… （188）
一 空间性维度：道德教化的具象化场域 ……………………… （188）
二 公共性维度：使信仰、价值和行为准则得以灌输、共享和社会化 ………………………………………………… （190）
三 共同性维度：强化共同体理念 ……………………………… （191）
四 认同性维度：表达与引领命运共同体意识 ………………… （195）

第四节 传播主流价值的凝聚力：优秀传统价值资源创造性转化的效能 …………………………………………………… （196）
一 传统价值与国家层面的核心价值观相契合 ………………… （197）
二 传统价值与社会层面的核心价值观相契合 ………………… （202）
三 传统价值与个人层面的核心价值观相契合 ………………… （204）

第五章 未来展望：优秀传统治理资源创造性转化的深入推动 …………………………………………………………… （207）

第一节 乡村振兴视域下优秀传统治理资源深度转化的发展方向 ……………………………………………………………… （207）

一　紧扣"建设好美丽家园"，深挖优秀传统治理资源的
产业振兴与生态振兴功能 …………………………………（207）
二　紧扣"记得住乡愁"，以现代文明为引领方向打造
"现代乡愁" ………………………………………………（209）
三　紧扣"守护好神圣国土"，从"边境治理共同体"的角度
推动深度转化 ……………………………………………（212）
四　紧扣"维护好民族团结"，以"铸牢中华民族共同体意识"
为主线推动深度转化 ……………………………………（214）
第二节　乡村振兴视域下优秀传统治理资源深度转化的推动
思路 ………………………………………………………（215）
一　统筹保护、传承与发展的关系，坚持传承中发展、
发展中传承 ………………………………………………（215）
二　健全优秀传统治理资源创造性转化的党建引领机制 ……（217）
三　正确把握好差异性与共同性之间的关系 …………………（219）
四　正确把握好中华文化与各民族文化之间的关系 …………（221）

参考文献 ……………………………………………………………（223）

后　记 ………………………………………………………………（247）

导　　论

民族要复兴，乡村必振兴。其中，少数民族乡村振兴又是我国乡村振兴的重点与难点。尽管学界对少数民族乡村振兴的研究在不断深入，但就如何基于自身资源禀赋、文化传承与特色优势，因地制宜地推进少数民族乡村振兴的系统性研究，还有待进一步深入；关于传统治理资源的研究，尽管呈现出多学科的视角，但无论是政治人类学的研究，还是民族政治学的研究，主要以单一案例为主，且多关注传统治理资源的功能，而对创造性转化的研究还有待深入。基于这样的学术观照，本书立足国家治理现代化的视域，紧扣乡村振兴的战略目标要求，主要围绕少数民族优秀传统治理资源的创造性转化问题，特别是创造性转化的"何以"与"何为"问题，就"何以转""如何转""转的效能"展开深入系统的学理性分析，以期为少数民族特色化乡村振兴之路提供新的范式与理论参考。

第一节　研究概要

一　研究的主要内容

"全面建设社会主义现代化国家，最艰巨最繁重的任务仍然在农村。"[①] 乡村振兴是中华民族伟大复兴与建设现代化强国的基石。其中，少数民族乡村又是我国乡村振兴的重点和难点，面临"建设好美丽家园"

[①] 习近平：《高举中国特色社会主义伟大旗帜　为全面建设社会主义现代化国家而团结奋斗——在中国共产党第二十次全国代表大会上的报告》，人民出版社2022年版，第30—31页。

"守护好神圣国土""铸牢中华民族共同体意识"等现代乡村文明建设时代重任。对此,少数民族积淀深厚、丰富灿烂的优秀传统治理资源,恰是乡村振兴植根的文化沃土与宝贵内生文化资源。由于乡村振兴既是一个现代乡村文明的"新生"过程,也是一个传统乡村文明的"再生"过程,少数民族优秀传统治理资源,通过"现代性转化"与"结构性再生",恰是因地制宜地推进乡村全面振兴的推动力。

研究思路:首先阐述了乡村振兴与传统治理资源创造性转化的逻辑关系,进而全面梳理了少数民族优秀传统治理资源的基本类型;在此基础上,从政治学的宏大视野深入揭示了少数民族优秀传统治理资源创造性转化的理路。特别是运用民族国家的基本理论,包括国族理论、国民身份理论等,深度分析了少数民族优秀传统治理资源"何以转"的内在逻辑。进而,又进一步揭示了少数民族优秀传统治理资源"如何转"的实践逻辑,包括以"协同"的方式、以"再生"的方式、以"互融"的方式、以"嵌入"的方式等,从而被激发出全新的时代生命力;接着,又进一步分析了这些被激发全新时代生命力的少数民族优秀传统治理资源是如何助力乡村振兴的。不仅探讨了如何助力乡村全面振兴的实践逻辑,而且重点从政治学的视域分析了这些优秀传统治理资源是如何作为"基层治理的协同力""政治社会化的内生力""传播主流价值的凝聚力"而发挥振兴作用的。最后,从未来展望方面阐述了进一步深入推动少数民族优秀传统治理资源创造性转化的发展方向与推动思路。以下是各部分的具体研究内容:

(一)理论基础:乡村振兴与传统治理资源创造性转化的逻辑关系

对乡村振兴本质的解读与少数民族乡村振兴目标的厘清,是深度分析传统治理资源的乡村振兴功能的前提。为此,本书同时将乡村振兴的政策性表达、学术主题与习近平总书记的相关指示要求有机结合起来,不仅将"乡村振兴"转换成"文明转型"的学术主题,同时结合乡村振兴的政策性表达,尤其是紧扣习近平总书记的相关回信、考察讲话中所提到的"建设好美丽家园""守护好神圣国土""维护好民族团结""记得住乡愁"这四大乡村振兴任务,以此为主线,建立分析框架。

第一,在乡村振兴的理论解读上,本书试图从政治学的视域,置于"文明转型"这一学术视野下进行分析。从本质上看,乡村振兴乃是中国乡村具有历史性意义的一场深刻的"文明转型",旨在建立一种"现代乡村文明",实现从传统乡村文明向现代乡村文明的转型以及重建乡村文明秩序。乡村振兴并非把传统意义上的农村、农业发展好,而是要构建一种农村发展与城市发展相融合、现代农业文明与现代工业文明相融合的全新的"现代乡村文明形态",包括建立现代乡村物质文明、现代乡村精神文明、现代乡村生态文明、现代乡村政治文明与现代乡村社会文明。

第二,将乡村振兴的学理分析与政策性表达有机结合起来。体现在五大乡村文明范畴,所对应的政策性表达分别是产业振兴、文化振兴、生态振兴[①]、文明和谐[②]与治理有效[③]。本书不仅用学理分析深度阐释政策性表达的内在机理,也有用政策性表达指引学理分析的研究方向。

第三,深刻领会习近平总书记给少数民族的相关回信、考察讲话等,厘清少数民族乡村振兴的目标并建立分析框架。由于少数民族主要聚居在边疆地区,边疆地区的经济社会发展差距、独特的地缘环境与复杂的民族宗教问题等,赋予了少数民族乡村振兴在建立现代乡村文明时,既有其一般性,也有其特殊性。本书在着眼少数民族乡村实际进而精准定位少数民族乡村振兴目标任务时,围绕习近平总书记给少数民族的相关回信、考察讲话等做了大量的研究工作,最后聚焦习近平总书记给沧源老支书的回信以及云南大理乡村考察时的讲话等,将少数民族乡村振兴目标具体化为"建设好美丽家园""守护好神圣国土""维护好民族团结""记得住乡愁"这四大方面。

面对现代乡村文明建设重任,少数民族积淀深厚、丰富灿烂的优秀传统治理资源,恰是乡村振兴植根的文化沃土与宝贵的内生文化资源。由于乡村振兴既是一个现代乡村文明的"新生"过程,也是一个传统乡村文明的"再生"过程。其中,少数民族优秀传统治理资源,经现代性转化与结构性再生,恰是因地制宜地推进乡村振兴的一个重要资源。

以下是以"思维导图"的形式梳理的少数民族乡村振兴分析框架:

---

① 《乡村振兴战略规划(2018—2022年)》,《人民日报》2018年9月27日第1版。
② 中办国办印发《"十四五"文化发展规划》,《人民日报》2022年8月17日第1版。
③ 习近平:《决胜全面建成小康社会 夺取新时代中国特色社会主义伟大胜利——在中国共产党第十九次全国代表大会上的报告》,人民出版社2017年版,第32页。

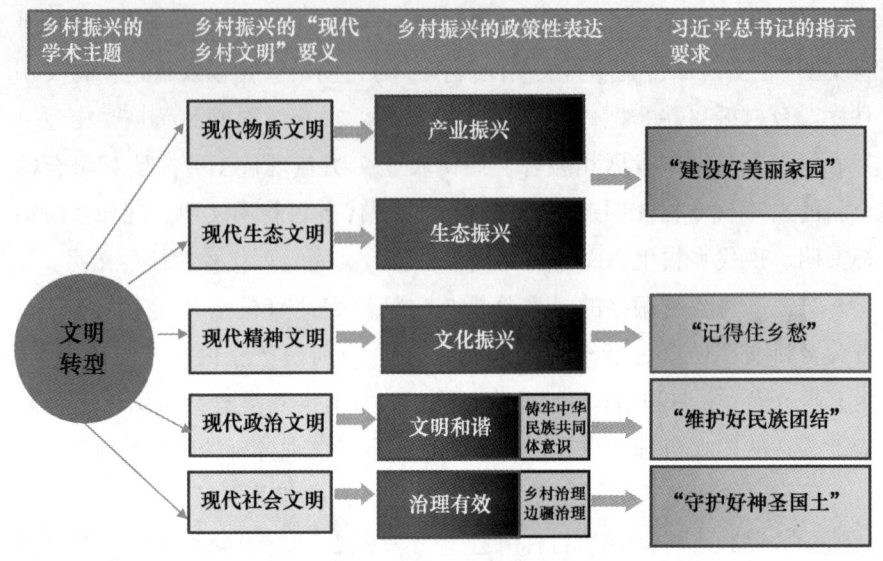

图 1　少数民族乡村振兴分析框架

(二) 内生资源：优秀传统治理资源的基本类型

少数民族优秀传统治理资源是少数民族在特定生产生活环境下逐渐形成且世代相传的，同时有助于实现社会有效治理的传统价值、传统规范、传统习俗等优秀传统文化的资源，是一个由多重治理因素相互作用的文化时空，主要包括传统组织资源、传统习俗资源、传统价值资源。

1. 优秀传统组织资源。一是血缘类宗族组织。如彝族的家支制度。二是地缘类民间组织。如基诺族的卓巴卓生组织、佤族的寨老组织、拉祜族的卡些组织、傣族的"细梢老曼"组织等；此外，还包括传统业缘类民间组织等。

2. 优秀传统习俗资源。一是风俗习惯。例如，节庆、公共仪式、礼节、象征符号等。二是传统习惯法。不同民族对习惯法有不同称谓，有的叫规约，有的叫款约，有的叫榔规，有的叫阿佤理，还有的叫古法，等等。三是传统爱国规约。突出特点是用传统文化的载体表达全新的价值内涵。

3. 优秀传统价值资源。一是国家观。包括爱国主义意识及命运与共意识等。爱国主义是中华各民族的民族心和民族魂。例如，唐代地方性民族政权南诏所立《德化碑》，就是反映中华民族认同感的鲜活个案；再如，1913年内蒙古西部22部34旗王公一致通过的《联合东蒙反对库仑》、1934年云南佤族17部首领联合发表的《告全国同胞书》，都是强烈的爱国主义意识的体现。二是民族观。包括同根共祖意识、民族团结意识、和而不同与包容多样意识等。中华各民族都有强烈的"同根共祖"思想，根植于各民族内心深处，流淌于各民族的血液之中，成为各民族和谐共处的重要心理基础和精神纽带。三是社会观。包括崇德重仁意识与礼义廉耻意识等。中华各民族自古就是"崇德重仁"的民族。如，从南诏君臣共立的《德化碑》到大理国留传至今的《护法明公德运碑》《兴宝寺德化铭》，这些碑文都凸显了一个"德"字，彰显了彝族、白族"重道德"的价值观念与民族精神；四是自然观。中华各民族自古就追求人与自然和谐相处，追求"天人合一"。

（三）内在机理：传统治理资源创造性转化的理路

1. "何以转"。新中国成立以后，传统治理资源在民族国家的塑造下在传承中不断转化与发展。推动逻辑主要包括：国家制度逻辑、国民身份逻辑、国族逻辑、政治文化逻辑和自发逻辑等。第一，国家制度的重构：传统治理资源创造性转化的制度逻辑。包括国家政权的一体化建设，推动了传统治理资源的根本性改造；而民族区域自治制度的推行与乡村治理机制的重构，则又为传统治理资源在发展中传承创造了制度环境。第二，国民身份塑造：传统治理资源创造性转化的身份逻辑。第三，"多元一体"的国族建设：传统治理资源创造性转化的关系逻辑。第四，政治文化的重塑：传统治理资源创造性转化的文化逻辑。第五，内生性动力的驱动：传统治理资源创造性转化的自发逻辑。

2. "如何转"。在民族国家的塑造与影响下，少数民族优秀传统治理资源在传承中不断发展。其中，传统组织资源主要以一种"协同"的方式，传统习俗资源主要以"再生""互融""转型""嵌入"等方式，传统价值资源则以社会主义核心价值观为引领，在传承中发展、在发展中传承，从而被激发出全新的时代生命力。

（四）古为今用：优秀传统治理资源助力乡村振兴的效能

作为因地制宜地推进"乡村全面振兴的一个推动力"，少数民族优秀传统治理资源不仅是"产业振兴"的稀缺发展资源与"生态振兴"不可忽视的内生文化资源，而且也是"文化振兴"的重要传统社会资本，更是"治理有效"的宝贵文化戍边资源与"铸牢中华民族共同体意识"的重要内生性载体。其中，传统组织资源又作为"基层治理的协同力"，传统习俗资源又作为"政治社会化的内生力"，传统价值资源又作为"传播主流价值的凝聚力"，分别助力乡村振兴。

以下是本书关于少数民族优秀传统治理资源创造性转化研究的框架图谱：

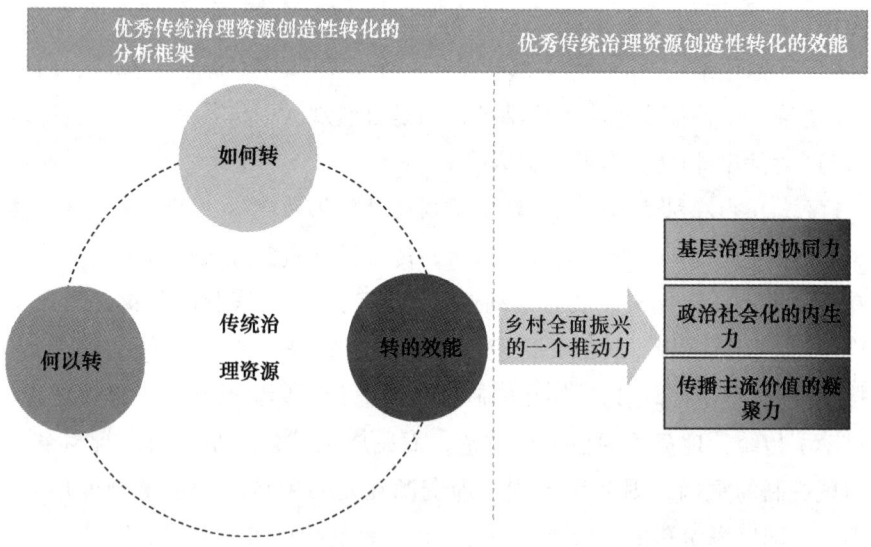

图 2　少数民族优秀传统治理资源创造性转化研究的框架图谱

（五）未来展望：优秀传统治理资源创造性转化的深入推动

未来，需聚焦"建设好美丽家园""守护好神圣国土""维护好民族团结""记得住乡愁"等建设要求，进一步推动少数民族优秀传统治理资源向深度转化。一是紧扣"建设好美丽家园"，将优秀传统治理资源进一步转化为乡村特色文化产业发展的助推力量与乡村绿色生态空间的涵养力量；二是紧扣"记得住乡愁"，以现代文明为引领方向打造"现代乡愁"；三是紧扣"守护好神圣国土"，从"边境治理共同体"的角度推动深入转化；四是紧扣"维护好民族团结"，以"铸牢中华民族共同体意识"为主线推动深度转化。在推动思路上，一是要统筹保护、传承与发展的关系，坚持传承中发展、发展中传承；二是要健全传统治理资源创造性转化的党建引领机制；三是要正确把握好差异性与共同性之间的关系；四是要正确把握好中华文化与各民族文化之间的关系。

二 研究的创新点

一是学术视角的创新。从全新的视角，即立足于国家治理现代化的视角并紧扣乡村振兴的战略目标要求，审视与研究少数民族优秀传统治理资源的创造性转化问题。本书并非仅仅局限于从民族内部看传统治理资源，而是从一个更宏大的社会历史视野，从中华民族伟大复兴与乡村振兴的关系，以及从中国式现代化与乡村振兴的关系，审视少数民族优秀传统治理资源的时代功能。

二是分析框架的创新。第一，通过多维融合，尝试建立了少数民族乡村振兴的分析框架。将乡村振兴的政策性表达、学术主题与习近平总书记的相关指示要求有机结合起来，以此为主线建立了少数民族乡村振兴的分析框架。第二，深度融入政治学的学术前沿，探索性地建立了少数民族优秀传统治理资源创造性转化的理论体系。包括运用民族国家的基本理论，特别是国族理论、国民身份理论等，同时运用政治学与人类学交叉学科方法，从而建立起一个少数民族优秀传统治理资源创造性转化"何以转""如何转""转的效能"的理论体系，这也是本书的一个突破。

三是学术思想的创新。创造性利用少数民族优秀传统治理资源在乡村振兴中的作用，这是"因地制宜"的结合自身资源禀赋助推特色化乡村振兴之路的内在需要，也是中国式现代化对于乡村振兴的内在要求。

四是研究方法的创新。课题组广泛深入云南怒江、西双版纳、德宏、大理、临沧、普洱、丽江以及四川凉山等地，就独龙族、傣族、景颇族、佤族、拉祜族、基诺族、壮族、白族、纳西族、彝族等少数民族中的优秀传统治理资源，进行了深入、系统、扎实的田野调查。进而将田野调查的第一手鲜活资料与理论分析有机结合起来，使微观与宏观相得益彰，使个案与整体相辅相成，这也是研究的一个创新与亮点。

第二节　关于少数民族传统资源的研究综述

传统资源作为一个地区、一个民族历史的积淀，是乡村文化治理不可缺少的构成部分。关于传统资源研究，不同学科展开了多维探讨。如费孝通、曹锦清从社会学视角的研究，美国杜赞奇、英国莫里斯·弗里德曼，王铭铭等从人类学视角对文化网络或宗族文化的研究，美国弗朗西斯·福山从国家治理的视角对社会资本的研究，张康之等从行政伦理的视角对理想社会秩序的研究。其中，关于少数民族传统资源的研究主要有：

一　研究范式

一是政治人类学研究范式。政治人类学主要从社会秩序生成论的视角，探讨在国家政权政治尚未介入或影响比较有限的情况下，一些传统资源是如何维持社会秩序的。主要以"民族志"的叙事方式，刻画亲属结构、非正式组织、习俗、宗教、象征仪式、习惯法等对于社会秩序的生成作用。其中，《非洲政治制度》被视作是政治人类学的奠基著作。目前，国内政治人类学在少数民族传统资源方面的研究主要散见于民族学研究成果中，如贺金瑞对少数民族传统基层社会自治体系的研究[1]、蔡富莲对彝族家支的研究[2]、朱映占对基诺族长老制度的研究[3]、韩俊魁对拉祜西头人制度的研究[4]。

二是民族政治学研究范式。民族政治学在少数民族传统资源方面的研究与政治人类学有交叉之处，但其更侧重于从政治学的学科视角尤其是国家治理的取向进行分析。如高永久对民族地区宗教的双重作

---

[1]　贺金瑞：《中国少数民族传统基层社会自治体系及其现代治理启示》，《中央民族大学学报》（哲学社会科学版）2016年第5期。
[2]　蔡富莲：《当代凉山彝族家支聚会及其作用》，《民族研究》2008年第1期。
[3]　朱映占：《基诺族长老制的结构与过程分析》，《民族论坛》2011年第12期。
[4]　韩俊魁：《拉祜西头人制度：传统与国家力量影响下的变迁》，《民族研究》2006年第3期。

用的研究①、赵超对苗族议榔制度的功能研究②、王丽华等对佤族传统社会资本的功能研究③、周俊华等对云南少数民族传统政治组织与制度变迁的研究④、陈德顺对民族地区家族政治的研究⑤、彭庆军对侗族寨老组织的功能研究⑥、廖林燕对彝族体制外权力的功能研究⑦。

二 研究视角

一是乡村治理视角。如李利宏、杨素珍从乡村治理现代化视域中对传统治理资源的研究⑧，蒋平从乡村治理视角对少数民族优秀传统民俗文化的传承开发研究⑨，王崇对民族地区乡村治理中的非正式制度研究⑩，周丹丹⑪和彭庆军⑫对少数民族传统社会组织中的侗族寨老组织的研究，唐俊和徐祖祥对乡村社会治理中壮族仪式传统的社会功能研究⑬，李琴对

---

① 高永久：《宗教对民族地区社会稳定的双重作用》，《甘肃社会科学》2003年第4期。
② 赵超：《论苗族传统议榔治理体系的结构、功能及运行》，《湖北民族学院学报》（哲学社会科学版）2017年第4期。
③ 王丽华、赵启燕：《利用少数民族乡村传统社会资本创新社会管理——以云南某佤乡村为例》，《云南行政学院学报》2013年第6期。
④ 周俊华、舒琴：《云南佤族的传统政治组织形式和制度》，《玉溪师范学院学报》2013年第5期。
⑤ 陈德顺：《中国西南民族地区的家族势力与家族政治》，《云南民族学院学报》（哲学社会科学版）2003年第2期。
⑥ 彭庆军：《乡村治理现代化视域下民族地区少数民族传统社会组织的功能——以黔东南L村侗族"寨老"组织为例》，《西南民族大学学报》（人文社会科学版）2015年第6期。
⑦ 廖林燕：《楚雄彝族村社政治权力的结构及功能分析》，《云南行政学院学报》2011年第1期。
⑧ 李利宏、杨素珍：《乡村治理现代化视阈中传统治理资源重构研究》，《中国行政管理》2016年第8期。
⑨ 蒋平：《乡村治理视角下少数民族优秀传统民俗文化的传承与开发——以南方少数民族歌圩文化为例》，《广西科技师范学院学报》2019年第5期。
⑩ 王崇：《"互塑"理论视阈下民族地区乡村治理中的非正式制度研究》，《广西民族大学学报》（哲学社会科学版）2022年第3期。
⑪ 周丹丹：《少数民族乡村治理中的传统社会组织研究——以侗族寨老组织为例》，《江淮论坛》2016年第6期。
⑫ 彭庆军：《乡村治理现代化视域下民族地区少数民族传统社会组织的功能——以黔东南L村侗族"寨老"组织为例》，《西南民族大学学报》（人文社科版）2015年第6期。
⑬ 唐俊、徐祖祥：《桂西南壮族乡村治理中的仪式传统与族群互动》，《云南民族大学学报》（哲学社会科学版）2020年第4期。

瑶长制与瑶族乡村治理的研究①，彭振对民族习惯法在乡村善治中的功能研究②等。

二是社会资本视角。社会资本理论最初由布迪厄引入社会学领域，之后被应用到政治学、经济学、管理学等学科的研究中。社会资本视角下的少数民族传统资源研究主要将传统资源视为传统社会资本，研究分析传统资源的价值、功能和当代变化。如王丽华、赵启燕对佤族传统社会资本的功能研究③，董翔薇、崔术岭从社会资本理论视角下对宗族的研究④，张国芳对民族自治村传统社会资本及其现代转化的研究⑤。

三是乡村振兴视角。随着乡村振兴战略的实施，乡村振兴视角下的传统资源研究成为学界研究的热点。其中既出现了一批运用少数民族传统资源推动乡村振兴的研究，如何清清对传统文化资源的研究⑥，石黎卿和石裕祖对白族民俗传统仪式的研究⑦，朱玉福、廉潘红对民族传统文化在人口较少民族地区乡村振兴中的作用研究⑧。还产生了一系列对乡村振兴进程中少数民族传统资源传承、转化与重塑的研究，如廖林燕对"直过"民族传统社会组织的研究⑨，王晓为和孙德昊对鄂伦春族传统民俗文化的研究⑩，

---

① 李琴：《瑶长制与瑶族乡村治理——以平地瑶为例》，《贵州民族研究》2007年第1期。
② 彭振：《民族习惯法在乡村善治中的地位和功能》，《广西民族大学学报》（哲学社会科学版）2017年第3期。
③ 王丽华、赵启燕：《利用少数民族乡村传统社会资本创新社会管理——以云南某佤族乡村为例》，《云南行政学院学报》2013年第6期。
④ 董翔薇、崔术岭：《社会资本理论视角下的当代宗族：一种传统嵌入现代的社会组织》，《学术交流》2009年第3期。
⑤ 张国芳：《传统社会资本及其现代转换——基于景宁畲族民族自治村的实证研究》，《浙江社会科学》2014年第1期。
⑥ 何清清：《传统文化资源在少数民族地区乡村振兴中的作用》，《农业经济》2021年第5期。
⑦ 石黎卿、石裕祖：《民族地区乡村经济与传统文化共同振兴的协同效应研究——白族大型民俗文化活动"秧赊会"与"田家乐"的启示》，《民族艺术研究》2021年第3期。
⑧ 朱玉福、廉潘红：《论传统文化在人口较少民族地区乡村振兴中的作用——以西藏边陲南伊珞巴民族乡才召村珞巴文化为例》，《西藏民族大学学报》（哲学社会科学版）2019年第1期。
⑨ 廖林燕：《乡村振兴进程中"直过"民族传统社会组织的创造性转化研究》，《西南民族大学学报》（人文社科版）2018年第10期。
⑩ 王晓为、孙德昊：《乡村振兴战略中传承和发扬鄂伦春族传统民俗文化的时代意蕴》，《黑龙江民族丛刊》2018年第6期。

徐祖祥和罗张悦对民间信仰的研究①等。

四是铸牢中华民族共同体意识的视角。中国正处在全新的历史方位。国家崛起、民族复兴、百年未有之大变局、越来越刚性化的国际竞争，将承载着伟大梦想的中华民族前所未有地凸显出来。因此，铸牢中华民族共同体意识的重要性前所未有地凸显出来，推动着少数民族传统资源研究的关注点由"多元"转向"一体"，并将中华民族共同体的内涵注入研究中。如廖林燕对普洱澜沧拜年仪式现代转化的研究②，周竞红对"民族团结誓词碑"的挖掘和创新利用的研究③，李楠对《格萨尔》文化记忆与意义阐释的研究④，宋忠敏对苗族侗族食俗文化的研究⑤，李世武对彝族神话的研究⑥等。

三 研究进路

当前传统资源研究主要有以下三种进路：强调市场力量推动的文化产业发展进路，强调国家在场的公共文化服务进路，以及注重农民文化实践的乡村文化嵌入进路。

一是文化产业发展进路。强调乡村文化是乡村社会的重要资源。通过市场力量，推动乡村文化资源发挥经济功能，从而实现乡村文化从资源到产业的转化。如，李佳提出实现乡村文化的现代性重构是乡村文化从资源转化为产业的必要条件。⑦ 李文钢认为民族文化产业的文化属性和经济属性存在二重性矛盾，"应基于'建构论'来理解民族文化表现形

---

① 徐祖祥、罗张悦：《乡村振兴中民间信仰重塑的文化力实践逻辑——以贵州黔西南州望谟县H村苗族为例》，《中南民族大学学报》（人文社会科学版）2021年第7期。

② 廖林燕：《国家在场与认同转换——铸牢中华民族共同体意识下普洱澜沧拜年仪式现代转化分析》，《云南民族大学学报》2022年第2期。

③ 周竞红：《传统社会资源的挖掘和创新利用——"民族团结誓词碑"的启示》，《中央民族大学学报》（哲学社会科学版）2016年第3期。

④ 李楠：《文化记忆与意义阐释：中华民族共同体视野中的〈格萨尔〉》，《西北民族大学学报》（哲学社会科学版）2022年第2期。

⑤ 宋忠敏：《少数民族传统文化与铸牢中华民族共同体意识——以贵州苗族侗族食俗文化为例》，《贵州民族研究》2021年第1期。

⑥ 李世武：《神话在铸牢中华民族共同体意识过程中的作用——以彝族史诗中的"月中有树"神话为例》，《思想战线》2021年第2期。

⑦ 李佳：《从资源到产业：乡村文化的现代性重构》，《学术论坛》2012年第1期。

式，基于'创造性转化'理论来理解民族文化本身"①。

二是公共文化服务进路。该研究进路强调通过政府、民间文化组织与新乡贤等多元主体协同参与，共同构建公共文化服务体系。如耿达指出："只有乡土社会内部形成的'自然性秩序'与外部嵌入的'建构性秩序'有机耦合，才能落实不同文化扶贫实践的绩效，实现文化乐民、文化育民和文化富民的目标。""如何因地制宜，利用少数民族地区自身文化资源禀赋进行文化扶贫同扶志扶智相结合，增强精神力量，激发内生动力，有效促进就业，持续增加收入，助力脱贫攻坚和乡村振兴，是一项重大理论与实践课题。"②

三是乡村文化的嵌入进路。该研究进路认为乡村是乡村文化形成的场域，村民是乡村文化的主体，乡村文化嵌入于乡村日常生活之中。杜鹏认为："乡村文化的主体性植根于乡村社会基础，只有当国家的文化服务与市场的产业发展契合农民主体的文化实践逻辑，才能促进乡村文化主体性的实现。……作为一种深潜于农民日常生活中的文化，早已积淀成人们司空见惯了的生活方式，文化因而是乡村日常生活的映射，只有进入村庄生活实践场景，乡村文化才是可理解且可再生产的。"③

四 研究内容

一是关于传统资源的处境研究。目前关于现代转型中传统资源的处境，学界主要形成了两种观点：一种是互补论，即认为传统资源能弥补现代治理方式的不足。如何晔对传统乡村治理资源的现代转型研究④，梅军和李宁阳对乡村治理资源的整合重构研究⑤；另一种是融合论，即传统资源在与现代治理体系的融合中实现转型，如贺金瑞和龙立关于民族文

---

① 李文钢：《民族文化产业发展中的经济文化二重性矛盾与调和》，《西南民族大学学报》（人文社会科学版）2022年第9期。
② 耿达：《民族地区脱贫攻坚与乡村振兴有效衔接的文化路径——基于一个少数民族村寨的文化扶贫实践》，《思想战线》2021年第5期。
③ 杜鹏：《转型期乡村文化治理的行动逻辑》，《求实》2021年第2期。
④ 何晔：《论传统乡村治理资源的现代转型》，《皖西学院学报》2021年第3期。
⑤ 梅军、李宁阳：《乡村传统治理资源的整合重构与乡村善治——基于贵州两个彝族村寨的考察》，《地方治理研究》2020年第3期。

化资源融入现代乡村治理体系的研究①。

二是少数民族传统资源的功能研究。少数民族内涵丰富的传统资源具有多重功能。首先，少数民族传统资源具有政治功能。如高永久对民族地区宗教的双重作用的研究②，周俊华、舒琴对云南少数民族传统政治组织与制度变迁的研究③，陈德顺对民族地区家族政治的研究④，贺金瑞对少数民族传统基层社会自治体系的研究⑤，蔡富莲对彝族家支的研究⑥等。其次，少数民族传统资源具有经济功能。如王宇航等对少数民族文化产业发展的研究⑦，陶红梅对佤族传统计量文化的研究等⑧。再次，少数民族传统资源具有文化功能。如王岚对民族优秀传统文化培育文明乡风的研究等⑨，王泳兴对湘西苗族传统殡葬文化的研究等⑩；最后，少数民族传统资源具有生态功能。如邵桦等对佤族传统文化在生物多样性保护中的作用研究⑪，张彩云对傣族传统文化与生态意蕴的研究⑫等。

三是少数民族传统资源的变迁研究。随着国家形态由王朝国家向民族国家演进，少数民族传统资源也与时俱进地发生时代变迁，由历史形

---

① 贺金瑞、龙立：《现代乡村治理体系中传统治理因素和民族文化资源的融入——以云南罗平鲁布革乡腊者村为例》，《贵州省党校学报》2020年第1期。

② 高永久：《宗教对民族地区社会稳定的双重作用》，《甘肃社会科学》2003年第4期。

③ 周俊华、舒琴：《云南佤族的传统政治组织形式和制度》，《玉溪师范学院学报》2013年第5期。

④ 陈德顺：《中国西南民族地区的家族势力与家族政治》，《云南民族学院学报》（哲学社会科学版）2003年第2期。

⑤ 贺金瑞：《中国少数民族传统基层社会自治体系及其现代治理启示》，《中央民族大学学报》（哲学社会科学版）2016年第5期。

⑥ 蔡富莲：《当代凉山彝族家支聚会及其作用》，《民族研究》2008年第1期。

⑦ 王宇航、于佳宾、徐宏幸：《少数民族文化产业发展的路径探析》，《黑龙江民族丛刊》2018年第1期。

⑧ 陶红梅：《佤族传统计量文化对佤族农户经济行为的影响》，《学术探索》2017年第2期。

⑨ 王岚：《少数民族优秀传统文化滋养文明乡风的路径》，《民族学刊》2020年第2期。

⑩ 王泳兴：《湘西苗族传统殡葬文化的现代审视》，《吉首大学学报》（社会科学版）2021年第6期。

⑪ 邵桦、杨京彪、薛达元：《佤族传统文化在生物多样性保护中的作用》，《生物多样性》2021年第8期。

⑫ 张彩云：《文化生态视阈下傣族传统文化与生态意蕴——以湾甸傣族乡帕旭村为例》，《宁夏社会科学》2022年第3期。

态向现代形态转型，并产生了一批个案研究成果。主要研究内容有：第一，少数民族组织资源变迁研究。如江明生对侗"款"组织历史变迁的研究①，韩俊魁对拉祜西头人制度在国家力量影响下变迁的研究②。第二，少数民族传统仪式变迁研究。如李容芳对山地白族哭嫁与哭丧的对比研究③，黄彩文对村寨祭祀仪式到民族法定节日的变迁研究④，明跃玲对"武陵民族走廊"跳香仪式变迁的研究⑤。第三，少数民族传统观念变迁研究。如谷宇对祖先信仰变迁的研究⑥，杨福泉对纳西人东巴教认同及其变迁的研究⑦，曲比阿果对少数民族婚姻观念变迁的研究⑧等。

四是少数民族传统资源的保护研究。侧重于保护少数民族传统资源是传承和发展少数民族传统资源的基础。如辛丽平对保护西南民族传统文化的研究⑨，杨海涛、荣达海对西南民族地区少数民族传统文化的法律保护研究⑩等。

五是少数民族传统资源的转化、创新与重塑研究。强调少数民族传统资源在传承的基础上通过结构、功能、价值等方面的现代转化和创新，从而达到古为今用的目的。如孙岿、田文霞对少数民族传统文化创新性

---

① 江明生：《新中国成立后侗款与侗族地区社会治理的历史变迁》，《广西社会科学》2014年第5期。

② 韩俊魁：《拉祜西头人制度：传统与国家力量影响下的变迁》，《民族研究》2006年第3期。

③ 李容芳：《文化秩序与少数民族村落仪式民俗变迁——基于山地白族哭嫁与哭丧的对比研究》，《西北民族大学学报》2018年第3期。

④ 黄彩文：《从村寨祭祀仪式到民族法定节日：云南耿马佤族青苗节的变迁与重构》，《西南民族大学学报》（人文社会科学版）2015年第5期。

⑤ 明跃玲：《文化互动与仪式变迁——"武陵民族走廊"跳香仪式的田野调查》，《中南民族大学学报》（人文社会科学版）2015年第2期。

⑥ 谷宇：《祖先信仰变迁与海南黎汉民族文化交融》，《西南民族大学学报》（人文社会科学版）2022年第3期。

⑦ 杨福泉：《社会与文化变迁对民族宗教文化认同的影响——纳西人对东巴教的认同及其变迁研究》，《思想战线》2010年第4期。

⑧ 曲比阿果：《传统与现代婚姻观念之间的调适及社会影响——以凉山彝族婚姻观念变迁为例》，《西南民族大学学报》（人文社会科学版）2017年第12期。

⑨ 辛丽平：《论全面对外开放格局下西南地区民族传统文化的保护》，《贵州民族研究》2016年第11期。

⑩ 杨海涛、荣达海：《西南民族地区人口较少民族传统文化的法律保护》，《贵州民族研究》2021年第1期。

转化和创造性发展的研究①，彭庆军对民族地区传统社会组织的创造性转化研究②，廖林燕对直过民族传统社会组织的研究③，杨洋对赫哲族非物质文化遗产创造性转化和创新性发展的研究④，毕曼对少数民族传统文化现代转化的规律和策略研究⑤，王维对少数民族传统道德重建的研究⑥，唐俊、徐祖祥对壮族传统文化现代价值重塑的研究⑦，德扬措对民族文化的传承与再构的研究⑧，和晓蓉对壮族布洛陀信仰当代重构的研究⑨等。

五 研究述评

关于少数民族传统资源的研究，呈现出多学科的视角，但无论是政治人类学的研究，还是民族政治学的研究，主要以单一案例为主。未来，少数民族传统资源的深入研究，亟须在微观的个案研究基础上建构一种能够充分整合与承载这些具体个案的理论体系，这是少数民族传统资源深入研究的必然要求。本书正是基于这样的学术观照而展开的。一方面，试图通过少数民族传统治理资源的现代性转化与创造性利用，为少数民族的特色化乡村振兴之路提供一个可行且有效的路径；另一方面，试图基于政治学与人类学多学科视角攻关，紧扣乡村振兴的战略要求，在民

---

① 孙岿、田文霞：《少数民族文化创造性转化与创新性发展的新路径》，《贵州民族研究》2017年第8期。
② 彭庆军：《论民族地区传统社会组织的创造性转化——以湖南省通道侗族自治县为例》，《华中科技大学学报》（社会科学版）2013年第5期。
③ 廖林燕：《乡村振兴进程中"直过"民族传统社会组织的创造性转化研究》，《西南民族大学学报》（人文社会科学版）2018年第10期。
④ 汤洋：《赫哲族非物质文化遗产的创造性转化和创新性发展》，《黑龙江民族丛刊》2021年第2期。
⑤ 毕曼：《少数民族传统文化现代转化的规律与策略研究——以恩施土家"女儿会"为例》，《华中师范大学学报》（人文社会科学版）2021年第6期。
⑥ 王维：《论少数民族传统道德及其在当今的重建与调适》，《中南民族大学学报》（人文社会科学版）2004年第2期。
⑦ 唐俊、徐祖祥：《空间表征与象征秩序：桂西南壮族乡村治理中传统文化的现代价值重塑》，《云南民族大学学报》（哲学社会科学版）2022年第2期。
⑧ 德扬措：《民族传统文化在当代社会的传承与再构——以青海尖扎地区的神箭文化为例》，《青海民族大学学报》（社会科学版）2021年第3期。
⑨ 和晓蓉：《心灵传承视角下壮族布洛陀信仰的当代重构及其意义》，《广西民族研究》2011年第4期。

族志"深描"的基础上建立起一个能充分整合这些个案的少数民族传统治理资源创造性转化的理论体系。

第三节 关于乡村建设与治理研究的学术史梳理

一 20世纪30年代以来的乡村建设研究

这一时期,中国农村日益走向衰败,"农村危机"下"救济农村"成为强烈的呼声,"复兴农村""乡村建设"成为一股强劲的浪潮,对中国农村的理论讨论也蔚然成风。在吸收西方经济学、人类学、社会学的方法并将这些理论方法运用到中国农村调查中,围绕到底是文化复兴还是走乡村工业化的发展道路问题,存在不同的争论,典型代表有:

一是以陈翰笙为代表的"中国农村派"。该派别以马克思主义理论为根基,运用马克思主义阶级分析法对农户进行分类。在看待中国乡村时沿用了马克思主义经济学说的观点,认为农村诸问题的中心集中在土地的占有与利用以及其他农业生产手段上,"研究农村经济的人们就应当对于这农村生产力无从发展的情形,追求它的根本原因。这个根本原因的解答应该从农村生产关系中找寻。农村生产关系中耕地的占有和使用是最重要的,正好比工厂生产关系中机器的占有和使用是居于首要地位"[①]。

二是以晏阳初、梁漱溟为代表的"乡村建设派"。该派别从经济、文化、政治等方面对农村进行全方面的建设,在内容上涉及乡村教育、医疗、农业技术、民风民俗、经济合作组织等。这些实践是中国知识分子对中国乡村进行现代化改造的尝试,也为中国农村的现代转型留下了可借鉴的模板。在20世纪二三十年代涌起的诸多乡村建设实验中,晏阳初的河北定县平民教育工作,梁漱溟的山东邹平乡村建设实验和卢作孚的北碚乡村建设实验是三个典型,也被称作"定县模式""邹平模式""北碚模式"。这些乡村建设提倡走文化复兴乡村的道路,指出要建设新礼俗、新秩序,以重建乡村达到振兴中华的目的。

---

① 陈翰笙、薛暮桥、冯和法合编:《解放前的中国农村》(第二辑),中国展望出版社1987年版,第94页。

三是以费孝通为代表的学院派。这一派认为中国农村问题的解决办法应该是增加农民收入，走乡村工业化的振兴之路。费孝通认为在进行改造实践之前的认识调查工作十分必要，他使用并推行将社会学与人类学相结合的功能主义社区研究法。在中国乡村研究中，费孝通发现了乡土工业的重要性。他将对农民贫苦生活的关怀投射到乡村建设理论中，指出恢复乡土工业，不仅能从根本上改善农民生活状况，也有助于实现乡村的现代化转变。

二 20世纪90年代以来的村民自治研究

随着农村改革的蓬勃发展，尤其是1998年《村民委员会组织法》颁布之后，村民自治的嵌入、农村直接选举的产生，促进了村民自治研究的热潮。这股村民自治研究热潮中，学者们运用微观和宏观勾勒出一幅完整的中国村民自治图景，产生了一大批个案研究成果，如张厚安①、徐勇②、项继权③、贺雪峰④、吴毅⑤等在个案研究方面都做了大量探索，并逐渐形成了以华中师范大学农村问题研究中心为研究阵地的"华中乡土派"。

对于村民自治的推行，当时引发了学界关于村民自治能否推动民主政治进程的争论。以徐勇为代表的肯定派是学界的主流，他们充分肯定了其对于民主政治进程的推动作用。如徐勇的"中国特色民主"说："中国农村的村民自治是农村居民根据法律自主管理本村事务的基层民主制度，是有中国特色社会主义民主的一种重要形式，亦是在新的历史条件

---

① 张厚安：《民主科学的结晶 村民自治的章程——从章丘经验看农村深化改革的新的启动点》，《社会主义研究》1991年第5期。
② 徐勇：《浸润在家族传统文化中的村民自治——湖南省秀村调查》，《社会科学》1997年第10期。
③ 项继权：《中国村民的公共参与——南街、向高、方家泉三村的考察分析》，《中国农村观察》1998年第2期。
④ 贺雪峰：《制度引入与利益主导——余村村委会换届选举的观察与思考》，《管理世界》1999年第5期。
⑤ 吴毅：《村民自治的成长：国家进入与社区内生——对全国村民自治示范第一村及所在县的个案分析》，《政治学研究》1998年第3期。

下农村治理的一种有效方式。"① 再如，张厚安认为："在'乡政村治'的模式中，村民自治是乡镇政权的基石。只有奠定好这块基石，才能将社会主义民主落实到农村基层，才能真正实现农村八亿农民当家作主。"② 金太军也指出："村民自治的拓展还从更深的层次上促进农村民主型政治文化的形成。"③

对于如何更好地推动村民自治的有效运行，一类观点认为应创造条件提高乡村自治能力，如徐勇提出要加大政府的推动；④ 还有一类观点认为应从根本上改良乡政村治模式或建立新的治理模式。如徐勇提出"县镇、乡派、村治"论，⑤ 郑法提出"乡镇自治"论，⑥ 沈延生提出"乡治、村政、社有"论。⑦

三 2006年取消农业税以来的乡村治理研究

在治理和善治理论的推动下，乡村治理研究进入一个新的发展阶段。治理理论侧重于强调多元主体合作共治，较早将"治理"理论引入乡村治理的是徐勇，他深入阐释了"Governance"的含义，⑧ 并将治理理论引入乡村研究中，提出了"乡村治理"概念。中国乡村治理研究大致经历了三个阶段：

一是乡村治理早期研究。这一时期的研究奠定了中国乡村治理研究的基础。贺雪峰提出："乡村治理是指如何对中国的乡村进行管理，或中国乡村如何可以自主管理，从而实现乡村社会的有序发展。"⑨ 党国英认为："乡村治理是指以乡村政府为基础的国家机构和乡村其他权威机构给乡

---

① 徐勇：《中国农村村民自治》，生活书店出版有限公司2018年版，第2页。
② 张厚安：《村民自治：中国农村基层民主建设的必由之路》，《河北学刊》2008年第1期。
③ 金太军：《走出对村民自治的认识误区》，《探索与争鸣》1999年第8期。
④ 徐勇：《民主化进程中的政府主动性——对四川达州市村民自治示范活动的调查与启示》，《战略与管理》1997年第3期。
⑤ 徐勇：《县政、乡派、村治：乡村治理的结构性转换》，《江苏社会科学》2002年第2期。
⑥ 郑法：《农村改革与公共权力的划分》，《战略与管理》2000年第4期。
⑦ 沈延生：《村政的兴衰与重建》，《战略与管理》1998年第6期。
⑧ 徐勇：《GOVERNANCE：治理的阐释》，《政治学研究》1997年第1期。
⑨ 贺雪峰：《乡村治理研究的三大主题》，《社会科学战线》2005年第1期。

村社会提供公共品的活动。"① 郭正林提出："所谓乡村治理，就是性质不同的各种组织，……通过一定的制度机制共同把乡下的公共事务管理好。"②

二是多领域和多视角下乡村治理跨学科研究。主要研究视角有：第一是协商民主理论的视角，如何包钢等③；第二是公民社会的视角，如罗中枢等④；第三是参与式民主的视角，如董江爱⑤、张有亮等⑥；四是社会资本理论的视角，如郎友兴等⑦；另外，也有一些学者如徐勇⑧、李利宏等⑨提出乡村治理创新应创造性利用传统治理要素。

三是乡村振兴进程中的乡村治理研究。随着多学科融合的深入发展，乡村治理研究出现了许多新的主题。如强调数字化技术运用的数字化乡村治理⑩、数字乡村建设⑪、数字赋能乡村治理现代化⑫，强调人才为主的新乡贤治村⑬、人才下乡⑭、乡村治理精英再造⑮，强调对文化和传统

---

① 党国英：《我国乡村治理改革回顾与展望》，《社会科学战线》2008年第12期。

② 郭正林：《乡村治理及其制度绩效评估：学理性案例分析》，《华中师范大学学报》（人文社会科学版）2004年第4期。

③ 何包钢、王春光：《中国乡村协商民主：个案研究》，《社会学研究》2007年第3期。

④ 罗中枢：《公民社会视野下的农村社区治理初探》，《理论视野》2010年第12期。

⑤ 董江爱：《权威与民主关系视野下的村治模式探索——村民参与村级治理的类型及效果分析》，《东南学术》2008年第2期。

⑥ 张有亮、赵龙：《困境与突破：社会转型背景下农民参与式民主初探》，《农村经济》2012年第2期。

⑦ 郎友兴、周文：《社会资本与农村社区建设的可持续性》，《浙江社会科学》2008年第11期。

⑧ 徐勇：《城乡一体化进程中的乡村治理创新》，《中国农村经济》2016年第10期。

⑨ 李利宏、杨素珍：《乡村治理现代化视阈中传统治理资源重构研究》，《中国行政管理》2016年第8期。

⑩ 冯献、李瑾、崔凯：《乡村治理数字化：现状、需求与对策研究》，《电子政务》2020年第6期。

⑪ 王胜、余娜、付锐：《数字乡村建设：作用机理、现实挑战与实施策略》，《改革》2021年第4期。

⑫ 秦秋霞、郭红东、曾亿武：《乡村振兴中的数字赋能及实现途径》，《江苏大学学报》（社会科学版）2021年第5期。

⑬ 胡鹏辉、高继波：《新乡贤：内涵、作用与偏误规避》，《南京农业大学学报》（社会科学版）2017年第1期。

⑭ 钱再见、汪家焰：《"人才下乡"：新乡贤助力乡村振兴的人才流入机制研究——基于江苏省L市G区的调研分析》，《中国行政管理》2019年第2期。

⑮ 李云新、阮皓雅：《资本下乡与乡村精英再造》，《华南农业大学学报》2018年第5期。

资源进行挖掘的乡村文化治理①、乡村文化建设②、乡规民约③和村规民约④的作用研究，强调民族地区⑤和边疆地区⑥特殊性的乡村治理研究等。

总的来看，在乡村治理路径研究方面，已有研究多从西方理论寻找突破口，而在借鉴西方理论的同时进一步挖掘本国传统资源，且将挖掘传统与创造性转化有机结合起来的研究，还有待进一步深入。"对国外的理论、概念、话语、方法，要有分析、有鉴别，适用的就拿来用，不适用的就不要生搬硬套。哲学社会科学要有批判精神，这是马克思主义最可贵的精神品质。"⑦ 如何在借鉴西方的同时充分立足中国，植根中国大地，充分挖掘本土资源与中国特色因地制宜地推进乡村治理体系与治理能力现代化，是需要高度关注的。本书正是基于这样的学术观照展开的。

第四节　基于 CiteSpace 文献可视化分析的乡村振兴研究综述

党的十九大报告提出实施乡村振兴战略，指出"要坚持农业农村优先发展，按照产业兴旺、生态宜居、乡风文明、治理有效、生活富裕的总要求，建立健全城乡融合发展体制机制和政策体系，加快推进农业农村现代化"⑧。乡村振兴战略是我们党深刻把握现代化发展规律以及着眼

---

① 袁君刚、李佳琦:《走向文化治理:乡村治理的新转向》,《西北农林科技大学学报》(社会科学版) 2020 年第 3 期。

② 周锦、赵正玉:《乡村振兴战略背景下的文化建设路径研究》,《农村经济》2018 年第 9 期。

③ 陈寒非、高其才:《乡规民约在乡村治理中的积极作用实证研究》,《清华法学》2018 年第 1 期。

④ 高艳芳、黄永林:《论村规民约的德治功能及其当代价值——以建立"三治结合"的乡村治理体系为视角》,《社会主义研究》2019 年第 2 期。

⑤ 陈蒙:《新时代民族地区乡村治理现代化瓶颈及对策》,《中南民族大学学报》(人文社会科学版) 2020 年第 5 期。

⑥ 廖林燕:《乡村振兴视域下边疆民族地区乡村治理机制创新研究》,《西北民族大学学报》(哲学社会科学版) 2018 年第 1 期。

⑦ 习近平:《在哲学社会科学工作座谈会上的讲话》,《人民日报》2016 年 5 月 19 日第 2 版。

⑧ 习近平:《决胜全面建成小康社会　夺取新时代中国特色社会主义伟大胜利——在中国共产党第十九次全国代表大会上的报告》,人民出版社 2017 年版,第 32 页。

经济社会发展全局进而作出的战略部署，旨在促进农业农村的现代化，让农村成为新的增长极，进而为全面建设社会主义现代化国家和实现中华民族伟大复兴提供最广泛、最深厚的社会基础。乡村振兴作为实现中华民族伟大复兴的战略保障之一，学术界近几年形成了浩如烟海的研究成果。本书通过CiteSpace软件，对中国知网核心期刊数据库中2017年以来有关乡村振兴文献数据进行分析，探析乡村振兴的现状、热点、趋势。

一　关于乡村振兴研究的可视化分析

乡村振兴作为脱贫攻坚的延续，是实现共同富裕的必由之路。自党的十九大报告中明确提出"乡村振兴战略"之后，国内学术界从内涵到路径，从顶层设计到微观叙述展开了广泛研究。通过对中国知网学术期刊数据库进行检索，获取文献数据，选用CiteSpace 6.1 R3 advanced版本，采用高级检索方法，CSSCI、北大核心作为数据来源（检索时间为2022年5月15日），检索主题条件设置为"主题=乡村振兴"，时间为2017—2021年，共检索到10794条文献数据，在剔除征文、访谈等文献后，剩余9173条有效数据作为分析的原始数据，详见图3。

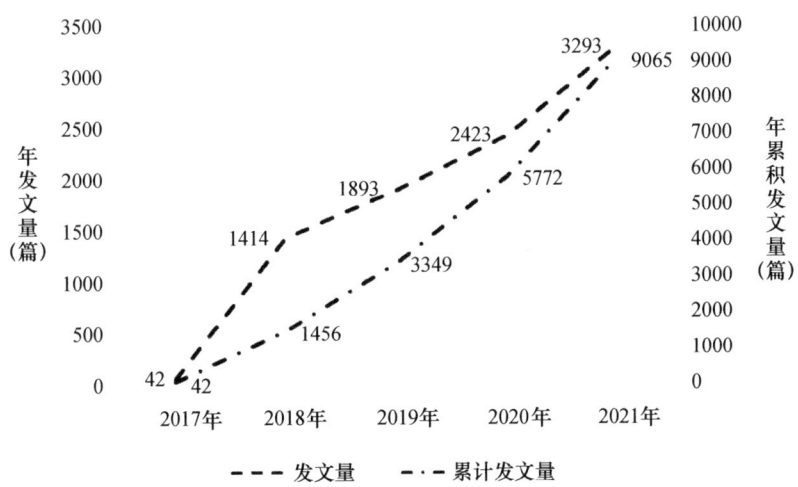

图3　2017—2021年乡村振兴领域年发文量与年累计发文量

自 2017 年党的十九大报告到 2018 年中央一号文件《实施乡村振兴战略》，学术界兴起了从乡村振兴的理论逻辑、科学内涵、历史延续等问题的研究浪潮；2021 年脱贫攻坚表彰大会标志着在中国大地上消除了绝对贫困，农民生活富足则是新的历史追求；之后，《乡村振兴促进法》在内的多个关于乡村振兴新政策文件又进一步推动了学术界关于乡村振兴的研究。乡村振兴研究逐步从理论论纲为主发展到路径选择为主，其中共同富裕成为乡村振兴的研究热点。

在关键词方面，圆圈越大表示该关键词出现的次数越多。表 1 是对关键词频在前十的关键词的显示。

表 1　　　　　　　　　关键词频数前十的统计

排序	频数	关键词名称	排序	频数	关键词名称
1	5065	乡村振兴	6	221	乡村旅游
2	517	脱贫攻坚	7	183	新时代
3	389	乡村治理	8	154	乡村
4	387	城乡关系	9	152	社会治理
5	249	路径选择	10	151	乡风文明

根据图 4，学术界关于乡村振兴实现路径的研究，主要集中在乡村治理、城乡关系、乡村旅游等方面。通过 LLR 算法对关键词进行聚类分析，共得到 11 个聚类词。相关参数分析中，Modularity 作为网络模块化的评价指标，数值越大表示得到的聚类效果越好，Q 大于 0.3，表示社团结果显著。本研究的 Q = 0.8481 远超过该标准，表明结果显著。此外，Silhouette 是通过网络同质性对聚类进行评价，Silhouette 为 0.7 时意味着聚类结果具有高信度，本研究 S = 0.9738 远超过 0.7 且接近 1，表明本研究具有高信度。此外，根据图 3 这 11 个聚类词并结合前十的关键词，可以看出 2017—2022 年乡村研究热点主要集中城乡关系、乡村文化建设、乡村振兴的影响因素、新型研究视角（数字经济、现代农业）等方面。

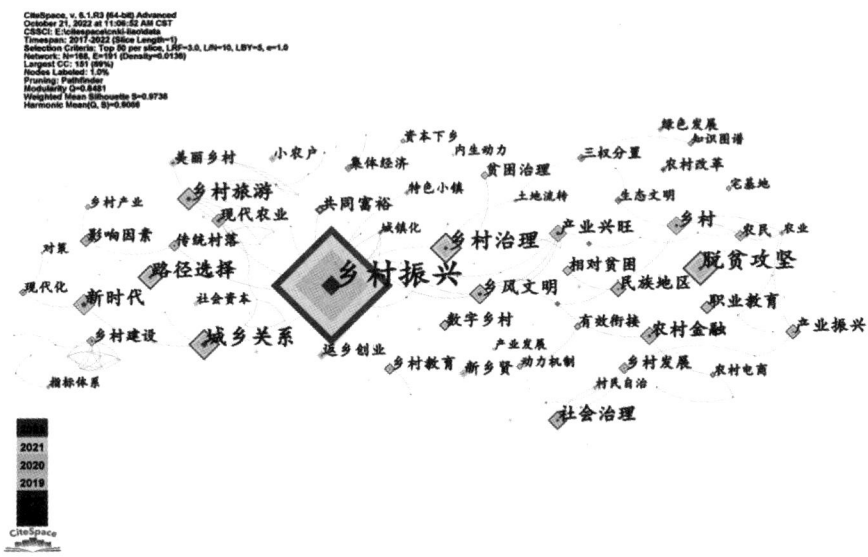

图4 2017—2022年乡村振兴领域关键词共现网络统计

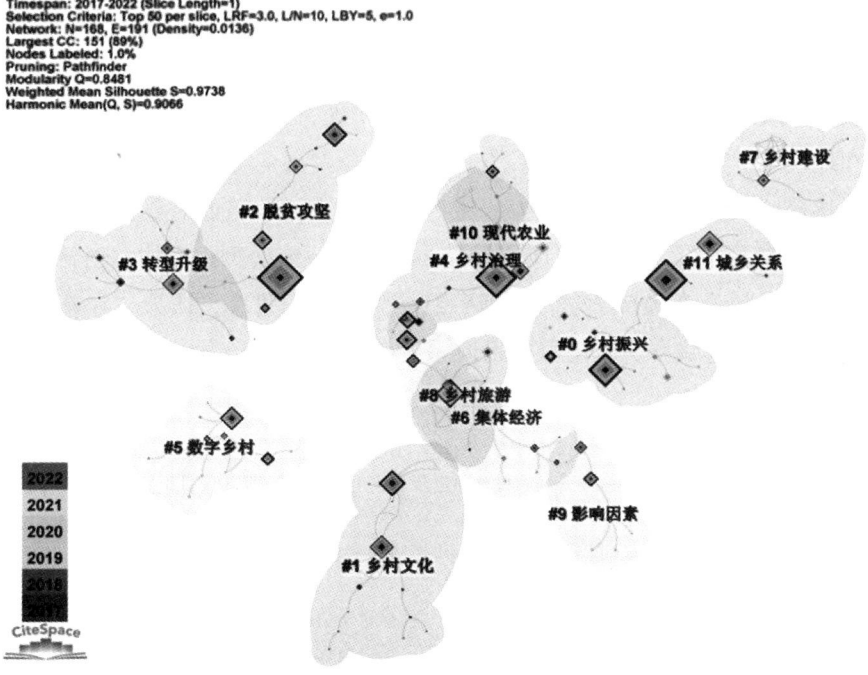

图5 2017—2022年乡村振兴领域关键词聚类图谱

二 多维视角：乡村振兴研究的学术争鸣

（一）城乡融合的视角

党的十九大以来，以习近平同志为核心的党中央站在"两个一百年"的历史视野、"百年未有之大变局"的国际视野、"美好生活向往"的人民视野，与时俱进地提出了乡村振兴战略，为中国乡村发展规划了方向、描绘了蓝图。"40年前，我们通过农村改革拉开了改革开放大幕。40年后的今天，我们应该通过振兴乡村，开启城乡融合发展和现代化建设新局面。"① 乡村振兴战略的提出，是对乡村衰落问题的现实关照。有学者认为当代乡村问题是扭曲的城乡关系及制度不平等的结果。② 立足于新发展阶段，重塑城乡关系，促进城乡融合是实现乡村振兴、中国式现代化的应有之义。

不同学科对于城乡融合进行了多维视角探讨。在政治学学科，侧重于区域发展的公平与秩序。徐勇指出，现代化中后期的乡村振兴，就是要通过城乡融合建设现代化的农村。③ 在社会学学科，侧重于从农村发展规律探寻城乡融合之道。贺雪峰认为，"当前中国城乡关系正处在第三个阶段，即农民快速进城、城乡关系重组、农村社会剧变时期"。"当前时期农村政策主要是保底即应对城市和市场所无力应对的各种乡村问题。"④ 在地理学学科，侧重于地域系统对城乡融合发展的分析。刘彦随创新性地从地域系统角度出发，认为"城乡融合与乡村振兴的对象是一个乡村地域多体系统"，乡村振兴应"构建乡村地域系统转型—重构—创新发展综合体系"。⑤ 在经济学学科，魏后凯从系统性的角度，认为"在新常态下，全面推进城乡一体化需要采取系统集成的一揽子方案，而不能采取

---

① 《习近平在中共中央政治局第八次集体学习时强调　把乡村振兴战略作为新时代"三农"工作总抓手　促进农业全面升级农村全面进步农民全面发展》，《人民日报》2018年9月23日第1版。

② 刘守英、熊雪锋：《我国乡村振兴战略的实施与制度供给》，《政治经济学评论》2018年第4期。

③ 徐勇：《论现代化中后期的乡村振兴》，《社会科学研究》2019年第2期。

④ 贺雪峰：《城乡关系视野下的乡村振兴》，《中南民族大学学报》（人文社会科学版）2020年第4期。

⑤ 刘彦随：《中国新时代城乡融合与乡村振兴》，《地理学报》2018年第4期。

零碎敲打的办法"。重点"是全面深化城乡综合配套改革，构建城乡统一的户籍登记制度、土地管理制度、就业管理制度、社会保障制度以及公共服务体系和社会治理体系，促进城乡要素自由流动、平等交换和公共资源均衡配置"等。① 何仁伟等人拓展了要素流动的研究，进一步探讨了"城乡对流"推动城乡融合机制。②

（二）农业农村现代化的视角

认为乡村振兴和农业农村现代化是相融相通的关系。例如，文丰安认为乡村振兴和农业现代化是融合发展的关系，"主要体现在融合动力、融合主体、融合引擎、融合保障、融合基础等方面"③。汪锦军等提出乡村振兴战略与城镇化战略本质上是相融相通的，"只有城乡真正实现有机互动，才能真正激发乡村振兴的内生动力，实现乡村的持久振兴"④。丁静基于新型城镇化和乡村振兴的两大战略相互补充、相互促进的背景下，提出"立足新时代我国社会主要矛盾转化的时代背景，深入分析乡村振兴与新型城镇化战略融合的基础和客观必然，探寻两大战略协调发展的现实路径"⑤。

（三）乡村伦理的视角

学术界也从乡村伦理的视角，主要从乡村伦理的转型和重构对乡村振兴进行研究。杨伟荣整理了"乡村振兴与乡村伦理"高层论坛的相关内容，参会学者分别从经济伦理转型、环境伦理建构、家庭伦理培育和道德建设、乡村发展的伦理目标与道德评价等方面对乡村振兴背景下的乡村伦理进行了多维度、深层次的探讨。⑥ 梁满燕等认为乡村振兴战略

---

① 魏后凯：《新常态下中国城乡一体化格局及推进战略》，《中国农村经济》2016年第1期。
② 何仁伟、杨慧、张海朋、袁晨曦：《城乡"对流"视角的城乡融合发展路径》，《中国沙漠》2022年第4期。
③ 文丰安：《乡村振兴战略与农业现代化治理融合发展：价值、内容及展望》，《西南大学学报》（社会科学版）2020年第4期。
④ 汪锦军、王凤杰：《激发乡村振兴的内生动力：基于城乡多元互动的分析》，《浙江社会科学》2019年第11期。
⑤ 丁静：《新时代乡村振兴与新型城镇化的战略融合及协调推进》，《社会主义研究》2019年第5期。
⑥ 杨伟荣：《乡村振兴的伦理之维——"乡村振兴与乡村伦理"高层论坛综述》，《伦理学研究》2018年第3期。

"是一项伦理化的制度安排，蕴含着党和政府责任担当的伦理关怀、和谐共处与农村生态文明建设的伦理命题、乡风文明建设的伦理诉求和重构乡村伦理共同体的伦理目标"①。王露璐认为乡村振兴是中国式现代化在当下中国乡村的具体实践，在伦理层面必然引发并显现为中国乡村伦理的现代转型与重建，"中国乡村伦理的现代重建应当基于马克思主义唯物史观的基本立场和方法，……将'记得住乡愁'作为乡村伦理现代建构的道德文化之根"②。李皓认为乡村道德建设是乡村振兴战略的伦理学维度，"核心任务是必须振兴乡村道德文化，需要解决如何树立乡村道德文化意识，如何坚持自治、法治、德治相结合的原则，如何坚持道德文化继承性和创造性的统一等主要伦理问题，其伦理价值目标是构建乡村伦理共同体"③。

（四）乡村共同体的视角

乡村共同体是乡村治理的重要资源。重塑乡村共同体、发挥乡村共同体的功能对于乡村振兴具有重要意义。一是厘清了中国乡村共同体的历史形态演化过程。刘篪认为："我国村庄共同体经历了'道义型共同体—强制互惠型共同体—有限互惠型共同体—共同体衰败'的嬗变历程。"④ 刘祖云和张诚认为："我国乡村自古以来就具有共同体的属性，并经历了自然共同体、政治共同体、利益共同体三个不同的发展阶段。"⑤ 卢福营聚焦乡村共同体中的治理共同体，强调"中国农村的村庄治理共同体先后经历了家族治理共同体、单位治理共同体、自治性行政共同体等不同形态"⑥。二是提出了现代乡村共同体的三种类型。（1）以国家、政府、政党主导构建共同体。杨郁、刘彤阐释了国家权力再嵌入乡村的

---

① 梁满艳、曾平：《乡村振兴战略的伦理意蕴》，《伦理学研究》2020 年第 6 期。
② 王露璐：《中国式现代化进程中的乡村振兴与伦理重建》，《中国社会科学》2021 年第 12 期。
③ 李皓：《我国乡村振兴战略的伦理之维》，《伦理学研究》2018 年第 4 期。
④ 刘篪：《乡村治理共同体的变迁与重塑——以 H 省 L 市"屋场会"为例》，《湖湘论坛》2021 年第 3 期。
⑤ 刘祖云、张诚：《重构乡村共同体：乡村振兴的现实路径》，《甘肃社会科学》2018 年第 4 期。
⑥ 卢福营：《乡村振兴背景下的村庄治理共同体重构》，《社会科学》2022 年第 6 期。

依据和价值,说明了国家权力在乡村共同体重构中扮演的多重角色。[①] 张新文和郝永强提出了党建引领构建乡村共同体的行动逻辑和实践路径。[②] (2)以乡贤、村民为主的具体行动者构建乡村共同体。袁方成、周韦龙认为:"基于行动者网络理论,……正是作为网络中核心行动者的乡贤有效完成了成了转译、合作网络的建构以及行动者间异议的消除,才得以推动乡村文化、经济与治理共同体的全面振兴。"[③] (3)通过多元主体合作构建乡村共同体。高卫星、张慧远针对乡村治理共同体的理论逻辑和现实困境提出要构建"一核多元"的治理主体体系。[④] 卢福营认为:"新型村庄治理共同体是一种包容性治理共同体。"[⑤] 刘祖云、张诚提出:"新型乡村共同体以合作共同体为目标追求,以多元合作为构建模式。"[⑥] 此外,还有乡村振兴共同体的个案研究,如毛一敬[⑦]、吕德文[⑧]、唐胡浩[⑨]、张新文[⑩]等。

三 时代意涵:乡村振兴研究的战略定位

(一)新型文明:乡村振兴的内涵实质

乡村文明作为中国农耕文明的具象,是五千年中华文明的根与魂。

---

① 杨郁、刘彤:《国家权力的再嵌入:乡村振兴背景下村庄共同体再建的一种尝试》,《社会科学研究》2018年第5期。

② 张新文、郝永强:《党建引领乡村治理共同体建构的行动逻辑与实践路径》,《学习论坛》2022年第2期。

③ 袁方成、周韦龙:《从振兴共同体到共同体振兴:乡村振兴的乡贤逻辑》,《社会主义研究》2022年第2期。

④ 高卫星、张慧远:《乡村治理共同体构建的理论逻辑、现实困境及策略》,《中州学刊》2021年第2期。

⑤ 卢福营:《乡村振兴背景下的村庄治理共同体重构》,《社会科学》2022年第6期。

⑥ 刘祖云、张诚:《重构乡村共同体:乡村振兴的现实路径》,《甘肃社会科学》2018年第4期。

⑦ 毛一敬:《构建乡村治理共同体:村级治理的优化路径》,《华中科技大学学报》(社会科学版)2021年第4期。

⑧ 吕德文:《乡村振兴背景下乡村工作共同体的建构逻辑》,《南昌大学学报》(人文社会科学版)2021年第5期。

⑨ 唐胡浩、赵金宝:《重塑村落共同体:乡村治理视角下传统文化的现代价值研究——基于席赵村丧葬仪式的田野调查》,《华中师范大学学报》(人文社会科学版)2021年第5期。

⑩ 张新文、张龙:《乡土文化认同、共同体行动与乡村文化振兴——基于鄂西北武村修复宗族文化事件的个案启示》,《南京农业大学学报》(社会科学版)2021年第4期。

在乡村振兴的内涵方面，普遍认为乡村振兴是一种乡村文明的转型与振兴。一是从反思性现代性视角呼唤乡村文明的重要性。如王治河主张建立一种"有根的后现代乡村文明"，"一种珍惜传统、敬爱自然的文明，一种尊重农民、钟情共同体繁荣的文明，一种主张城市与乡村共荣、工业与农业并茂的有根的生态文明"①。曾天雄等人认为，在高速推进城镇化进程中导致了"乡土中国"的沦陷，"随着城镇化的快速扩张，我国逐渐向'陌生人社会'转型，却以乡土文化的'集体性沦陷'为代价"②。二是从乡村文明的现代性转型与城乡协调发展解读。胡惠林指出："农耕文明基础上生成的城市是乡村文明的延伸形态，是农耕文明形成的一种关于乡村文明的治理体系和治理机制。它们之间的文化和文明关系是同一性的、互补性的。"③ 对于乡村振兴则是"一方面需要走出农耕文明语境，用现代文明置换农耕文明，另一方面又要在现代性的意义上对农耕文明进行创造性文化复耕与文明转化"④。胡惠林认为乡村文明的现代性转换，合乎历史逻辑的选择，新的乡村文明传统中包含着现代，现代中包含着传统，是人类文明的新形态，也是未来的中华文明新形式、新形态。⑤ 刘德喜指出："中国能够探索一种超越西方工业文明，并且具有创新内容的农业文明和乡村文明模式，最终走出一条有中国特色的乡村文明和城市文明协调发展的道路，首先是因为中国有着几千年农业文明和乡村文明的历史传统以及和谐与共、海纳百川的文化底蕴。"⑥ 此外，王忠武⑦、

---

① 王治河：《第二次启蒙呼唤一种有根的后现代乡村文明》，《苏州大学学报》2014年第1期。
② 曾天雄、曾鹰：《乡村文明重构的空间正义之维》，《广东社会科学》2014年第6期。
③ 胡惠林：《城乡文明融合互鉴：构建中国乡村文化治理新发展格局》，《治理研究》2021年第5期。
④ 胡惠林：《没有贫困的治理与克服治理的贫困——再论乡村振兴中的治理文明变革》，《探索与争鸣》2022年第1期。
⑤ 胡惠林：《没有贫困的治理与克服治理的贫困——再论乡村振兴中的治理文明变革》，《探索与争鸣》2022年第1期。
⑥ 刘德喜：《超越西方工业文明的中国新农村建设》，《中国党政干部论坛》2006年第10期。
⑦ 王忠武：《乡村文明的价值结构与新时代重构——实现乡村振兴的文明复兴之路探讨》，《山东社会科学》2018年第5期。

闫德亮①、范玉刚②等也从重构论的视角探讨新时代乡村文明。

(二) 乡村振兴是实现共同富裕的必经之路

党的二十大报告指出："中国式现代化是全体人民共同富裕的现代化。"③ 在实现共同富裕进程中，农村发展的滞后性是一大障碍。乡村振兴战略则是打破藩篱，实现共同富裕的必经之路。陈亚军等从中国构建现代国家的内生责任出发，认为"共同富裕是社会主义的本质要求和最终目标。这就决定了改变城市和乡村之间的发展不均衡问题、消除乡村社会内部的发展差距，是中国建构现代国家的内在要求和根本任务"④。黄承伟从理论、历史、现实、国际四重维度揭示了两者的内在联系，并指出"高质量乡村振兴无疑是迈向共同富裕的关键领域、薄弱环节和重要组成部分"⑤。张奎力等从个案研究中总结出迈向共同富裕的基本前提和转化机制："农业景观化、乡村城镇化和农民职业化是形塑生态—经济—生活'三位一体'格局的关键因素，也是促进农业农村高质量发展及走向共同富裕的基本前提；社区合作经济和新型农村集体经济则是农业农村从高质量发展走向共同富裕的转化机制。"⑥ 此外，也有人从农业农村现代化⑦、韧性发展的经济—社会政策⑧等视角为着眼点进行研究。

(三) 乡村振兴是实现乡村治理现代化的关键之举

党的二十大报告指出"完善社会治理体系"，"建设人人有责、人人

---

① 闫德亮、李娟：《乡村振兴战略背景下乡村文明话语的转型与重建》，《学术界》2019年第10期。

② 范玉刚：《乡村文化复兴与乡土文明价值重构》，《深圳大学学报》(人文社会科学版) 2019年第6期。

③ 习近平：《高举中国特色社会主义伟大旗帜 为全面建设社会主义现代化国家而团结奋斗——在中国共产党第二十次全国代表大会上的报告》，人民出版社2022年版，第22页。

④ 陈军亚、张鑫：《内生责任：从脱贫攻坚到乡村振兴的现代国家建构逻辑》，《中国农业大学学报》(社会科学版) 2022年第4期。

⑤ 黄承伟：《论乡村振兴与共同富裕的内在逻辑及理论议题》，《南京农业大学学报》(社会科学版) 2021年第6期。

⑥ 张奎力、肖金光：《以生态—旅游促进共同富裕：基于云南沧源佤族自治县的实践》，《民族研究》2022年第4期。

⑦ 王春光：《迈向共同富裕——农业农村现代化实践行动和路径的社会学思考》，《社会学研究》2021年第2期。

⑧ 王思斌：《乡村振兴中韧性发展的经济—社会政策与共同富裕效应》，《探索与争鸣》2022年第1期。

尽责、人人享有的社会治理共同体"。① 如何推进乡村治理现代化，达到乡村振兴"治理有效"的要求，是学术界广泛研究的议题。一是对治理体系的研究。欧阳静认为基层的形式主义源于科层制的关系，破解之举要发挥简约治理功能，"尊重'上面千条线、下面一根针'的实践关系，使乡镇党委具有应有的资源配置和统合能力，充分发挥简约治理功能"②。孙莹认为在推进乡村治理过程中要构建以党政统合为核心的协同治理体系，提升纵横交织的治理能力，"以党政统合为核心构建多主体共治的乡村治理体系，其本质上是对传统官僚组织以及所谓'企业家政府'的扬弃，是对'自上而下'的传统治理模式的一种创新性调整"③。二是对乡村精英治理效能的研究。倪咸林等人认为新乡贤乡村社区治理创新中通过政策网络、人才智力、社会资本、社会影响力四大优势，"发挥着特有的'参与式治理'功能，形成了一条具有创新特色的'新乡贤治村'路径"④。原超认为乡贤理事会作为新乡贤的组织形态构成了地方的调节机制，"实现基层社会与国家权力在乡村场域的互信和资源共享"⑤。此外，也有从"三治融合"⑥、数字赋能⑦、社会资本参与⑧、政府热线⑨等方面，关注乡村治理现代化问题。

---

① 习近平：《高举中国特色社会主义伟大旗帜　为全面建设社会主义现代化国家而团结奋斗——在中国共产党第二十次全国代表大会上的报告》，人民出版社 2022 年版，第 54 页。

② 欧阳静：《简约治理：超越科层化的乡村治理现代化》，《中国社会科学》2022 年第 3 期。

③ 孙莹：《协同共治视角下的乡村治理现代化——以四川省 J 市的乡村振兴实践为例》，《理论学刊》2022 年第 2 期。

④ 倪咸林、汪家焰：《"新乡贤治村"：乡村社区治理创新的路径选择与优化策略》，《南京社会科学》2021 年第 5 期。

⑤ 原超：《新"经纪机制"：中国乡村治理结构的新变化——基于泉州市 A 村乡贤理事会的运作实践》，《公共管理学报》2019 年第 2 期。

⑥ 何阳、孙萍：《"三治合一"乡村治理体系建设的逻辑理路》，《西南民族大学学报》2018 年第 6 期。

⑦ 江维国、胡敏、李立清：《数字化技术促进乡村治理体系现代化建设研究》，《电子政务》2021 年第 7 期。

⑧ 冯兴元、鲍曙光、孙同全：《社会资本参与乡村振兴和农业农村现代化——基于扩展的威廉姆森经济治理分析框架》，《财经问题研究》2022 年第 1 期。

⑨ 杜姣：《重塑治理责任：理解乡村技术治理的一个新视角——基于 12345 政府服务热线乡村实践的考察与反思》，《探索》2021 年第 1 期。

(四) 乡村振兴是全面建设社会主义现代化国家的必然选择

党的二十大报告指出:"全面建设社会主义现代化国家,最艰巨最繁重的任务仍然在农村。"① 关于乡村振兴战略与社会主义现代化建设的研究,主要集中在阐释乡村振兴战略对于全面建设社会主义现代化国家的重要性。李小云等将乡村振兴置于中国现代化的语境下理解,认为"乡村振兴是中国社会主义现代化的重要战略工程,其重要性需要置于中国现代化的语境之下去理解和把握"②。吕方从中国式现代化道路的大历史视角来阐释乡村振兴战略的意义,认为乡村振兴战略是中国特色社会主义现代化国家建设的重要板块和关键议题,关乎中国特色社会主义现代化国家建设全局。③

(五) 乡村振兴是实现中华民族伟大复兴的基石

党的二十大报告指出:"中国共产党的中心任务就是团结带领全国各族人民全面建成社会主义现代化强国、实现第二个百年奋斗目标,以中国式现代化全面推进中华民族伟大复兴。"④ "民族要复兴,乡村必振兴。"刘明松、曹席从乡村振兴战略二十字总要求分别指出乡村振兴对中华民族伟大复兴的重要作用:产业兴旺是物质前提,生态宜居是现实基础,乡风文明是精神动力,治理有效是根本保障,生活富裕是必然要求。⑤ 钱正武认为新时代乡村振兴战略着眼于实现中华民族伟大复兴的宏伟目标,实施乡村振兴战略的过程,就是不断推进实现中华民族伟大复兴历史进程的过程。⑥ 闫书华认为:"实施乡村振兴战略是对国情农情的深刻洞察和对重大历史机遇的准确把握,成为实现中华民族伟大复兴的

---

① 习近平:《高举中国特色社会主义伟大旗帜 为全面建设社会主义现代化国家而团结奋斗——在中国共产党第二十次全国代表大会上的报告》,人民出版社2022年版,第30—31页。
② 李小云、马阳:《中国现代化语境下乡村振兴的实现路径》,《理论与改革》2022年第4期。
③ 吕方:《乡村振兴与中国式现代化道路:内涵、特征、挑战及关键议题》,《杭州师范大学学报》(社会科学版)2021年第5期。
④ 习近平:《高举中国特色社会主义伟大旗帜 为全面建设社会主义现代化国家而团结奋斗——在中国共产党第二十次全国代表大会上的报告》,人民出版社2022年版,第21页。
⑤ 刘明松、曹席:《从乡村振兴战略总要求看党的初心和使命》,《湖北社会科学》2020年第3期。
⑥ 钱正武:《论新时代乡村振兴战略的四维导向》,《内蒙古社会科学》(汉文版)2018年第5期。

一个重要战略举措。"① 唐任伍认为乡村振兴"是厚植中华文明根基、发展现代文明的需要,是实现城乡、区域和人的均衡发展的必要条件,是推动新型城市化、实现中国经济可持续发展的需要,是实现中国充分发展的必由之路"②。冯兆蕙认为推进乡村振兴法治化"是实现民族伟大复兴的必由之路,是乡村振兴战略实施的法治保障,具有鲜明的时代价值"③。张孝德认为乡村文明是确立中华民族主体性和自信的根基,是复兴之本,"中国乡村就像构成生命体的细胞一样,携带着中华文明演化的秘密和基因,她不仅是中华民族从哪里来、到哪里去的精神家园和归宿,同时也同中华民族兴盛衰微紧密联系在一起"④。

四 战略要求：乡村振兴研究的多维融合

从党的十九大报告、《乡村振兴促进法》到 2022 年中央一号文件,"二十字"总要求贯穿始终,充分体现了党和国家一张蓝图绘到底、一以贯之抓落实的战略定力。纵观 2017—2022 年学术界的研究在微观领域与"二十字"总要求基本保持一致。

一是产业兴旺研究。首先,关于产业兴旺的挑战。刘海洋认为目前乡村产业发展主要面临着"农业发展水平较低,基本要素供给不足;产业相对单一,农业与二三产业融合度较低的现实困境"⑤。其次,关于构建产业融合、现代农业发展的路径的研究。李国英认为乡村产业发展要立足于当地资源,交叉融合、产业创新,从而形成多元、特色的现代农业发展体系。⑥ 最后,国内外对乡村振兴产业发展的经验。周立等人通过日韩两国乡村振兴经验,通过六次产业中的加法、乘法效应,以产业融

---

① 闫书华:《实施乡村振兴战略的根本遵循》,《学海》2021 年第 6 期。
② 唐任伍:《新时代乡村振兴战略的实施路径及策略》,《人民论坛·学术前沿》2018 年第 3 期。
③ 冯兆蕙:《乡村振兴法治化的时代价值、基本框架与实现机制》,《法律科学(西北政法大学学报)》2022 年第 6 期。
④ 张孝德:《中国乡村文明研究报告——生态文明时代中国乡村文明的复兴与使命》,《经济研究参考》2013 年第 22 期。
⑤ 刘海洋:《乡村产业振兴路径:优化升级与三产融合》,《经济纵横》2018 年第 11 期。
⑥ 李国英:《乡村振兴战略视角下现代乡村产业体系构建路径》,《当代经济管理》2019 年第 10 期。

合发挥农业的多功能性从而推动乡村振兴。① 郭俊华等人在全国探索经验中总结出五大产业兴旺带动发展模式,"用好'两只手'、'三产'融合、'四化'发展、'五方'联动、加强顶层设计和创新产业发展机制等优化对策"②。

二是乡风文明研究。乡风文明作为乡村振兴之魂,是乡村振兴的强大精神之源。如认为乡村振兴的困境在于乡村文化振兴主体的缺失、乡风民俗生存空间不断萎缩、文化同质化程度高等。③ 在传统价值观念瓦解的情况下,农村文化公共空间普遍弱化。④ 乡村文明亟待重塑,以满足乡村振兴精神文明的要求。吕宾认为,"对乡村文化的重塑,体现了对农耕文明的尊重与敬仰""历史维度——乡村文化是中华文化的根脉""现实维度——乡村文化是乡村振兴的动力和智慧之源""未来维度——乡村文化是乡村振兴的强大支撑力"。重塑乡村文化,应"重塑农民的文化价值观","促进乡村文化发展"、"培育乡村文化建设者的主体意识","建立起以政府为主导、农民为主体、市场为载体、文化组织为纽带的'四位一体'的现代文化治理模式"。⑤ 范建华等人认为要"强力推进乡村传统文化的生产性保护"⑥。夏小华等人认为要坚持农民主体地位,坚定文化自觉与自信,超越传统与现代、文化与经济的矛盾,汇聚向前发展的合力。⑦ 此外,也有关于乡愁的研究。以乡风、乡土文化为载体的乡愁,是乡土文化的血脉联系。赵旭东认为:"理解这种乡愁中国的最佳途径和模式便是能够切实有一种基于土地制度和家庭制度的变迁而来的农民参与的乡村文化振兴,同时还要真正回归到农民

---

① 周立、李彦岩、王彩虹、方平:《乡村振兴战略中的产业融合和六次产业发展》,《新疆师范大学学报》(哲学社会科学版)2018年第3期。
② 郭俊华、卢京宇:《产业兴旺推动乡村振兴的模式选择与路径》,《西北大学学报》(哲学社会科学版)2021年第6期。
③ 孙喜红、贾乐耀、陆卫明:《乡村振兴的文化发展困境及路径选择》,《山东大学学报》(哲学社会科学版)2019年第5期。
④ 陈波:《公共文化空间弱化:乡村文化振兴的"软肋"》,《人民论坛》2018年第21期。
⑤ 吕宾:《乡村振兴视域下乡村文化重塑的必要性、困境与路径》,《求实》2019年第2期。
⑥ 范建华、秦会朵:《关于乡村文化振兴的若干思考》,《思想战线》2019年第4期。
⑦ 夏小华、雷志佳:《乡村文化振兴:现实困境与实践超越》,《中州学刊》2021年第2期。

的自主性之中去。"① 李华胤从习近平关于乡愁的重要论述的生成之源、核心要义和现实价值三方面进行分析，指出："中国式现代化要走中国道路，要实现的是能记住和留住中国乡愁的现代化。中国文明新形态的构建也以留住中国乡愁为基础。'乡愁中国'的谱写和实践必将为解决'现代化进程中的乡愁'这一世界性议题提供中国方案。"② 邱星、董帅兵通过对家乡空间场域的研究，认为"乡村振兴是重返家乡和记住乡愁的实践表达"③。

三是治理有效研究。乡村治理是国家治理的基石。丁志刚等人回顾了70年乡村治理的历史进程，"将乡村治理的历史分为六个时期：土地改革时期、农业合作化时期、人民公社时期、改革探索时期、新农村建设时期和乡村振兴战略实施时期。"指出70年乡村治理的逻辑理路中，其目标指向是实现乡村现代化，治理主体是党、政府与农民组织、社会组织等多元主体共同参与，以及制度、法律、政策等治理方式不断变革与创新的过程。④ 温铁军认为乡村治理"是因地理、气候等多样性而导致社会结构的多样性，通过这一自然多样性形成多元化群体基础上的经济文化活动，形成结构化的良性互动关系"⑤。在治理机制上，多从自治、法治、德治"三治融合"展开。⑥⑦

四是生态宜居研究。只有实现人与自然的和谐共生，才能实现中华民族的永续发展。于法稳认为农村人居环境的整治"是破解新时代社会

---

① 赵旭东：《乡愁中国的两种表达及其文化转型之路——新时代乡村文化振兴路径和模式研究》，《西北大学学报》（社会科学版）2019 年第 3 期。

② 李华胤：《习近平关于乡愁重要论述的核心要义与现实价值》，《中国农村观察》2022 年第 3 期。

③ 邱星、董帅兵：《新时代的乡愁与乡村振兴》，《西北农林科技大学学报》（社会科学版）2022 年第 3 期。

④ 丁志刚、王杰：《中国乡村治理 70 年：历史演进与逻辑理路》，《中国农村观察》2019 年第 4 期。

⑤ 温铁军：《生态文明与比较视野下的乡村振兴战略》，《上海大学学报》（社会科学版）2018 年第 1 期。

⑥ 王文彬：《自觉、规则与文化：构建"三治融合"的乡村治理体系》，《社会主义研究》2019 年第 1 期。

⑦ 侯宏伟、马培衢：《"自治、法治、德治"三治融合体系下治理主体嵌入型共治机制的构建》，《华南师范大学学报》（社会科学版）2018 年第 6 期。

主要矛盾的有效途径","是乡村振兴战略的重要组成部分"。① 关于生态宜居构建进路，冯旭提出农村生态治理共同体的三种实践模式：政府主导型、企业主体责任制、社会组织及公众参与。② 孔祥智等人根据地方实践经验提出了生态宜居美丽乡村的五大模式："非农产业带动型、农产品加工业带动型、农业旅游业融合带动型、一二三产业融合带动型和种植结构优化带动型生态宜居美丽乡村建设模式。"③ 张志胜认为实现农村生态环境治理创新模式是多元共治，"在地方政府的主导下，地方企业、农民、非政府组织、农村社区等'利益攸关者'各司其责，且'多元共治'"④。温暖认为农村生态环境治理需要以法律为手段，构建系统型治理体系，实现多元共治。⑤ 左正龙认为绿色低碳金融这不仅能满足乡村振兴的总要求，更重要的是能推动乡村生态宜居建设。⑥

五是生活富裕研究。生活富裕是乡村振兴的最终落脚点。关于生活富裕指标体系的研究，张挺等人在现有的研究和实践的基础上，通过德尔菲法以专家打分的方式筛选指标和目标值，对生活富裕构建出3个三级指标，7个四级指标的指标体系。⑦ 申云、李京蓉将生活富裕指数分为2个目标层、5个准则层、16个细分指标。⑧ 此外，还有从"农民的感知与需求"⑨，"数字普惠金融、县域产业升级"⑩ 等方面进行研究的。

---

① 于法稳：《乡村振兴战略下农村人居环境整治》，《中国特色社会主义研究》2019年第2期。
② 冯旭：《乡村振兴中的农村生态环境治理共同体建设》，《甘肃社会科学》2021年第3期。
③ 孔祥智、卢洋啸：《建设生态宜居美丽乡村的五大模式及对策建议——来自5省20村调研的启示》，《经济纵横》2019年第1期。
④ 张志胜：《多元共治：乡村振兴战略视域下的农村生态环境治理创新模式》，《重庆大学学报》（社会科学版）2020年第1期。
⑤ 温暖：《多元共治：乡村振兴背景下的农村生态环境治理》，《云南民族大学学报》（哲学社会科学版）2021年第3期。
⑥ 左正龙：《绿色低碳金融服务乡村振兴的机理、困境及路径选择——基于城乡融合发展视角》，《当代经济管理》2022年第1期。
⑦ 张挺、李闽榕、徐艳梅：《乡村振兴评价指标体系构建与实证研究》，《管理世界》2018年第8期。
⑧ 申云、李京蓉：《我国农村居民生活富裕评价指标体系研究——基于全面建成小康社会的视角》，《调研世界》2020年第1期。
⑨ 金炜玲：《理解生活富裕：农民的感知与需求》，《中国农业大学学报》（社会科学版）2022年第4期。
⑩ 张林：《数字普惠金融、县域产业升级与农民收入增长》，《财经问题研究》2021年第6期。

五 热点探析：乡村振兴研究的纵深发展

自乡村振兴战略提出以来，学界对乡村振兴展开了多维度、广视角、深层次的研究，并取得了丰硕的研究成果，乡村振兴研究向纵深发展。研究热点包括乡村振兴内生性动力、乡村振兴指标体系构建、乡村文化治理、党建引领基层治理、数字乡村建设等方面。

（一）乡村振兴内生性动力研究

2021年中央一号文件中提出"充分激发农村发展内生动力"[①]，对农业农村现代化提出了更高的要求。国内学界在乡村发展过程中一直在考虑如何从"输血式"发展到"造血式"发展，实现乡村发展的可持续。主要集中在两个方面：一是乡村内生发展理论研究。吴越菲通过对西方新内生增长理论的现实基础等进行反思，进而思考迈向农村新内生发展的中国道路。[②] 文军等指出："新内生发展模式与乡村振兴战略在价值理念、实践场域和行动方法等层面都呈现出高度的契合性。二者在将乡村内生发展视作共同的价值追求的同时，都将乡村社区作为共同的实践场域并采取整合式的行动路径。但新内生发展模式作为舶来品，其本土化问题仍有待探讨。"[③] 张文明等人通过梳理内生理论发展脉络和理论之争的辨析的同时，提出"第一，内外部资源的整合利用"；"第二，以地方居民为核心，多元主体的共同参与"；"第三，激发参与主体的乡村认同"。[④] 二是对某地区发展模式或经验的归纳与国外经验介绍。张方旭在研究陕西F村"绿色菜园"外姓返乡新乡贤领导乡村发展过程中，对相关经验进行了总结。[⑤] 杨忍等人通过对珠三角地区乡村发展过程及地域模

[①] 《中共中央 国务院关于全面推进乡村振兴加快农业农村现代化的意见》，《人民日报》2021年2月22日第1版。

[②] 吴越菲：《内生还是外生：农村社会的"发展二元论"及其破解》，《求索》2022年第4期。

[③] 文军、刘雨航：《迈向新内生时代：乡村振兴的内生发展困境及其应对》，《贵州社会科学》2022年第5期。

[④] 张文明、章志敏：《资源·参与·认同：乡村振兴的内生发展逻辑与路径选择》，《社会科学》2018年第11期。

[⑤] 张方旭：《内生型发展视角下新乡贤助力乡村振兴的社会基础——基于F村"绿色菜园"发展的经验研究》，《人文杂志》2021年第7期。

式梳理，总结出城市区域乡村地域模式、城市近郊乡村地域模式、城市远郊乡村地域模式等3种模式11种类型。① 干靓等人则是以德国巴伐利亚州的内生型发展活力测评新工具的实践为基础，指出我国乡村发展活力测评指标体系应该"超越物质空间的综合评价指标体系""建构基于数据库的乡村科学决策平台在内"等。②

（二）乡村振兴指标体系构建研究

乡村振兴战略作为宏大的系统性工程，不是一朝一夕就能实现的，需要经过全国各族人民同心同德、砥砺奋斗才能最终实现。如何对乡村振兴战略推进成效进行评估，也备受关注。《山东省乡村振兴战略规划（2018—2022年）》、对乡村振兴的五大要求构建了27个量化指标，力图打造乡村振兴的齐鲁样板。③ 贾晋等人根据乡村振兴五大目标任务的解构，构建了"六化四率三治三风三维度"的指标体系，共35个细分指标。④ 也有针对某个区域、某个省份的研究。李慧燕通过构建新型城镇化与乡村产业振兴两个系统层下的5个准则层24个指标，对京津冀城市群11个地级市进行测算，最终将新型城镇化与乡村产业振兴耦合协调度划分为从重度失调到优质协调五个等级。⑤ 乔伟峰等人通过生产发展、生活保障、生态保育三个方面，构建了15个细化指标指数对江苏省的乡村振兴差异化发展提供智力支持。⑥ 此外，也有基于某个特定问题的评估指标体系研究，如农村内生动力⑦、数字普惠

---

① 杨忍、陈燕纯、龚建周：《转型视阈下珠三角地区乡村发展过程及地域模式梳理》，《地理研究》2019年第3期。
② 干靓、钱玲燕、杨秀：《乡村内生型发展活力测评——德国巴伐利亚州的实践与启示》，《国际城市规划》2020年第5期。
③ 《山东发布乡村振兴战略规划2035年全部村庄基本实现现代化》，中国网·新山东：http://m.sd.china.com.cn/a/2018/shouyexinwentoutiao_0514/1024870.html，2018-05-14。
④ 贾晋、李雪峰、申云：《乡村振兴战略的指标体系构建与实证分析》，《财经科学》2018年第11期。
⑤ 李慧燕：《京津冀城市群新型城镇化与乡村产业振兴耦合协调关系比较研究》，《生态经济》2022年第9期。
⑥ 乔伟峰、戈大专、高金龙、卢诚、黄璐莹：《江苏省乡村地域功能与振兴路径选择研究》，《地理研究》2019年第3期。
⑦ 张焱、唐婷、胡雪枝、李勃：《乡村振兴视角下脱贫村内生发展能力的DEA-Malmquist评估及空间分异研究——以云南省为例》，《江苏农业科学》2022年第19期。

金融①、产业发展②等方面。

(三) 乡村文化治理研究

中国自古就是农业大国，中国文明与农耕文明密不可分，乡土文化作为中华民族的文化基因与根基，是文化治理的内生力量。因此，乡村文化治理对于新时代乡村振兴具有全新的价值意蕴，留住了历史、记住了乡愁、重构了秩序，使乡村文明现代转型在精神层面成为了可能。已有研究主要聚焦以下两个方面。一是乡村文化治理的内涵研究。吴理财等将文化治理界定为："文化治理就是多元主体以合作共治的方式治理文化，并利用文化的功能来达成政治、社会和经济等多重治理目标的过程。"③ 张波等则是基于治理概念的视角，认为"乡村文化治理是治理概念在乡村地区的延伸，也是治理理论在乡村现实场域中的深刻实践，是治理目标与治理过程的统一"④。张良指出："中国文化治理先后经历了以政治化为引导、以'市场化'为主的和以'福利化'为特征三个发展阶段，反应了国家文化治理不断寻求政府与市场、社会之间的合理关系、确定三者之间权利与义务边界的变迁历程。文化应该力求保持一种开放性、参与性、批判性的特质，在国家'管理逻辑'、社会'民本逻辑'、市场'效益逻辑'之间寻求一个互相制约与合作的平衡点。"⑤ 二是乡村文化治理的路径研究。孙刚等认为乡村振兴和乡村文化治理具有高度的耦合性，"以传统文化治理作为参照，确立文化治理现代化在乡村振兴背景下的价值意蕴，从而在乡村文化的振兴过程中达成乡村社会良性运行的总体目标"⑥。张世定提出："明晰乡村文化治理制度供给与制度构建的

---

① 谭燕芝、李云仲、叶程芳：《省域数字普惠金融与乡村振兴评价及其耦合协同分析》，《经济地理》2021 年第 12 期。

② 申云、陈慧、陈晓娟、胡婷婷：《乡村产业振兴评价指标体系构建与实证分析》，《世界农业》2020 年第 2 期。

③ 吴理财、解胜利：《文化治理视角下的乡村文化振兴：价值耦合与体系建构》，《华中农业大学学报》(社会科学版) 2019 年第 1 期。

④ 张波、李群群：《乡村文化治理的行动逻辑与机制创新》，《山东社会科学》2022 年第 3 期。

⑤ 张良：《论国家治理现代化视域中的文化治理》，《社会主义研究》2017 年第 4 期。

⑥ 孙刚、罗昊：《乡村振兴背景下文化治理现代化的价值意蕴与政策路径》，《江汉论坛》2021 年第 7 期。

主要向度，必将为乡村振兴的实现与乡村善治的确立提供文化的柔性之力。"①

(四) 党建引领基层治理研究

党的二十大报告指出："全面建设社会主义现代化国家、全面推进中华民族伟大复兴，关键在党。"② 党建引领基层治理实践，也是学术界研究的一大热点。一是关于内在逻辑的研究。有学者提出"政党下乡"③的概念。以党建引领乡村振兴"是创新和发展马克思主义关于党的执政能力建设理论的内在要求"④。"党委统领的乡村善治，是超越乡村治理的现实困境、助推乡村振兴内生发展的必然选择。从党建引领的村民自治迈向党委统领的乡村善治，是中国乡村治理范式的一次新飞跃。"⑤ 二是关于机制创新的研究。冷波以华北 A 县"选派书记"为个案，指出"选派书记"制度作为党建引领基层治理的机制创新对我国基层治理具有重要启发。⑥ 在当前信息化时代，党建引领基层治理与互联网+、大数据等融合成为新的趋势和热点。宗成峰等基于党建融合"互联网"的发展新机制提出："'互联网+党建'是基层社会治理的新模式、新业态，依托互联网等信息技术，既能够实时开放共享信息资源，又能够融合推进基层工作开展，为农村基层党建工作和社会治理模式探索提供了新路径。"⑦ 张波认为"互联网+党建"与基层社会治理具有耦合性，"'互联网+党建'尚属新生事物，目前的运行与发展仍然不太成熟，这就要求在创新基层社会治理中从理念更新、顶层规划、体制构建等方面实现新拓展"⑧。高立伟提出，新时代要构建党建引领下

---

① 张世定：《乡村振兴中乡村文化治理的制度构建》，《长白学刊》2020 年第 4 期。
② 习近平：《高举中国特色社会主义伟大旗帜　为全面建设社会主义现代化国家而团结奋斗——在中国共产党第二十次全国代表大会上的报告》，人民出版社 2022 年版，第 63 页。
③ 徐勇：《政党下乡：现代国家对乡土的整合》，《学术月刊》2007 年第 8 期。
④ 唐建明：《以基层党建引领新时代乡村振兴：逻辑理路与实践进路——基于湘西十八洞村等脱贫与振兴经验的调查》，《湖南师范大学社会科学学报》2021 年第 4 期。
⑤ 李辉：《迈向党委统领的乡村善治：中国乡村治理范式的新飞跃》，《探索》2021 年第 5 期。
⑥ 冷波：《选派书记：有效治理问题村的实践与机制》，《华中农业大学学报》（社会科学版）2019 年第 3 期。
⑦ 宗成峰、朱启臻：《"互联网+党建"引领乡村治理机制创新——基于新时代"枫桥经验"的探讨》，《西北农林科技大学学报》（社会科学版）2020 年第 5 期。
⑧ 张波：《互联网+党建引领基层社会治理创新》，《中共天津市委党校学报》2018 年第 2 期。

基层治理智能化、精细化的新格局。① 何得桂等从"属性治理"的视角出发,提出党建引领乡村振兴的路径。"属性治理根据事物内在属性,通过纵横交错的协同化联动机制,实现经济社会一体化发展、引领性治理,推动形成'党组织引领—自治组织协调—地方政府推动—其他主体参与'的联动治理。"②

（五）关于数字乡村建设研究

随着 5G 技术不断发展,互联网信息技术的不断普及,数字化、信息化在广大农村发展成为了可能。2019 年 5 月印发的《数字乡村发展战略纲要》、2022 年 4 月印发的《2022 年数字乡村发展工作要点》为乡村数字化建设提供了方向指引。已有研究多关注数字乡村建设的价值意蕴。陈一明认为,数字经济与乡村产业凭借科学创新技术融合发展,在信息技术创新的乘数效应和溢出效应下实现可持续发展。③ 牛耀红通过个案研究,认为数字社会公共领域以线上的互动建构了村庄的内生秩序,增强了彼此间的社会关联,再造乡村共同体。④ 一是助推农业农村高质量发展。夏显力等认为,数字乡村与农业高质量发展相辅相成,以此科学锚定市场需求,激发发展潜能,赋能农业高质量现代化发展。⑤ 何雷华基于 30 个省份的面板数据通过定量研究的方式论证了数字经济对生活富裕、地区间协调推进发挥着作用。⑥ 唐文浩通过多案例分析,提出助推农业农村高质量发展的实践路径:"农业生产经营数字化、乡村治理数字化与居民生活数字化整体性促成了数字技术驱动农业农村高质量发展

---

① 高立伟:《党建引领下的基层治理智能化精细化研究》,《人民论坛·学术前沿》2019 年第 21 期。

② 何得桂、韩雪:《属性治理:基层党建引领乡村振兴的有效实现路径》,《农村经济》2022 年第 5 期。

③ 陈一明:《数字经济与乡村产业融合发展的机制创新》,《农业经济问题》2021 年第 12 期。

④ 牛耀红:《建构乡村内生秩序的数字"社区公共领域"——一个西部乡村的移动互联网实践》,《新闻与传播研究》2018 年第 4 期。

⑤ 夏显力、陈哲、张慧利、赵敏娟:《农业高质量发展:数字赋能与实现路径》,《中国农村经济》2019 年第 12 期。

⑥ 何雷华、王凤、王长明:《数字经济如何驱动中国乡村振兴?》,《经济问题探索》2022 年第 4 期。

的实践逻辑。"① 二是助力有效乡村治理。沈费伟、叶温馨认为："数字乡村建设以数字技术所蕴含的物理规律、固有价值与社会治理相结合，形成主体协同、技术提升的'数治'模式，助推乡村振兴目标实现。"②

六 民族视角：少数民族乡村振兴研究的关注

一是关于少数民族乡村振兴面临的困境研究。廖林燕从乡村治理的角度提出乡村振兴面临的乡村治理困境，"一方面，传统的伦理道德规范的约束力在逐渐下降；另一方面，现代法治秩序的建立却显得比城市和内地的乡村要更加困难，与此同时，确保社会规范得以运行的人才资源又在不断流失。这些困境从深层次上呼唤要不断加强和创新边疆民族地区乡村治理"③。钟洁等提出："在工业化、城市化加快的进程中，西部少数民族乡村整体上仍然面临严重的产业经济停滞、现代农业发展乏力、劳动力人口'老龄化'和'空心化'、少数民族传统村落消亡、生态环境恶化等一系列乡村全面衰落危机。"④ 陶自祥提出："在现代文化冲击下，民族地区文化振兴面临村寨建筑文化城市化、传统文化失传、乡土文化主体缺失、村寨公共文化空间萎缩等多重现代性困境。根据云南民族地区文化资源禀赋，其乡村文化振兴应该以物质性文化、社会性文化和制度性文化为价值维度。云南民族地区文化振兴应该坚持以乡土性、选择性和公共性三位一体的价值选择为原则。"⑤

二是关于少数民族乡村振兴的路径研究。徐勇指出："第一，乡村振兴并不是每个村都要振兴"；"第二，国家对于乡村振兴支持的重点是欠发达地区"，"对于欠发达地区，更多地需要通过财政转移支付等国家行

---

① 唐文浩：《数字技术驱动农业农村高质量发展：理论阐释与实践路径》，《南京农业大学学报》（社会科学版）2022年第2期。

② 沈费伟、叶温馨：《数字乡村建设：实现高质量乡村振兴的策略选择》，《南京农业大学学报》（社会科学版）2021年第5期。

③ 廖林燕：《乡村振兴视域下边疆民族地区乡村治理机制创新研究》，《西北民族大学学报》（哲学社会科学版）2018年第1期。

④ 钟洁、皮方於：《西部民族村寨旅游业发展促进乡村全面振兴的逻辑与路径》，《民族学刊》2020年第5期。

⑤ 陶自祥：《论民族地区文化振兴的价值认知——基于云南的考察》，《中南民族大学学报》（人文社会科学版）2021年第4期。

为支持乡村振兴"；"第三，在乡村振兴中注重发挥区域特色和优势"，"西部地区的乡村振兴要十分注重修复、保护好生态资源，避免走东部地区先污染后治理的老路。在一二三产业融合中，西部地区的乡村振兴更重要的是实现一三产业的融合"。① 黄振华等基于云南大理"记得住乡愁"的乡村振兴实践，提出乡愁作为平衡传统和现代的基本尺度，破解了乡村振兴的路径难题，对于其他地区具有启示和借鉴意义。② 张琦等提出，民族地区要"走一条外源性发展向内源式发展转变的乡村文化治理模式"，映射到实践层面则是从"文化代理"向"文化自理"的转变，探索出本土化的乡村振兴道路。③ 此外，也有从传统治理资源的角度关注其在乡村振兴中的价值。如关注"仪式情景中的象征秩序空间"④、"拉祜理"⑤、传统仪式文化⑥，等等。在具体路径上，也有从健全乡村治理体系⑦、居民主观能动性和权益保障⑧、社会工作介入⑨、非遗资源的"两创"⑩ 等多维度进行探讨。

七 路径探索：乡村振兴研究的策略措施

《乡村振兴促进法》中指出了乡村振兴的实现路径是产业振兴、人才

---

① 徐勇：《论现代化中后期的乡村振兴》，《社会科学研究》2019 年第 2 期。
② 黄振华、陈梓清：《记得住乡愁：乡村振兴的路径选择——基于云南大理的实践与思考》，《党政研究》2022 年第 2 期。
③ 张琦、杨铭宇：《民族地区乡村文化治理：逻辑起点、理论机理与实践路径》，《西南民族大学学报》2021 年第 10 期。
④ 唐俊、徐祖祥：《空间表征与象征秩序：桂西南壮族乡村治理中传统文化的现代价值重塑》，《云南民族大学学报》（哲学社会科学版）2022 年第 2 期。
⑤ 廖林燕：《经久不衰的"拉祜理"：南段拉祜西边境安全治理的传统文化机制研究》，《西北民族大学学报》2019 年第 5 期。
⑥ 唐俊、徐祖祥：《桂西南壮族乡村治理中的仪式传统与族群互动》，《云南民族大学学报》（哲学社会科学版）2020 年第 4 期。
⑦ 谭文平：《少数民族地区乡村振兴视域下治理效能提升研究——基于西藏自治区日喀则市拉孜县 G 村的观察》，《黑龙江民族丛刊》2020 年第 1 期。
⑧ 杨春娥、赵君：《少数民族特色村寨振兴的实践困境及路径探索——基于鄂西南民族地区的考察》，《民族学刊》2020 年第 1 期。
⑨ 何明、方坤：《组织再造与文化接续：后脱贫时代社会工作介入民族地区乡村振兴的实现路径研究——以广西上林县壮族 F 村为例》，《贵州民族研究》2020 年第 11 期。
⑩ 李斯颖：《少数民族非遗资源的"两创"实践与乡村振兴——以广西为例》，《社会科学家》2021 年第 7 期。

振兴、文化振兴、生态振兴和组织振兴。关于实施路径，也试图通过"五大振兴"对学术界的研究进行归纳。

1. 产业振兴的视角。一是关于产业深化发展路径。产业振兴作为乡村振兴的物质基础，已有研究主要涉及产业融合[①]、文旅产业[②]、土地流转[③]、数字经济[④]等方面，为乡村产业振兴拓展了思路。二是关于农村集体经济的研究。贺雪峰认为要将亿万农民组织起来，这是乡村振兴的前提。"将农民组织起来最有效的办法是利用当前的农村集体土地所有制，通过科学设置集体土地的权利，使所有农民利益与土地联系起来，并造成对村社集体的赋权，从而重新激活村社集体，形成村社集体'算平衡账'的能力，真正将农民组织起来。"[⑤] 三是关于农村金融助力乡村振兴研究。党的二十大报告指出，全面推进乡村振兴要"健全农村金融服务体系"[⑥]。金融作为现代经济的核心，是乡村振兴战略的重要支撑因素。"金融发展对乡村振兴发展产生了显著的正向促进效应，……随着门槛变量农村人均可支配收入的提高，金融发展对乡村振兴发展的促进效应不断增强。"[⑦]

2. 人才振兴的视角。一是关于乡村精英的研究。如，从"嵌入型乡村治理精英"与"内生型乡村治理精英"有机共融[⑧]、"任务型乡贤"[⑨]

[①] 周立、李彦岩、王彩虹、方平：《乡村振兴战略中的产业融合和六次产业发展》，《新疆师范大学学报》（哲学社会科学版）2018年第3期。

[②] 耿松涛、张伸阳：《乡村振兴背景下乡村旅游与文化产业协同发展研究》，《南京农业大学学报》（社会科学版）2021年第2期。

[③] 龙花楼、屠爽爽：《土地利用转型与乡村振兴》，《中国土地科学》2018年第7期。

[④] 张蕴萍、栾菁：《数字经济赋能乡村振兴：理论机制、制约因素与推进路径》，《改革》2022年第5期。

[⑤] 贺雪峰：《乡村振兴与农村集体经济》，《武汉大学学报》（哲学社会科学版）2019年第4期。

[⑥] 习近平：《高举中国特色社会主义伟大旗帜　为全面建设社会主义现代化国家而团结奋斗——在中国共产党第二十次全国代表大会上的报告》，人民出版社2022年版，第31页。

[⑦] 蔡兴、蔡海山、赵家章：《金融发展对乡村振兴发展影响的实证研究》，《当代经济管理》2019年第8期。

[⑧] 郭苏建、王鹏翔：《中国乡村治理精英与乡村振兴》，《南开学报》（哲学社会科学版）2019年第4期。

[⑨] 许汉泽、徐明强：《"任务型乡贤"与乡村振兴中的精英再造》，《华南农业大学学报》2020年第1期。

等方面的研究。二是关于人才建设研究。例如，提出从本土性培育人才出发，培养造就乡村本土人才，培育新乡贤和两委干部人才；①也有侧重对留住人才的环境、机制的研究。陈军亚指出："通过吸引能人回乡破解乡村人才瓶颈，要从分类开发、能力提升、权威转化、长效激励等方面构建精英再造机制。"②钱再见等指出："打通'人才下乡'的立体化通道，使新乡贤'回得来''留得住''干得好'。"通过政策托底、人才培育、平台建设、文化涵育四个方面，"优化新乡贤助力乡村振兴的人才流入机制"③。三是关于新型职业农民培育的研究。新型农民的培育是乡村振兴的重要着力点。2022年中央"一号文件"指出："大力开展适合农民工就业的技能培训和新职业新业态培训。"④新型职业农民是"产业发展的引领者""现代生活方式与乡风文明的倡导者""现代科技文化与农耕文化的传承者""可持续发展观与乡村民主自治的践行者"⑤。要通过数字信息技术"着力提升农民数字素养，增强数字化增收能力"，做一个"数字新农人"。⑥四是关于乡村教育推进路径的研究。教育是保证乡村人才可持续的关键。如提出通过梯次发展、现代信息技术、多样化发展路径、产业经济与教育相融合、乡村文化发展体系这五重进路推动乡村教育振兴。⑦

3. 文化振兴的视角。一是关于移风易俗方面的研究。如提出要构建政府、基层组织、民众在内的多元主体的文化治理格局，通过互联网技

---

① 蒲实、孙文营：《实施乡村振兴战略背景下乡村人才建设政策研究》，《中国行政管理》2018年第11期。

② 陈军亚：《"能人回乡"困境怎么解——基于湖北省71个村庄的问卷调查和深度访谈》，《人民论坛》2019年第33期。

③ 钱再见、汪家焰：《"人才下乡"：新乡贤助力乡村振兴的人才流入机制研究——基于江苏省L市G区的调研分析》，《中国行政管理》2019年第2期。

④《中共中央 国务院关于做好二〇二二年全面推进乡村振兴重点工作的意见》，《人民日报》2022年2月23日。

⑤ 张燕、卢东宁：《乡村振兴视域下新型职业农民培育方向与路径研究》，《农业现代化研究》2018年第4期。

⑥ 常凌翀：《数字乡村战略下农民数字化素养的价值内涵与提升路径》，《湖南社会科学》2021年第6期。

⑦ 陈时见、胡娜：《新时代乡村教育振兴的现实困境与路径选择》，《西南大学学报》（社会科学版）2019年第3期。

术、"软硬兼施"、创新婚介服务等途径,① 以及多语言（方言）语音科普推广②等方式,将民风民俗与时代新风相适应。二是关于文化治理的研究。提出"以理念行动建立全过程质量治理理念、以复合治理行动实现全主体联动融通、以智治行动实现高品质服务全流程追踪、以政策创新行动实现制度结构全周期改进。"③ 此外,还有从非物质文化遗产开发与保护④等视角的研究。三是关于红色文化的研究。红色资源是中华民族伟大复兴的重要支持力量。在红色文化的创新发展推进中,提出要从内外部齐头并进,实现向红色文化资本的转化,助力乡村振兴。⑤ 此外,也有从红色旅游⑥⑦等视角的研究。

4. 生态振兴的视角。生态环境作为最普惠的民生福祉,是乡村可持续发展的决定性因素之一。一是人居环境治理的研究。提出构建"一种以城乡基层社会为场域、以彼此关联的生态权益为基础、以共有生态资源发展为理念、以共同的生态环境建设行为为内容、以推进生态环境治理现代化为目标导向的生态环境治理共同体"⑧。还有"充分发挥村规民约的作用,让道德约束、规范村民的环保行为"⑨ 等观点。二是关于绿色发展的研究。如提出"绿色发展的振兴之路,必须在强化空间优化、推

---

① 杨增岽：《乡村振兴战略实施中的移风易俗：现实问题与积极进路》,《贵州社会科学》2021年第9期。
② 陈永亮、张立辉：《乡村振兴视域下新时代民族地区移风易俗路径——以四川省凉山彝族自治州 J、Y 县为例》,《民族学刊》2020年第6期。
③ 许丹：《中国农村公共文化服务高质量发展——基本内涵、问题清单与行动框架》,《社会科学研究》2021年第5期。
④ 王瑞光：《乡村文化振兴与非物质文化遗产的价值呈现》,《济南大学学报》（社会科学版）2021年第2期。
⑤ 孙伟：《红色文化与乡村振兴的契合机制与实践路径——以新县田铺大塆为分析样本》,《河南社会科学》2020年第7期。
⑥ 陈艳华、陈丽娟：《乡村振兴战略下农村红色旅游发展研究》,《农业经济》2021年第9期。
⑦ 罗利玉：《红色旅游发展的基本遵循与现实进路——基于乡村振兴战略的解读》,《社会科学家》2021年第7期。
⑧ 冯旭：《乡村振兴中的农村生态环境治理共同体建设》,《甘肃社会科学》2021年第3期。
⑨ 宋国恺、李岩：《村民主体视角下农村人居环境问题成因及整治路径分析》,《福建论坛》（人文社会科学版）2020年第2期。

进绿色产业、优化政策体系和构建科技创新体系等关键领域和重点方向率先实现突破"①。

5. 组织振兴的视角。一是关于基层党组织的研究。"实施乡村振兴战略，基层党组织必须要树立先进治理理念、优化治理体系、提升治理能力、创新治理方法、营造治理环境，不断推动乡村治理现代化。"② 二是关于多元治理方面。多元共治"并非主体数量上的简单增加，而是根据不同的权力特点和治理对象之间的契合度有针对性地发挥各自的优势"③。组织振兴路径在于"一核多元、两级架构、各归其位、各负其责，强化党组织对乡村的掌控力，重塑乡村治理秩序"④。三是关于"三治融合"助力乡村振兴的研究。如提出"须从构建共同价值准则、拓展村民公共参与渠道、激发新乡贤引领价值、实现村规民约激励约束双重效应等方面补齐乡村治理短板，促进村民满意度提升"⑤。

八 研究述评

自乡村振兴战略2017年提出后，学术界关于乡村振兴的研究不论从科学内涵还是从实践路径上，都在向纵深推进。其中，对于少数乡村振兴的研究也在不断深入，而如何基于自身资源禀赋、文化传承与特色优势，因地制宜地推进少数民族乡村振兴的系统性研究，还有待进一步深入。如果说"全面建设社会主义现代化国家，最艰巨最繁重的任务仍然在农村"⑥，那么，从群体分布来看，最艰巨最繁重的任务又在少数民族乡村，少数民族乡村振兴是我国乡村振兴的重点与难点；同时，因文化

---

① 张宇、朱立志：《关于"乡村振兴"战略中绿色发展问题的思考》，《新疆师范大学学报》（哲学社会科学版）2019年第1期。
② 蔡文成：《基层党组织与乡村治理现代化：基于乡村振兴战略的分析》，《理论与改革》2018年第3期。
③ 辛璟怡、于水：《主体多元、权力交织与乡村适应性治理》，《求实》2020年第2期。
④ 唐斌尧、谭志福、胡振光：《结构张力与权能重塑：乡村组织振兴的路径选择》，《中国行政管理》2021年第5期。
⑤ 谢炜、郝宇青：《乡村振兴视域下"三治融合"实施成效研究——基于上海的实证调查》，《学习与探索》2021年第2期。
⑥ 习近平：《高举中国特色社会主义伟大旗帜 为全面建设社会主义现代化国家而团结奋斗——在中国共产党第二十次全国代表大会上的报告》，人民出版社2022年版，第30—31页。

多元、历史起点、自然地理环境等原因，乡村振兴的推进又需因地制宜。其中，尽管也有一些研究从传统治理资源的角度关注其乡村振兴价值，但主要以单一案例为主，系统性的学理分析还是初步的；而且，将弘扬传统与创造性转化有机结合在一起的研究也是初步的。党的二十大报告指出："以中国式现代化全面推进中华民族伟大复兴。"[①] 而"中华优秀传统文化是中华文明的智慧结晶和精华所在，是中华民族的根和魂"[②]。"中华优秀传统文化是中华民族的突出优势。"[③] 同样，对于各民族在千百年来用生存智慧创造与积淀的优秀传统治理资源，也是乡村振兴植根的文化沃土与深厚底蕴。将挖掘优秀传统资源与创造性转化有机结合起来，以此助力少数民族乡村振兴，不仅体现了马克思主义坚持历史的观点与坚持发展的观点的基本立场，是"因地制宜"地结合自身资源禀赋助推特色化振兴之路的内在需要，也是中国式现代化对于乡村振兴的必然要求。本书在学术观点上正是试图通过少数民族优秀传统治理资源的现代性转化与创造性利用，从而为少数民族的特色化乡村振兴之路提供一个可行且有效的路径；同时，在学术视角上，试图通过政治学与人类学交叉学科视角，将创造性转化研究引向深入，同时建立一个少数民族优秀传统治理资源创造性转化"何以转""如何转""转的效能"的理论体系。

---

① 习近平：《高举中国特色社会主义伟大旗帜　为全面建设社会主义现代化国家而团结奋斗——在中国共产党第二十次全国代表大会上的报告》，人民出版社2022年版，第21页。
② 《把中国文明历史研究引向深入　推动增强历史自觉坚定文化自信》，《人民日报》2022年5月29日第1版。
③ 《中共中央关于党的百年奋斗重大成就和历史经验的决议》，人民出版社2021年版，第46页。

第一章

理论基础：乡村振兴与传统治理资源创造性转化的逻辑关系

第一节 乡村振兴：一种文明转型与秩序重塑的政治学解读

乡村振兴是着眼中国现代化进入中后期、深刻把握现代化发展规律、着眼国家治理现代化而作出的重大战略部署。结合这一历史视野，乡村振兴乃是中国乡村具有历史性意义的一场深刻的"文明转型"①，根本上就在于要建立一种"现代乡村文明"，旨在实现从传统乡村文明向现代乡村文明的转型与历史性跨越，以及建立与现代文明进程相适应的现代乡村秩序。任何文明形态本质上都是物质生产活动作用的结果。"唯物史观是以一定时期的物质经济生活条件来说明一切历史事变和观念、一切政治、哲学和宗教的。"② 乡村振兴同样也是物质生产活动作用的结果，本质上就是实现从传统农耕文明与传统农业塑造的一种传统乡村文明向城乡融合、工农协调与现代农业共同塑造一种现代乡村文明。在这场数千年未有之文明转型中，中国乡村将不仅要"实现对传统农耕文明的历史性跨越，进入到一个全新的现代农业文明时代"③，而且，还要塑造一种农业文明、工业文明、生态文明有机结合的综合性的现代乡村文明，包

---

① 胡惠林：《乡村文化治理：乡村振兴中的治理文明变革》，《福建论坛》（人文社会科学版）2021 年第 10 期。
② 《马克思恩格斯选集》第 2 卷，人民出版社 1972 年版，第 537 页。
③ 胡惠林：《乡村文化治理：乡村振兴中的治理文明变革》，《福建论坛》（人文社会科学版）2021 年第 10 期。

括现代乡村物质文明、现代乡村精神文明、现代乡村生态文明、现代乡村政治文明与现代乡村社会文明的整体性重塑。

一 理论逻辑：乡村振兴旨在实现从传统乡村文明向现代乡村文明转型

解读乡村振兴的文明转型逻辑，必须跳出乡村看乡村、跳出农业看农业，置于更宏大的"现代化"这一社会历史视野下进行分析。"中国的乡村振兴始终不能离开现代化这一基本背景，更不能脱离工业谈农业。"① 总的来看，乡村振兴并非把传统意义上的农村、农业发展好，而是要构建一种农村发展与城市发展相融合、现代农业文明与现代工业文明相融合的全新的现代乡村文明形态。在这场数千年未有之文明转型中，工农协调、农业现代化、城乡融合是深刻理解乡村振兴这一文明转型逻辑的重要视域。

（一）现代化视域下乡村振兴的文明转型逻辑

从现代化进程来看，现代性要求协调推进工农业发展，而现代化过程却产生了农业与农村的衰败问题。纵观世界现代化总体进程，工农业协调发展往往经历以下几个阶段：第一个阶段是以工业为主导产业；第二个阶段是随着工业的快速发展，农业日益走向衰败，工农业发展出现不均衡状态；第三个阶段是整合国家的力量全面推进工农协调发展。我国也面临着现代化进程中工农业协调发展的问题。1949 年新中国成立后，我国确立了"工业为主导，农业为基础"的基本方针，选择优先发展重工业，并由农业为工业化提供积累，由农村为城市做贡献。这样的发展战略使我们用七十余年的时间走完了发达国家几百年的发展历程；但是，这样的超赶型发展也带来了发展不平衡、不协调、不全面的问题，反映在工农、城乡关系上就是农业农村衰败，城乡发展差距拉大。② 而农业农村发展的滞后、城乡发展的失衡，则直接影响到整个现代化进程，关乎全面建设现代化强国目标的如期实现，关乎中华民族伟大复兴的战略全

---

① 徐勇：《论现代化中后期的乡村振兴》，《社会科学研究》2019 年第 2 期。
② 廖林燕：《乡村振兴视域下边疆民族地区乡村治理机制创新研究》，《西北民族大学学报》（哲学社会科学版）2018 年第 1 期。

局。"作为一个现代化国家,强大的农业与强大的工业同等重要。"① "努力缩小和消除城乡差别成为迈向现代化国家的重要任务。"② 随着我国现代化进入中后期,工农业发展与城乡发展进入一个全新的格局。无论是从工业化城市化快速发展的势头,正是一个有利于"三农"问题根本解决的重要战略机遇期,③ 还是从现代化内在要求协调推进工农发展与统筹城乡发展,这都赋予乡村振兴全新的时代内涵与对乡村文明现代秩序的重塑,"具有中华文明的历史性进步和人类文明的历史性更新的属性与特征"④。

2021年《中共中央关于党的百年奋斗重大成就和历史经验的决议》指出:"党领导人民成功走出中国式现代化道路,创造了人类文明新形态。"⑤ 而中国的乡村振兴正是在中国式现代化进程中全面推进对传统乡村文明的历史性跨越,进入到一个现代乡村文明新形态的时代。与传统乡村文明代表的是中国传统农耕文化与传统农业历史同构的一种文明体系,乡村振兴所实现的则在于推进乡村文明由传统向现代转型以及建立与现代化相适应的现代乡村秩序。

第一,乡村振兴这场深刻的文明转型,是一个从生产力和生产方式这一根源,进而触及乡村治理层面、精神层面、社会层面、生态层面等文明形态的整体性重塑。乡村振兴这场由现代化所塑造的具有历史性意义的深刻的乡村"文明转型",既是一个从"小农"向"大农"的深刻文明转型,也是从传统农耕向现代农业文明的文明转型,而且还是包括"农民传统的生活方式、价值观念,以及生产组织形态、组织结构,进而整个建筑在传统生产力和生产方式文明基础上的乡村治理文明"⑥ 的历史

---

① 徐勇:《论现代化中后期的乡村振兴》,《社会科学研究》2019年第2期。
② 徐勇:《论现代化中后期的乡村振兴》,《社会科学研究》2019年第2期。
③ 廖林燕:《乡村振兴视域下边疆民族地区乡村治理机制创新研究》,《西北民族大学学报》(哲学社会科学版)2018年第1期。
④ 胡惠林:《乡村文化治理:乡村振兴中的治理文明变革》,《福建论坛》(人文社会科学版)2021年第10期。
⑤ 《中共中央关于党的百年奋斗重大成就和历史经验的决议》,人民出版社2021年版,第64页。
⑥ 胡惠林:《乡村文化治理:乡村振兴中的治理文明变革》,《福建论坛》(人文社会科学版)2021年第10期。

性变革。

第二，乡村振兴这场深刻的文明转型也是对中华文明的历史性更新与重塑。"中华文明根植于农耕文化，乡村是中华文明的基本载体。"① 乡村文明则是"五千年中国农耕文明全部历史的积淀与写照"②，拥有整个中华文明的传承与积淀。正是在传统社会向现代社会转型的现代化进程中，乡村振兴旨在对传统农耕文明的历史性跨越，构建一种全新的现代农业文明与工业协调、城乡融合发展的新型乡村文明，这一构建本身也推进了中华文明的文明性再塑与历史性更新。"全面建设社会主义现代化国家，最艰巨最繁重的任务仍然在农村。"③ 在中华民族伟大复兴的战略全局下，通过乡村振兴实现对工农协调发展与城乡融合发展的全面推动，以及对中华文明的文明性重塑，从而夯实中华民族伟大复兴坚实的物质基础并注入强大的发展动力支持。通过乡村振兴，"中国的农村、农民也将同时在这个伟大的历史进程中进入现代的新型农业文明时代，并将同现代工业文明和现代城市文明一道推进和实现中华民族的伟大复兴"④。

第三，乡村振兴这场深刻的文明转型既是一个现代乡村文明的"新生"过程，也是一个传统乡村文明的"再生"过程。固然乡村振兴本质上是现代政治文明传导的必然结果，是现代文明形态对乡村文明"结构性植入"的必然要求，从而全面推进乡村文明秩序从"传统性"向"现代性"的具有质变意义的历史性跨越；但是，这样的文明转型并不意味着全面抛弃"传统"，而是要实现"传统"的现代性转换与创新性发展，即实现传统的"再生"。西方现代化理论著名学者 N. 艾森斯达德（S. N. Einstadt）也曾指出，传统和现代化并非此消彼长的两个对立物，"问题不是去消灭它们，而是借助它们来实现社会动员和整合，从而最终

---

① 《乡村振兴战略规划（2018—2022 年）》，《人民日报》2018 年 9 月 27 日第 1 版。
② 胡惠林：《乡村文化治理：乡村振兴中的治理文明变革》，《福建论坛》（人文社会科学版）2021 年第 10 期。
③ 习近平：《高举中国特色社会主义伟大旗帜 为全面建设社会主义现代化国家而团结奋斗——在中国共产党第二十次全国代表大会上的报告》，人民出版社 2022 年版，第 30—31 页。
④ 胡惠林：《乡村文化治理：乡村振兴中的治理文明变革》，《福建论坛》（人文社会科学版）2021 年第 10 期。

导致现代化"①。一方面，传统乡村文明蕴含了中华五千年农耕文化的文明智慧的结晶，是数千年农耕文明历史留给中国的一笔巨大文化遗产与历史动力；另一方面，由于这些传统文化都是特定时代的产物，那么自然会有时代局限性，因此，需要去粗取精、推陈出新，"坚持创造性转化、创新性发展，……传承中华优秀传统文化"②。所以，乡村振兴的文明转型，既是现代文明形态的"结构性植入"的过程，同时也是传统文明形态的"文明性再塑"与"现代性转换"过程。

(二) 国家治理现代化视域下乡村振兴的现代秩序重塑解读

在将乡村振兴置于"现代化"视野下进行分析的同时，本书还进一步结合"国家治理现代化"的视野，特别是从"超大型崛起"与"超大型治理"之间的关系去分析乡村振兴的形成逻辑。"现代性孕育着稳定，而现代化过程却滋生着动乱。"③ 不仅如此，中国式现代化还是人口巨大规模的现代化。这也就意味着，中国的"超大型崛起"不仅蕴藏着巨大的发展力量，更会产生"超大型治理"所带来的现实挑战。如何解决"超大国崛起"所带来的治理难题，是百年未有之大变局和中华民族伟大复兴关键时期亟须解决的现实问题。对此，以习近平同志为核心的党中央以历史主动精神，将"推进国家治理体系和治理能力现代化"确定为全面深化改革的总目标。而乡村振兴正是在深刻把握现代化发展规律、着眼国家治理现代化的新实践新发展新形势下提出的。

1. 国家治理的时间域：乡村振兴是新发展阶段的现代秩序重塑

国家总是处于一定的时空间环境当中，需要根据不同的社会发展阶段、不同的时代环境而因时而进、因势而新。回顾迄今的人类历史，国家的发展可划分为三个阶段：自由发展阶段、重点发展阶段和整体发展阶段。进入 21 世纪以来，尤其是随着我国综合国力的飞速提升和人民生活水平的迅速改善，我国国家发展进入到一个全新的阶段——"整体发

---

① [美] 塞缪尔·P. 亨廷顿：《变化社会中的政治秩序》，王冠华、刘为等译，上海人民出版社 2015 年版，第 2 页。

② 习近平：《高举中国特色社会主义伟大旗帜 为全面建设社会主义现代化国家而团结奋斗——在中国共产党第二十次全国代表大会上的报告》，人民出版社 2022 年版，第 43 页。

③ [美] 塞缪尔·P. 亨廷顿：《变化社会中的政治秩序》，王冠华、刘为等译，上海人民出版社 2015 年版，第 31 页。

展阶段"。习近平总书记洞悉世间万象,创造性地提出了"社会主义进入新时代""进入新发展阶段"这一我国所处历史方位的重要论断。进入新发展阶段必然要求国家治理贯彻新发展理念,也就是从"单点突击""局部突破""区域突围"逐渐转变为各领域、各区域"全面协调可持续发展""整体推进"。而旨在促进工农协调、城乡融合的乡村振兴,正是对新发展理念的全面贯彻。由于城乡差距不仅阻滞着现代化进程,而且还是消解国家认同、影响国族凝聚力的一个突出因素。因此,"处于现代化之中的社会里政治的一个基本问题就是找到填补这一差距的方式,通过政治手段重新创造被现代化摧毁了的那种社会统一性"①。通过城乡整合与农业农村现代化秩序重塑,在使农业农村成为国家发展的新的增长点的同时,也以此夯实中华民族共同体意识的坚实物质基础,形成团结奋进、凝心聚力的强大合力。

2. 国家治理的空间域:乡村振兴是循环空间和治理空间优化的秩序重塑

国家是一个政治地理空间单位。随着中国的崛起,必须从空间整合的角度对国家发展进行全面规划与整体推进。现代化进程中,农业与工业不同文明形态在空间表达与呈现方式上出现非均衡性。"现代化带来的一个至关重要的政治后果便是城乡差距。这一差距确实是正经历着迅速的社会和经济变革的国家所具有的一个极为突出的政治特点,是这些国家不安定的主要根源,是阻碍民族融合的一个主要因素。"② 而乡村振兴,从国家治理空间域的角度,就是要促进不同文明形态的空间整合。一方面,旨在通过城乡融合拓展乡村发展的物理空间与循环空间。"增强国内大循环的空间形态",从而"建构更加纵深的中国国内发展的质量空间"。③ 另一方面,旨在通过乡村治理现代化优化乡村的质的空间。乡村治理是国家治理现代化的基石,"是中国整个国家治理体系、治理能力建

---

① [美]塞缪尔·P. 亨廷顿:《变化社会中的政治秩序》,王冠华、刘为等译,上海人民出版社2008年版,第56页。

② [美]塞缪尔·P. 亨廷顿:《变化社会中的政治秩序》,王冠华、刘为等译,上海人民出版社2008年版,第55页。

③ 胡惠林:《乡村文化治理:乡村振兴中的治理文明变革》,《福建论坛》(人文社会科学版)2021年第10期。

设发展中最大规模的空间治理形态"①。乡村振兴这场深刻的文明转型，必然会带来现代化进程中传统与现代、城市与乡村二元结构的"文明冲突"与"治理纠缠"等问题。而乡村振兴就是要把乡村治理纳入到国家治理现代化的整体宏观建构之中，让乡村这一国家治理末端在国家治理现代化的浪潮中实现现代秩序重塑。不仅"在微循环的基础上实现国家意志与乡村治理文明实际需求的结合"②，促进政治的一体化，而且要不断通过治理体系与治理能力建设推动乡村治理文明的现代转型。通过乡村治理空间优化与秩序重塑，从而为中华民族的伟大复兴奠定坚实的、历史性更新的文明新形态基础。

二　现实逻辑：乡村振兴也是应对转型中乡村治理困境的秩序重塑

旨在建立一种新型的现代乡村文明秩序的乡村振兴，不仅有着深刻的理论逻辑，是在深刻把握现代化发展规律、着眼国家治理现代化与中华民族伟大复兴全局而做出的重大战略部署，而且也有着突出的现实逻辑，是应对现代化进程中"乡村衰败""文明冲突""治理贫困""传统文化解构"等现实困境的深度回应与秩序重塑。

（一）"空心化"所引发的乡村衰败问题

农村的"空心化"，是发展中国家迈向工业化与现代化普遍存在的现象。随着城市化进程的加快，农村与城市之间形成了人口的巨量流动，塑造了农村两种研究意义上的"空心化"。一是在地理空间上的"空心化"。"农村空心化是城乡转型发展进程中乡村地域系统演化的一种特殊形态，本质上是由于农村人口的非农化转移带来'人走屋空'，新建住房向外围扩展，导致村庄用地规模扩大而原宅基地废弃闲置加剧的一种'外扩内空'的不良演化过程。"③ 二是人口流动的"空心化"。如李玉红等通过第三次农业普查行政村抽样的证据在全国层面进行了统计分析，

---

① 胡惠林：《乡村文化治理：乡村振兴中的治理文明变革》，《福建论坛》（人文社会科学版）2021年第10期。
② 胡惠林：《乡村文化治理：乡村振兴中的治理文明变革》，《福建论坛》（人文社会科学版）2021年第10期。
③ 刘彦随、刘玉、翟荣新：《中国农村空心化的地理学研究与整治实践》，《地理学报》2009年第10期。

认为"人口净流出行政村数量占比为 79.01%,其中,空心化率不低于 5% 的空心村比例为 57.50%,其空心化率为 23.98%"①。虽然这两类"空心化"侧重点不同,但都是源于城乡差距所带来要素集中映射在社会发展的结果。"推拉理论"能对该现象进行一定的诠释。"'推拉理论'(push and pull theory)是研究流动人口和移民的重要理论之一,它认为,在市场经济和人口自由流动的情况下,人口迁移和移民搬迁的原因是人们可以通过搬迁改善生活条件。"②在中华人民共和国成立后工业优先发展战略下,城市得到了快速发展,城乡发展差距加剧了"剪刀差",城市对农村人口的吸力远大于农村对人口的吸力,再加上户籍制度影响的减弱,造就了农村人口大量外流。而长期的"空心化",不仅使农村经济凋敝,使留守儿童、空巢老人为代表的教育、养老问题日渐突出,而且也带来乡村发展活力不足与治理人才匮乏等"乡村衰败"问题。而乡村振兴,着眼农业农村现代化,这是巩固农业基础地位、避免陷入"乡村衰败"陷阱的治本之策。通过乡村振兴的全面推进,让农业强起来、农民富起来、农村美起来。

(二)"文明冲突"问题

乡村现代化不仅是物质层面的现代化,更是人的精神心理世界的现代化。虽然脱贫攻坚实现了从贫困到小康的转变,但经济上富起来并不必然代表文明水平的同步提升。在现代化进程中,还在相当程度上伴随着传统价值观念与现代价值取向之间的文明碰撞与冲突问题。虽然互联网、移动通信等进入家家户户,缩短了农村与外界交流的距离,改变了个体生活的微环境;虽然易地搬迁和高山生态移民,人们的微环境和大环境都发生了根本变化,生产生活条件越来越好,但是,有可能植根于传统农耕文明之中的小农经济思想还在不同程度上支配,甚至禁锢着人们的价值观念与精神世界,如重男轻女、依附人格、封建迷信等情况,仍是乡村文明向现代文明转型的传统思想障碍。在中央电视台纪录片

---

① 李玉红、王皓:《中国人口空心村与实心村空间分布——来自第三次农业普查行政村抽样的证据》,《中国农村经济》2020 年第 4 期。

② 李强:《影响中国城乡流动人口的推力与拉力因素分析》,《中国社会科学》2003 年第 1 期。

《跨越千年的民族》中，曾记录了拉祜族苦聪人从原始森林居无定所到安居乐业的变化。这个过程并不是一帆风顺，几经山上山下搬迁的反复，是"文明冲突"与"转型困境"的深刻写照。对此，"路径依赖"作为历史制度主义的主导性范式，对文明转型困境作了有力的解释。从"路径依赖"理论视角来看，"制度创立和实施过程中不可避免地要产生收益递增效应，形成制度的自我强化机制。收益递增机制成为阻碍制度变革的保守力量，制度变迁一旦迈入某一路径，它的既定方向就会在以后的发展中不断自我强化，沿着这条路径不断发展下去，形成'人们过去作出的选择决定了其现在可能的选择的路径依赖现象'"①。而作为"三农"工作重心历史性转移的乡村振兴，正是要破解乡村从物质到精神全面现代化难题的关键之举。通过现代文明的新生与传统文明的再生，把植根于五千多年农耕文明体系全面推进现代化，进而实现中华文明的历史性更新。

（三）文化解构问题

除了乡村衰败、文明冲突，传统文化遭受冲击也是现代化进程中乡村社会的一个普遍现象。"随着创制秩序的确立，自发秩序受到了致命的冲击。"②在我国快速推进现代化的进程中，当人们用无限的创造力与高科技创造了让人瞠目的财富与成就，蓦然回首，却发现传统的习俗与道德日渐失落。随着乡村的衰败、人口的大量外流、快速城市化对农村土地的占用等，诸如生活习俗、节日节庆、古朴民居等传统乡村文化失去传承的主体，物质的载体与情感的依托而逐渐走向凋敝。而文化解构、虚无主义则直接影响到乡村文化安全和政治安全。诸如，对物质的追逐与拜金主义，为西方腐朽文化的入侵提供了温床；而虚无主义，又为宗教在中国农村的渗透提供了可能。随着传统文化的不断解构，不仅有可能影响乡村的和谐与乡村安全，而且也影响到人们对美好生活的向往。根据马斯洛的需要层次理论，当低层次的生理需求和安全需求得到满足之后，高一层次的精神需求就会凸显

---

① 郭忠华：《新制度主义关于制度变迁研究的三大范式》，《天津社会科学》2003年第4期。

② 张康之、张乾友：《共同体的进化》，中国社会科学出版社2012年版，第8页。

出来。① 随着物质生活的不断改善，人的全面发展、人对美好生活的期待，则必然寻找一种更深层次的精神家园与归宿。乡村振兴正是化解文化解构危机、重塑乡村文化生态的固本之基。乡村振兴所致力于的文化振兴，通过对优秀传统文化的保护、弘扬、转化与创新，以乡愁、乡情、乡风树立文化自信，重塑乡村文化生态，建立现代乡村文明。

（四）"治理贫困"问题

乡村文明，实现乡村善治是关键；然而，随着人口的大量外流、治理人才的匮乏、传统文化的解构，使乡村治理面临资源困境。与此同时，由于乡村社会的急剧变迁，传统的治理结构难以满足与适应乡村社会的发展新形势新要求，更加凸显了"治理的贫困"问题。其中，新形势突出体现在：一是"逆城市化"现象。从诺瑟姆曲线的规律来看，"在工业化后期或成熟期，……此时城镇化总水平比较高，城镇化率大于70%，但增长速度趋缓甚至停滞。城市地域不断向农村推进，大城市的人口和工商业迁往离城市更远的农村和小城镇，大城市人口减少，出现'逆城市化'现象，这是城镇化的后期或稳定发展阶段"②。"2021年，我国常住人口城镇化率达到64.72%"③，中国城镇化率达到了较高的水平。同时，因地区发展不平衡，各省市城市化率情况不尽相同。因"逆城市化"现象，"城里人"和"乡下人"的身份不再是泾渭分明，而是在乡村场域交织在一起。不同社会身份共同塑造了新的乡村格局，这是城乡文明融合的体现，同时也对乡村治理如何适应城乡文明融合的现代化进程提出了新的要求。二是社会环境的开放、社会流动的加剧，使利益分化不断加剧、社会结构更加复杂；加之各种思想的相互激荡、非传统安全问题的交织，这些都给乡村治理带来前所未有的挑战。使本就存在人才与文化资源困境的乡村

---

① 廖林燕：《乡村振兴视域下边疆民族地区乡村治理机制创新研究》，《西北民族大学学报》（哲学社会科学版）2018年第1期。

② 段学慧、侯为波：《不能照搬"诺瑟姆曲线"来研究中国的城镇化问题》，《河北经贸大学学报》2012年第4期。

③ 《中共中央宣传部举行新时代住房和城乡建设事业高质量发展举措和成效新闻发布会》，住房和城乡建设部网：www.mohurd.gov.cn/xinwen/jsyw/202209/20220915_768000.html，2022年9月15日。

治理的"贫困"问题更加凸显，也就如何推进乡村治理现代化前所未有地凸显出来。而乡村振兴正是要破解治理贫困、促进治理整合的重要抓手。通过现代政治文明的传导，诸如党建引领、"三治"融合、"社会治理共同体"① 建设，从而把乡村治理纳入国家治理现代化的整体格局之中，让乡村这一国家治理末端在国家治理现代化的浪潮中实现现代秩序重塑。

综上，作为一场深刻文明转型的乡村振兴，不仅有着深刻的理论逻辑，也有着突出的现实逻辑，是应对"乡村衰败""文明冲突""文化解构""治理贫困"等发展困境的深度回应与秩序重塑。

第二节 文明转型视域下少数民族乡村振兴的推进：建立现代乡村文明

在乡村振兴的理论逻辑与现实逻辑的分析下，又该如何解读少数民族乡村振兴特别是乡村振兴的目标？聚焦振兴目标，分析传统资源的作用才更具针对性。因此，对少数民族乡村振兴目标的厘清与阐述，是深度分析优秀传统治理资源在乡村振兴中作用的一个前提。少数民族乡村振兴既面临着一般乡村的共性，也面临着自身的特殊性。如果说"我国人民日益增长的美好生活需要和不平衡不充分的发展之间的矛盾在乡村最为突出"②，那么，从群体分布来看，这种矛盾在少数民族乡村又最为突出；如果说"全面建设社会主义现代化国家，最艰巨最繁重的任务仍然在农村"③，那么，从群体分布来看，最艰巨最繁重的任务又在少数民族乡村。其中，经济社会发展差距、独特的地缘环境与复杂的民族宗教问题等，共同赋予了少数民族乡村振兴在建立现代乡村文明时，既有其一般性，也有其特殊性。本书主要结合习近平总书记给沧源老支书的回信以及云南大理考察时的讲话等，进一步将少数民族乡村振兴目标具体

---

① 习近平：《高举中国特色社会主义伟大旗帜 为全面建设社会主义现代化国家而团结奋斗——在中国共产党第二十次全国代表大会上的报告》，人民出版社2022年版，第54页。

② 《乡村振兴战略规划（2018—2022年）》，《人民日报》2018年9月27日第1版。

③ 习近平：《高举中国特色社会主义伟大旗帜 为全面建设社会主义现代化国家而团结奋斗——在中国共产党第二十次全国代表大会上的报告》，人民出版社2022年版，第30—31页。

化为"建设好美丽家园""记得住乡愁"①"守护好神圣国土""维护好民族团结"② 这四大方面，并进行逐一分析。

一 "建设好美丽家园"：少数民族乡村经济社会发展相对滞后，呼唤加快推进乡村经济社会振兴

随着中国现代化进入中后期，国家统筹城乡发展、追求全面发展的目标催生了乡村振兴前所未有的期待。截至2016年，"我国农业产值仅占全国的8.6%"③，农村人口已降至全国人口总数的一半以下，且多数属于农与非农兼业人口，这标志着我国现代化逐步进入中后期阶段。随着现代化进入中后期，纵观世界现代化建设一般规律，在这一历史阶段，"国家发展必须采取整体发展的方式，即全面规划，整体推进"④，并着力解决好发展不平衡不协调的问题。这种不平衡既表现在区域之间的不平衡以及物质文明与精神文明之间的不平衡，而且也表现在城乡发展的不平衡。⑤ 究其原因，乡村发展不平衡不充分的一个重要诱因，乃是与我国现代化发展模式息息相关。与那些早发内生型现代化国家不同，我国走的是一条超赶型发展道路，这条道路的重要特点就是优先发展重工业，并由农业为工业提供积累，由农村为城市做贡献。这样的发展战略使我们用七十余年的时间走完了发达国家几百年的发展历程，也使我国在新中国成立后七十余年经济总量跃居世界第二位，成为世界第二大经济大国；但是，这样的超赶型发展也带来了发展不平衡、不协调、不全

---

① 《坚决打好扶贫开发攻坚战 加快民族地区经济社会发展》，《人民日报》2015年1月22日第1版。习近平总书记在大理湾桥镇古生村考察时强调：新农村建设一定要走符合农村实际的路子，遵循乡村自身发展规律，充分体现农村特点，注意乡土味道，保留乡村风貌，留得住青山绿水，记得住乡愁。

② 《引领乡亲们永远听党话跟党走 唱响新时代阿佤人民的幸福之歌》，《人民日报》2021年8月21日第1版。
其中回信内容：
"希望你们继续发挥模范带头作用，引领乡亲们永远听党话、跟党走，建设好美丽家园，维护好民族团结，守护好神圣国土，唱响新时代阿佤人民的幸福之歌。"

③ 徐勇：《论现代化中后期的乡村振兴》，《社会科学研究》2019年第2期。

④ 周平：《国家治理须有政治地理空间思维》，《探索与争鸣》2013年第8期。

⑤ 廖林燕：《乡村振兴视域下边疆民族地区乡村治理机制创新研究》，《西北民族大学学报》（哲学社会科学版）2018年第1期。

面的问题,反映在工农、城乡关系上就是城乡发展差距拉大、农业基础薄弱。① "乡村兴则国家兴,乡村衰则国家衰。"② 随着我国现代化进程进入中后期,随着工业化所形成的巨大国家能力,这正是一个有利于"三农"问题根本解决的重要战略机遇期,必须同步推进农业现代化,统筹城乡发展。③ "在经济社会发展到一定程度后,以工补农、以城带乡,是城乡关系的基本特征。只有顺应规律,农业和非农产业才能协调发展,城镇和农村才能相互支撑。"④ 因此,乡村振兴战略,正是我们党在深刻把握现代化发展规律、统筹工农协调与城乡融合进而作出的重大战略部署。

要在中国这样一个疆域规模庞大且不同区域又存在显著差异的国家实施乡村振兴战略,显然要"有更为精准的区域性目标"⑤。突出体现在,"并不是每个村都振兴……国家对于乡村振兴支持的重点是欠发达地区"⑥,特别是那些欠发达的边疆民族地区。"实施乡村振兴战略是党中央的重要战略举措。边疆地区更需要务实贯彻党中央的乡村振兴战略,逐步实现农业农村现代化。三农问题是关系国家安全稳定和发展的根本性问题,其重要性在我国边疆地区更加突出、更加重要。"⑦ 从政治地理空间的角度看,占全国国土总面积三分之二以上的边疆九省区是我国少数民族的主要聚居地,且边疆少数民族人口又相对集中分布于邻近国家边界线的边境地区。由于历史起点、自然与地理环境等原因,边疆少数民族乡村经济社会高质量发展依然面临诸多资源困境与瓶颈制约,并成为我国乡村振兴的重点对象。

---

① 廖林燕:《乡村振兴视域下边疆民族地区乡村治理机制创新研究》,《西北民族大学学报》(哲学社会科学版) 2018 年第 1 期。

② 《乡村振兴战略规划 (2018—2022 年)》,《人民日报》 2018 年 9 月 27 日第 1 版。

③ 廖林燕:《乡村振兴视域下边疆民族地区乡村治理机制创新研究》,《西北民族大学学报》(哲学社会科学版) 2018 年第 1 期。

④ 严瑞珍、罗丹、孔祥智等编著:《未来十年农业农村发展展望》,中国农业出版社 2014 年版,第 2 页。

⑤ 徐勇:《论现代化中后期的乡村振兴》,《社会科学研究》 2019 年第 2 期。

⑥ 徐勇:《论现代化中后期的乡村振兴》,《社会科学研究》 2019 年第 2 期。

⑦ 邢广程:《新时代中国边疆治理的新思路》,《边界与海洋研究》 2018 年第 2 期。

(一) 经济发展相对滞后影响共同富裕目标的实现，需大力推动少数民族乡村经济振兴

2021年2月25日，习近平总书记在全国脱贫攻坚总结表彰大会上庄严宣告：我国脱贫攻坚取得了伟大胜利，现行标准下9899万农村贫困人口全部脱贫，历史性地解决了绝对贫困问题。① 党的十八大以来，边疆民族地区成为我国扶贫攻坚的主战场，脱贫攻坚成效显著，生产生活条件得到了极大改善甚至是实现了历史性的飞跃。民族地区"3121万贫困人口全部脱贫，民族自治地方的420个贫困县全部摘帽。56个民族共同迈进全面小康，改革发展成果正在更多更公平地惠及各族人民"②。其中，一些"直过民族"在继新中国成立后在社会形态上"一步跨千年"之后，又进一步从物质层面实现了第二次"千年跨越"。在这样的历史性胜利下，也要看到，由于少数民族发展起点低、起步晚、基础弱等原因，边疆少数民族经济高质量发展较之中东部地区仍面临许多制约。

一方面，特殊的自然地理环境客观上依然制约着边疆少数民族农业的转型升级。从根本上看，要实现农业农村现代化，须从发展现代农业上进行突破，而现代农业又要求转方式、调结构、推进农业的机械化与信息化；然而，由于边疆少数民族多处在高原、高山、戈壁、荒漠地带，自然条件恶劣，土地贫瘠，"贫困地理环境的空间分布特征明显"③。如，南疆四地州位于塔克拉玛干沙漠西南边缘，戈壁沙漠和山林居多，严重缺水，土地荒漠化严重；④ 西藏和四省区藏区"高寒缺氧，无霜期短，大部分地区年积雪期超过6个月"⑤；再如，分布于独龙江峡谷的独龙族，

---

① 习近平：《在全国脱贫攻坚总结表彰大会上的讲话》，《人民日报》2021年2月26日第2版。
② 中共中央统一战线工作部、国家民族事务委员会编：《中央民族工作会议精神学习辅导读本》，民族出版社2022年版，第112页。
③ 参见汪晓文、何明辉、李玉洁《基于空间贫困视角的扶贫模式再选择——以甘肃为例》，《甘肃社会科学》2012年第6期。
④ 《关于印发新疆维吾尔自治区南疆四地州片区区域发展与扶贫攻坚"十三五"实施规划的通知》，新疆政府网：http://www.xinjiang.gov.cn/xinjiang/gfxwj/201706/15023116ce80428c8d3246c252f2d17f.shtml。
⑤ 李俊杰、耿新：《民族地区深度贫困现状及治理路径研究——以"三区三州"为例》，《民族研究》2018年第1期。

1999年前独龙江乡仍靠马帮力量运送物资，2015年隧道修通前这里因大雪封山每年有半年时间与世隔绝。显然，这样的自然地理环境与发展基础，是对边疆少数民族经济高质量发展的客观制约。加之国家实行天然林保护和退耕还林政策，"限制开发区"与"禁止开发区"等影响，这些也在一定程度上影响了边疆少数民族农业的转型升级。

另一方面，一些农牧民思想观念未能及时适应农业农村现代化的发展形势，思想观念滞后以及内生动力不足，也在不同程度上制约了少数民族经济社会的高质量发展。一是思想观念未能紧跟农业现代化的步伐。受传统生产生活方式影响，一些农牧民宁愿亘古不变地进行粗放的农耕游牧生产，不愿或不敢开拓新的生产领域；二是自我发展的内生动力不足。部分农牧民还存有"福利依赖"心理；三是扩大再生产意识淡薄。一些农牧民理财意识不够，未能将农业前期资金收益持续地用于扩大再生产，收入容易被各种新型消费所消解，加之管理不精细、技术不到位及交通成本高等原因，从而在不同程度上制约了产业的转型升级。正是由于少数民族乡村经济振兴所面临的资源困境、瓶颈制约及受小农思想、依赖思想的束缚等影响，也由此呼唤振兴思路的精准化，从而为乡村经济振兴注入新动能。

（二）社会事业发展相对滞后影响民族团结进步事业的巩固，需大力推进少数民族乡村社会振兴

除经济发展的相对滞后，边疆少数民族乡村较之中东部地区乡村，在教育、社会保障、医疗、卫生等社会事业发展方面也仍然存在一定差距。除自然地理环境因素之外，历史起点也是一个客观原因。中华人民共和国成立前夕，除壮、回、满、苗、白、布依、蒙古、维吾尔、土家、裕固、保安、朝鲜、撒拉族等民族已进入封建地主经济之外，不少民族仍处于奴隶制或农奴制阶段，还有一些民族如独龙族、怒族、傈僳族、佤族、基诺族、布朗族、景颇族、德昂族、鄂伦春族、鄂温克族、赫哲族、黎族及部分拉祜族、阿昌族等"直过民族"尚处于原始社会末期，过着刀耕火种、游牧渔猎的生活。中华人民共和国成立以后，在国家的大力帮扶下，少数民族群众的生产生活条件有了显著改善；特别是党的十九大以后，精准脱贫政策的全面实施，又进一步在生产力方面与基础设施方面实现了历史性的飞跃。以云南"直过民族"为例，经国家的大

力帮扶,截至 2020 年 12 月,"全省 11 个'直过民族'和'人口较少民族'全部实现整族脱贫,历史性地告别了绝对贫困,实现了'一步跨千年'的美好梦想"①。同时,也应看到,由于民族地区特殊的地质地貌、山高谷深、河流纵横、戈壁荒漠延绵,且地广人稀、居住分散的特点,不利于形成系统完善的基础设施以及优质的社会发展资源,因此,"那些在新中国成立时仍处于原始社会后期的地区,虽在新中国成立后实现了'跨越式发展',但社会的发育和发展的进化性特征总是顽强地体现出来。边疆在短时间内弥补其在长期历史发展中形成的差距的愿望无法完全地得到实现"②。以教育事业为例,由于居住分散、上学路程远,以及教学基础的相对滞后与软硬件环境等影响,加之农牧民自身观念等原因,这些在不同程度上影响到民族地区的教学质量与教学资源的集聚、优化与整合。以独龙江乡为例,直至 1956 年独龙江乡才在乡政府辖地建立小学,而且,从新中国成立至 2007 年的这 59 年时间里,除 1968—1977 年这 10 年设立初中之外,从新中国成立至 1967 年以及从 1978—2007 年这近 50 年的时间,初中教育属缺失状态;直至 2008 年,才正式恢复初中教育,将"独龙江乡中心完小"更名为"独龙江乡九年一贯制学校",但在 2012 年中学教育又停办一年,并于 2013 年恢复初中教育,之后,在国家大力帮扶与社会各界的支持下才得以发展至今。正是由于历史起点,以及地质地貌、经济基础、人才短缺等原因,使边疆少数民族乡村社会事业发展依然相对滞后。"在全面建设社会主义现代化国家新征程中,我们必须把促进全体人民共同富裕摆在更加重要的位置。"③ 在迈向共同富裕的目标上,必须将少数民族乡村振兴作为乡村振兴的重点加快推进。通过乡村振兴这一契机,支持少数民族乡村实现巩固脱贫攻坚成果同乡村振兴有效衔接,推动民族发展资金向公共服务均等化、向实现共同富裕

---

① 《云南 11 个"直过民族"和"人口较少民族"全部实现整族脱贫》,国务院新闻办公室网: http://www.scio.gov.cn/ztk/dtzt/42313/44426/44430/Document/1694355/1694355.htm, 2020 年 12 月 8 日。

② 周平:《陆地边疆治理面临资源困境》,《云南师范大学学报》(哲学社会科学版) 2017 年第 4 期。

③ 习近平:《在全国脱贫攻坚总结表彰大会上的讲话》,《人民日报》2021 年 2 月 26 日第 2 版。

倾斜，助力少数民族地区融入新发展格局。①

二 "记得住乡愁"：传统与现代变奏中少数民族传统文化不同程度的解构，呼唤重塑乡村文化生态以推进乡村文化振兴

之所以要加快少数民族乡村振兴并作为重点推进对象，除少数民族经济社会发展相对滞后外，还在于少数民族传统文化不同程度的解构所带来的不利影响。

在农业社会向工业社会的不断转型进程中，传统文化遭受冲击是现代化进程中乡村社会的一个普遍现象，"随着创制秩序的确立，自发秩序受到了致命的冲击"②。在这一整体形势下，尽管少数民族因其主要聚居地边疆地区相对偏远的自然地理环境，其传统文化冲击程度总体上没有非民族地区突出，但是，由于少数民族主要聚居在边疆地区，少数民族传统文化的解构，不仅消解着现代乡愁，影响人们对美好生活的向往，而且由于文化潜在的戍边固边兴边功能的虚化弱化，从而也在不同程度上影响到边疆地区的和谐稳固。

第一，少数民族传统文化的解构不利于乡风文明建设。"中华文明根植于农耕文化，乡村是中华文明的基本载体。"③ 而乡愁正是在乡土文化的基础上形成的，是中华传统文明的基础性部分。其中，少数民族以纷呈多样、各具特色的乡土文化为载体的乡愁，一度在淳化乡风民风家风中发挥了突出作用；然而，随着少数民族传统文化的不断解构，作为承载乡村文明之"魂"的乡愁也慢慢淡去。没有乡愁的伴随与支持，不仅制约着人们对美好生活的向往，影响着中华优秀传统文化的传承发展，而且现代乡村文明也难以建成。

第二，少数民族传统文化的解构不利于边疆文化安全的巩固。在边疆地区，文化不仅是丰富人们日常生活、满足人们深层次精神需求的重要载体，而且对于边疆稳固也具有重要的软实力意义。体现在，源远流

---

① 中共中央统一战线工作部、国家民族事务委员会编：《中央民族工作会议精神学习辅导读本》，民族出版社2022年版，第113页。
② 张康之、张乾友：《共同体的进化》，中国社会科学出版社2012年版，第8页。
③ 《乡村振兴战略规划（2018—2022年）》，《人民日报》2018年9月27日第1版。

长、丰富灿烂的传统文化具有抵御西方文化渗透、维护国家文化安全的积极戍边价值。由于边疆地处国家疆域的边缘性地带且与邻国相连,其独特的地缘政治意义以及对于国家发展的意义,使其一直是境外势力不遗余力地进行思想、文化与宗教渗透的焦点区域。特别是分布在边境沿线的乡村,因"普遍存在跨界民族现象且跨界民族自古以来就存在割不断的天然联系,而且一些边民的政治辨别力与警惕性又不太强,正是这样的边境乡村环境极易被境外分子所利用,并首当其冲地成为敌对势力进行思想、文化与宗教渗透的重点"①。在这样的边境文化安全形势下,传统文化解构比较突出的边境乡村,其所面临或潜藏的思想、文化与宗教渗透问题往往要更为突出。② 这是由于随着少数民族传统文化的不断解构,人们传统的礼义廉耻、孝老爱亲、俭约守信等思想观念日渐淡化,同时受西方资本主义腐朽思想观念侵蚀与浸染的问题也日渐突出。正如萨缪尔·亨廷顿指出的:"对一个传统社会的稳定来说,构成主要威胁的,并非来自外国军队的侵略,而是来自外国观念的侵入,印刷品比军队和坦克推进得更快、更深入。"③ 正是基于少数民族传统文化的解构可能对边疆安全稳固带来的隐患,客观上也凸显了必须大力推进少数民族乡村文化振兴以重塑乡村文化生态。

第三,少数民族传统文化的解构不利于边疆经济的持续发展。由于边疆地区通常是民族传统文化的富集地区,民族文化底蕴深厚、绚丽多彩;与此同时,由于边疆地区总体在工业基础方面偏弱且工业发展面临的地理环境制约与生态制约显著,基于这样的发展短板与资源禀赋特点,如何因地制宜地盘活边疆地区独特丰富的民族文化资源存量对于经济的支撑性作用,如何充分借助民族文化产业助推经济发展,成为边疆各省区的共识;然而,随着少数民族传统文化的不断解构,随着一些原生文化形态的消失,一些民俗表演和旅游文化产品与原生文化形态相差甚远

---

① 廖林燕:《经久不衰的"拉祜理":南段拉祜西边境安全治理的传统文化机制研究》,《西北民族大学学报》(哲学社会科学版)2019年第5期。
② 廖林燕:《经久不衰的"拉祜理":南段拉祜西边境安全治理的传统文化机制研究》,《西北民族大学学报》(哲学社会科学版)2019年第5期。
③ [美]塞缪尔·P.亨廷顿:《变化社会中的政治秩序》,王冠华、刘为等译,上海三联书店1989年版,第141页。

甚至民族文化被曲解，这些都在相当程度上降低了文化产品本身对于游客的吸引力；另外，一些民族地区传统淳朴的乡风民风的异化也在一定程度上影响了旅游业的持续健康发展。

"乡村振兴既是一个现代乡村文明的新生过程，同时也是传统乡村文明的再生过程。"① 正是基于少数民族传统文化的不断解构正在或可能对乡愁保护、边疆稳固以及中华优秀传统文化传承等所带来的不利影响，共同凸显了少数民族乡村文化振兴的紧迫性与重要性，由此呼唤通过乡村文化振兴的深入推进，以重塑乡村文化生态，繁荣发展少数民族优秀传统文化。

三 "守护好神圣国土"：边疆独特的地缘环境，呼唤创新乡村治理机制以重塑现代乡村文明秩序

之所以要加快少数民族乡村振兴并作为重点推进对象，除因少数民族经济社会发展相对滞后以及传统文化解构对边疆经济社会发展的不利影响之外，还因边疆地区独特的地缘环境对边疆稳固安全所带来的冲击与影响。由于急剧的社会变迁，加之边疆地区独特的地缘环境与民族宗教特点以及"一带一路"全面开放的新格局，这些给少数民族乡村社会秩序的维系带来了前所未有的挑战。边疆少数民族乡村不仅面临一般的社会治安问题，也面临边疆少数民族乡村特有的社会公共问题，如民族问题、宗教问题，还面临独特地缘环境下全方位开放合作所带来的错综复杂的边疆安全问题。

日渐凸显的边疆少数民族乡村社会问题，不仅呼唤进行切实有效的治理，而且对少数民族乡村治理体系与能力的要求也更高了。"边疆今天的形势，对治理的要求不是降低了而是更高了。"② 然而，面对这样的治理要求与任务，少数民族乡村治理体系与能力总体上又要明显滞后于少数民族乡村的发展形势，尤其是治理人才不同程度的流失、社会协同的

---

① 胡慧林：《乡村文化治理：乡村振兴中的治理文明变革》，《福建论坛》（人文社会科学版）2021年第10期。
② 周平：《论我国边疆治理的转型与重构》，《云南师范大学学报》（哲学社会科学版）2010年第2期。

滞后、治理的方式还不能完全适应乡村经济社会发展的需要，以及社会规范出现不同程度的断裂，其中传统伦理规范在不断解构，现代法治规则又没有及时建立起来，等等。① 这些都与急剧变迁的少数民族乡村社会发展形势与错综复杂的少数民族乡村社会关系形成明显反差，不利于少数民族乡村社会秩序的维系，并迫切要求通过乡村振兴创新少数民族乡村治理体系。

一是乡村治理的规范体系面临困境。如果说社会规范赋予特定的社会形态以秩序和含义，从而构成社会治理的重要手段与工具，那么，影响目前边疆少数民族乡村治理效能的一个深刻根源，就在于社会规范正出现不同程度的断裂：一方面，一度维系社会秩序的传统规范在现代化进程中不断解构，伦理道德的约束力在逐渐下降，各种习俗的、教化的力量也在逐渐趋于淡化；另一方面，群众的法治观念没有及时建立起来，尤其是通过理性的方式、法治的手段来解决社会纠纷、维护自身利益的行为习惯还没有完全培养起来。而法治观念的淡薄，不仅是由于边疆少数民族教育事业发展的相对滞后，也是由于现代工业化的生产方式还没有完全深入边疆少数民族乡村。正是由于社会规范不同程度的断裂，这在一定程度上使边疆少数民族乡村的社会冲突、矛盾与摩擦多发频发，并使 21 世纪的边疆少数民族乡村逐渐进入一个风险社会。②

二是乡村治理的人才资源困境。在乡村治理的人才结构中，既需要基层政府的治理人才，也需要村干部等治理人才；然而，随着城市化进程的加快，乡村人口大规模向城市转移，许多未来乡村精英的后备人才纷纷离开了乡村，这使治理人才资源变得日益匮乏。尽管这些年国家投了大量的财力和物力用于少数民族乡村基础设施建设和社会事业建设，但无论在教育资源、就业机会，还是在文化生活方面，城市都比乡村要更具吸引力。因此，越来越多的青壮年包括乡村精英纷纷走出农村、融

---

① 廖林燕：《乡村振兴视域下边疆民族地区乡村治理机制创新研究》，《西北民族大学学报》（哲学社会科学版）2018 年第 1 期。
② 廖林燕：《乡村振兴视域下边疆民族地区乡村治理机制创新研究》，《西北民族大学学报》（哲学社会科学版）2018 年第 1 期。

入城市。① "这也是现代化的必然趋势,同时也是通过劳务输出实现脱贫致富的重要途径。"② 然而,少数民族乡村人才的大量外流使乡村的"空心化"现象日渐突出,而乡村"空心化"又使村干部的选拔范围越来越窄。

三是对社会协同的重视和整合还不够。在当前边疆少数民族乡村治理人才大量外流的背景下,通过有效的社会协同,尤其是通过使传统民间力量与村民自治组织相互配合,有助于在一定程度上提升乡村治理效能;③ 然而,由于边疆少数民族乡村市场力量的开发与使用程度较低,加之村集体经济缺乏一定的基础与实力,同时因社会组织发展缓慢,故而边疆少数民族乡村治理的责任多由政府和"村两委"在推动,社会协同力量参与不够。

经济发展每前进一步,都要求政治体制作出相应的变革,否则,滞后的政治体制势必成为经济发展的羁绊,这就要求不断创新乡村治理的机制。④ 面对这些现实困境,"实施乡村振兴战略是健全现代社会治理格局之策"⑤。通过对少数民族乡村振兴的深入推进,"健全自治、法治、德治相结合的乡村治理体系"⑥,"打造共建共治共享的社会治理格局"⑦。不断创新少数民族乡村治理机制,提升乡村治理的水平与能力,这不仅是适应乡村经济社会发展新形势的必然要求,同时也是解决目前乡村治理面临诸多新问题,确保少数民族群众安居乐业、少数民族乡村安定有序的必然要求。⑧

---

① 廖林燕:《乡村振兴视域下边疆民族地区乡村治理机制创新研究》,《西北民族大学学报》(哲学社会科学版)2018年第1期。
② 廖林燕:《如何破解边疆民族地区乡村治理的资源困境》,《中国民族报》2017年9月1日。
③ 廖林燕:《乡村振兴视域下边疆民族地区乡村治理机制创新研究》,《西北民族大学学报》(哲学社会科学版)2018年第1期。
④ 廖林燕:《乡村振兴视域下边疆民族地区乡村治理机制创新研究》,《西北民族大学学报》(哲学社会科学版)2018年第1期。
⑤《乡村振兴战略规划(2018—2022年)》,《人民日报》2018年9月27日第1版。
⑥ 习近平:《决胜全面建成小康社会 夺取新时代中国特色社会主义伟大胜利——在中国共产党第十九次全国代表大会上的报告》,人民出版社2017年版,第32页。
⑦ 习近平:《决胜全面建成小康社会 夺取新时代中国特色社会主义伟大胜利——在中国共产党第十九次全国代表大会上的报告》,人民出版社2017年版,第49页。
⑧ 廖林燕:《乡村振兴视域下边疆民族地区乡村治理机制创新研究》,《西北民族大学学报》(哲学社会科学版)2018年第1期。

四 "维护好民族团结":民族与宗教问题的复杂性与国内外形势交织,呼唤铸牢少数民族的中华民族共同体意识以强边固防

少数民族乡村振兴除"建设好美丽家园""记得住乡愁""守护好神圣国土"外,还有一个重大任务,就是铸牢中华民族共同体意识。"铸牢中华民族共同体意识是新时代党的民族工作的'纲',所有工作向此聚焦。"① 唯有铸牢中华民族共同体意识,才能"构建起维护国家统一和民族团结的坚固思想长城"②。由于边疆地区是我国少数民族的主要聚居区,无论是从民族构成与宗教信仰的复杂性、跨界民族成员价值观念的变化特点,还是从全球民族主义思潮的影响,以及境外敌对势力的分化与渗透,都共同凸显了少数民族乡村铸牢中华民族共同体意识的重要性与紧迫性。

一是全球民族主义的泛化对维护民族团结的挑战。以民族情感和民族意识为基础的民族主义,曾经在西欧缔造民族国家进程中以及广大亚非拉国家争取民族独立过程中发挥了积极作用,但是在殖民体系瓦解后,民族主义却走向了一个极端。尤其是在苏联解体后,民族主义呈现出新的趋向,在世界范围内形成了一种以民族分离为基本要求的民族主义。③ 诸如,"多元文化主义、差异政治理论、蕴含'一族一票'诉求的族际政治民主化理论等"④。正是在全球民族主义思潮的冲击下,在周边跨国民族主义思潮的影响下,对我国边疆少数民族的国家认同建设带来冲击与侵蚀。诸如泛蒙古主义、泛突厥主义、大哈萨克斯坦主义等跨国民族主义思潮不断抬头。⑤

二是境外敌对势力的渗透、分化和破坏对维护民族团结的挑战。随

---

① 习近平:《以铸牢中华民族共同体意识为主线 推动新时代党的民族工作高质量发展》,《人民日报》2021年8月29日第1版。

② 习近平:《以铸牢中华民族共同体意识为主线 推动新时代党的民族工作高质量发展》,《人民日报》2021年8月29日第1版。

③ 廖林燕:《民族国家视域下我国跨界民族的国家认同研究》,《西南边疆民族研究》2017年第2期。

④ 周平:《多民族国家的国家认同分析》,《政治学研究》2013年第1期。

⑤ 廖林燕:《民族国家视域下我国跨界民族的国家认同研究》,《西南边疆民族研究》2017年第2期。

着我国综合国力的不断增强，传统地缘政治格局的既得利益者担心崛起的中国会挑战既有的国际政治秩序，于是不遗余力地对中国进行思想、文化与宗教渗透，妄图阻滞我国的经济发展、颠覆我国政权。其中，宗教渗透往往是境外势力渗透的首选工具。在现代传媒手段下，宗教的强大凝聚力给分布在世界不同国度中的同一民族的共同信仰者提供了跨越时空的认同力量。境外势力则充分利用跨界民族在宗教信仰上的密切联系以及宗教本身的强大凝聚力，不断离散人心，鼓吹跨界民族自决、独立与自治等。① 特别是分布在边境沿线的乡村，首当其冲地成为敌对势力进行宗教渗透的重点。这些渗透、分化活动给我国边疆安全带来挑战。

三是市场经济下跨界民族价值观的变化对维护民族团结的挑战。在少数民族中，处于国家疆域的边缘地区、与邻国交界并跨国界而居的跨界民族的政治认同是一个举足轻重的问题。② 所谓跨界民族，是指"历史上形成的而现在分布在两个或两个以上国家并在相关国家交界地区毗邻而居的同一民族"③。我国约有 30 多个跨界民族，其中，"西南地区是跨界民族最多的地区"④，约 20 多个，其中，云南就分布着 16 个跨界民族。⑤ 就跨界民族的总体特点来看，"跨界民族与境外同族在地理位置上相邻，而且与境外同族在生活方式、民族文化、宗教信仰等方面有不同程度的联系"⑥。随着我国对外开放战略的实施，在普遍的跨国流动下，逐利意识的普遍、民族意识的激发、跨国流动的可能，这些都使跨界民族成员的政治认同更容易受到其他认同因素的影响。有学者通过对中越边境上苗族边民的跨国流动发现，跨界民族存在着不同程度的国家认同的不稳定特征。⑦ 例如，当中国政府给予边民利益和文化满足时，越南边

---

① 廖林燕：《民族国家视域下我国跨界民族的国家认同研究》，《西南边疆民族研究》2017 年第 2 期。
② 廖林燕：《民族国家视域下我国跨界民族的国家认同研究》，《西南边疆民族研究》2017 年第 2 期。
③ 刘稚：《跨界民族的类型、属性及其发展趋势》，《云南社会科学》2004 年第 5 期。
④ 廖林燕：《云南边疆地区国家认同研究》，《云南行政学院学报》2017 年第 1 期。
⑤ 廖林燕：《云南边疆地区国家认同研究》，《云南行政学院学报》2017 年第 1 期。
⑥ 廖林燕：《云南边疆地区国家认同研究》，《云南行政学院学报》2017 年第 1 期。
⑦ 廖林燕：《民族国家视域下我国跨界民族的国家认同研究》，《西南边疆民族研究》2017 年第 2 期。

民向往中国；而当越南民族政策强于中国时，中国边民则向往越南。① 也有学者在中缅边境调研时发现："生活在我国境内的景颇族与缅甸克钦族的同一族体意识均较为强烈。然而，对于中华民族的认识更多的仅限于知道，而无法准确对自己与中华民族的关系进行表述。现实中，跨界居民更关注自己的族属及地方政策上的族属价值。"②

可见，无论是从国内外形势，还是从中华民族伟大复兴的战略全局，都共同凸显了少数民族乡村振兴中铸牢中华民族共同体意识的紧迫性与重要性。这不仅是全面推进乡村振兴的必然要求，也是有效应对实现中华民族伟大复兴过程中民族领域可能发生的风险挑战的必然要求。

第三节　优秀传统治理资源：少数民族乡村振兴的内生性资源

乡村振兴是中华民族伟大复兴与建设现代化强国的基石。其中，边疆少数民族地区乡村又是我国乡村振兴的重点和难点，面临如何"建设好美丽家园""记得住乡愁""守护好神圣国土""铸牢中华民族共同体意识"等现代乡村文明建设的时代重任。对此，少数民族地区积淀深厚、丰富灿烂的传统治理资源乃是乡村振兴的一笔隐形文化遗产。不仅是承载乡愁与延续历史文脉的宝贵内生文化资源，也是一种重要的协同治理资源，而且还是一种稀缺的发展资源与难得的戍边资源。深度挖掘少数民族优秀治理资源的作用并推进其创造性转化，不仅是"因地制宜"地结合自身资源禀赋助推乡村振兴的特色化振兴之路的需要，而且也有助于为少数民族乡村振兴提供良好的发展环境与内生动力支持。

一　优秀传统治理资源的类型与特点

关于传统治理资源及其范畴问题，近年来也受到学者的不断关注。

---

① 郑宇、曾静：《跨国民族流动与国家认同构建——以云南省文山州马关县箐脚村苗族为例》，《北方民族大学学报》2010年第4期。

② 刘永刚：《边疆治理视野下跨界民族成员的身份选择与公民身份建构》，《吉首大学学报》（社会科学版）2016年第2期。

如，徐勇指出，要创造性地利用传统治理要素推进乡村治理创新，尤其是要发挥家庭的基础性作用以及乡贤的积极作用。① 李利宏等提出，有效挖掘和重构传统治理资源有助于推动乡村治理现代化，并将传统治理资源划分为三种类型："乡村社会的文化资源（如伦理、道德、习俗、村规民约等）、延续传统乡绅理念的乡贤资源以及乡村传统的组织资源。"②

所谓优秀传统治理资源，也就是传统社会中有助于组织公共生活、有助于维持社会秩序的智慧与经验。从国家层面来看，传统治理资源所指向的主要是治国理政的智慧与经验；从社会层面来看，传统治理资源所指向的主要是民族民间传统文化资源。少数民族优秀传统治理资源指向的主要是民族民间传统文化资源，也就是在少数民族在特定的生产生活环境下逐渐形成且世代相传的，同时有助于实现社会有效治理的传统价值、规范、习俗等优秀传统文化资源。从类型上看，主要包括传统治理制度资源、传统治理规范资源、传统治理价值资源。少数民族优秀传统治理资源往往具有以下特点：

第一，具有内生自发性。少数民族优秀传统治理资源是少数民族在长期的历史积淀、特定的生产生活环境与自然地理环境之中逐渐形成的，有着深刻的历史基础和社会基础，具有内生自发性。

第二，往往蕴涵丰富的人文精神与道德规范。这些内生自发的少数民族优秀传统治理资源往往蕴涵着丰富的人文精神与道德规范。像精忠报国、团结一致的爱国情怀，同根共祖、命运与共的中华民族观，和而不同、包容多样的处世方式，敬畏自然、和谐共生的自然观，崇德向善、礼义廉耻的荣辱观念，文以化人的教化思想，等等，这些传统美德与人文精神，是我们今天涵养社会主义核心价值观、铸牢中华民族共同体意识的重要源泉与丰厚滋养。

第三，体现了一个民族历史智慧的积淀。少数民族优秀传统治理资源是少数民族千百年来的思想智慧的积累，是关于如何治理好社会、如何维护好社会秩序、如何进行社会规范的智慧积淀与经验总结，积淀着

---

① 徐勇：《城乡一体化进程中的乡村治理创新》，《中国农村经济》2016年第10期。
② 李利宏、杨素珍：《乡村治理现代化视阈中传统治理资源重构研究》，《中国行政管理》2016年第8期。

一个民族最深层次的精神追求。不仅是民族传统秩序的文化密码,也是当前乡村振兴的丰富资源。不仅有助于增进社会和谐、提高社会风尚,也有助于传承中华文脉,促进以文化人、以文育人。

二 优秀传统治理资源古为今用的关键:创造性转化

少数民族积淀深厚、丰富灿烂的优秀传统治理资源,是乡村振兴植根的文化沃土与宝贵内生文化资源。关于乡村振兴的推进原则,《乡村振兴战略规划(2018—2022年)》明确指出,要在"坚持党总揽全局、协调各方,强化党组织的领导核心作用"的前提下,一方面要"凝聚全社会力量","激发农村各类主体活力","凝聚乡村振兴强大合力";另一方面要"科学把握乡村的差异性和发展走势分化特征","坚持因地制宜、循序渐进","探索形成一批各具特色的乡村振兴模式和经验"。[①] 对照这一原则,对于具有特殊的历史、自然、地理与复杂周边环境等特征的少数民族而言,在发挥党的领导核心作用下,充分挖掘与整合各民族在历史长河中创造积淀的、至今依然有重要时代价值的优秀传统治理资源在乡村振兴中的作用,是一条可行且有效的乡村振兴之路。不仅契合《乡村振兴战略规划(2018—2022年)》"凝聚乡村振兴强大合力"的要求与"坚持因地制宜"地结合自身资源禀赋助推乡村振兴的方向需要,而且也契合习近平治国理政思想的要求;不仅具有可行性,也具有重大现实意义,有望形成"特色资源保护与村庄发展的良性互促",[②] 更好地繁荣发展少数民族优秀传统文化,同时也有助于为创新乡村治理体系注入新动能。

少数民族优秀传统治理资源助力乡村振兴的关键,就在于"创造性转化"。所谓创造性转化,也就是以时代精神为引领,取其精华,去其糟粕,扬弃继承,转化创新。传统治理资源创造性转化的本质,也就是适应国家治理现代化需要从而实现传统文化的"再生"。"从来就不可能形成或是保存一种活的过去,而是必须成为'被发明的传统'。"[③] 进一步

[①] 《乡村振兴战略规划(2018—2022年)》,《人民日报》2018年9月27日第1版。
[②] 《乡村振兴战略规划(2018—2022年)》,《人民日报》2018年9月27日第1版。
[③] [英] E. 霍布斯鲍姆、T. 兰格:《传统的发明》,顾杭、庞冠群译,译林出版社2004年版,第10页。

看，之所以要推进创造性转化，这是由于传统治理资源都是特定时代的产物，本身具有历史局限性，而社会总是在不断向前发展，因此，要实现古为今用，就必须推进创造性转化，实现传统文化的"再生"。

第一，是因为传统治理资源具有时代局限性。传统治理资源都是特定时代的产物，不仅是特定时代下的政治、经济、文化水平的产物，也是特定时代下人的主观能动性的产物，而任何政治、经济、文化水平都不可能超越特定时代的局限，同时任何人的思想水平、认识水平也都不可能超越特定时代的局限。所以，传统治理资源就一定会有时代局限性，一定会有在我们今天看来过时的、落后的，乃至于糟粕性的东西。因此，必须推陈出新，不断使其与现代社会相协调、与当代文化相适应，这样才能更好地为乡村振兴提供有益的资源。

第二，是因为时代环境在不断变化。从政治学的视角看，环境变化中突出的两大方面是：现代治理理念的创新与现代治理体系的创新。

一是现代治理理念的创新。传统治理资源必然受到国家形态的深刻塑造。随着传统治理资源所依托的国家形态从传统的王朝国家形态演进到现代民族国家形态，那么，传统治理资源也必然受到现代民族国家的深刻塑造，并与之相适应。"到目前为止，民族国家仍然是惟一得到国际承认的政治组织结构。"① 相比较传统的王朝国家形态，作为世界体系基本单元的民族国家的本质要求，就是民族对国家的认同。如何实现民族对国家的认同，这就必然要求创新治理的理念，提升政治合法性。其中也就包括要坚持民主理念、法治理念，发展民主政治，推进依法治国。通过这些全新的治理理念与治理方式提升和巩固合法性。随着治理理念的创新，必然要求传统治理资源以现代治理理念为引领，在去其糟粕、取其精华的同时，注入新的时代内涵与现代表现形式，从而更好地与当代文化相适应。

二是现代治理体系的创新。传统治理资源的形态与人口的社会身份密切相关。创造并使用传统治理资源的主体是人，而人的社会政治身份

---

① ［英］安东尼·D. 史密斯：《全球化时代的民族与民族主义》，龚维斌、良警宇译，中央编译出版社 2002 年版，第 122 页。

是一个关联着国家体制的根本性问题。① 当民族国家取代王朝国家成为全新的国家形态，传统的臣民身份向国民身份转化，那么，人口的社会身份和观念的改变也必然推动着传统治理资源从内涵到形式上的现代性转化。"民族国家之民族，是由全体国民组成的稳定共同体，因此，'主权在民'原则最终要落到国民个体身上，于是便形成以一元性国民权利来构建国家的体制机制的政治机制。"② 正是由于现代国家治理体系的创新，以一元性国民权利构建国家的体制机制，那么，传统治理资源也就必然要与之相适应，与时俱进地进行现代转化与发展，通过转化创新更好地与现代社会相适应相协调，在重焕生机的同时更好实现古为今用。

三 现代转化优秀传统治理资源：因地制宜推进乡村振兴的一个突破口

对于少数民族乡村振兴而言，在党的领导核心作用前提下，充分挖掘与整合少数民族优秀传统治理资源在乡村振兴中的作用，显然是"因地制宜"地结合自身资源禀赋助推乡村振兴的一个突破口。不仅是"产业振兴"的稀缺发展资源，也是"文化振兴"的重要传统社会资本，更是"治理有效"的重要协同治理资源与宝贵的文化成边资源，而且还是"铸牢中华民族共同体意识"的重要内生性载体。

1."产业振兴"：有助于为特色化乡村文化产业振兴之路提供新动能

在脱贫攻坚取得了历史性的伟大胜利下，面对因历史、自然、地理等现实，特别是深山峡谷等特殊地理环境对农业转型升级的制约影响下，如何支持少数民族乡村实现巩固脱贫攻坚成果同乡村振兴有效衔接，实现共同富裕，成为少数民族乡村经济振兴的重要任务。而共同富裕的关键，就是要转变以往落后的生产方式，努力探索、培育、开发出符合本地资源禀赋与历史文化特点的优势特色产业，这是少数民族乡村振兴的第一要务。

既然少数民族乡村振兴一定要从探索、培育与发展符合乡村实际的优势特色产业上进行突破，然而，要在经济发展面临明显的地理环境制

---

① 周平：《中国多民族国家体制的几个悖论》，《江汉论坛》2022 年第 6 期。
② 周平：《中国何以成为一个民族国家》，《学术界》2022 年第 4 期。

约与生态制约的条件下探索出具有市场竞争力的特色经济并将其做大做强是有挑战的,因此对振兴思路的精准化也就提出了更高的要求。在国家大力打造文化产业特色村的形势下,尤其是对"特色保护类"村庄要"合理利用村庄特色资源,形成特色资源保护与村庄发展的良性互促机制"①的乡村振兴要求下,充分依托与盘活边疆少数民族丰富的民族文化资源存量对于经济的支撑与增长作用,大力发展民族文化产业,这恰是边疆少数民族乡村经济发展行之有效且可继续推广的特色发展模式。文化与旅游及其他产业的深度融合,不仅有着因地制宜的自身特色,助力乡村致富增收,而且产业发展过程中不同文化的交流、互联网信息技术等现代文明形态元素也有助于推进传统乡村文明的历史性更新。

此外,传统治理资源在有望为特色化乡村文化产业振兴提供新动能的同时,对于乡村生态振兴的作用也不容小觑。无论是传统价值资源,还是传统习惯法资源等,都蕴含了丰富的生态建设思想,是少数民族生态环境保护与绿色生态空间涵养的重要本土性资源,对乡村生态振兴具有积极的时代价值。

2. "文化振兴":有助于繁荣发展中华优秀传统文化,促进乡村经济振兴与文化振兴的相互促进

"中国式现代化是物质文明和精神文明相协调的现代化。……物质贫困不是社会主义,精神贫乏也不是社会主义。""传承中华文明,促进物的全面丰富和人的全面发展。"② 以少数民族优秀传统治理资源为抓手,通过对优秀传统治理资源的深度挖掘与保护,不仅有助于从深层次传承发展少数民族传统文化;而且在创造性转化之后,也有助于促进乡村经济振兴与文化振兴的良性互促。

纵观全球现代化的发展模式,一般经历了物质文明的全面提升—传统社会资本的不断解构—艰难的社会资本重构这一过程。西方式现代化模式启示我们:必须切实规避传统现代化的内在风险,有效纠偏资本逻

---

① 《乡村振兴战略规划(2018—2022年)》,《人民日报》2018年9月27日第1版。
② 习近平:《高举中国特色社会主义伟大旗帜　为全面建设社会主义现代化国家而团结奋斗——在中国共产党第二十次全国代表大会上的报告》,人民出版社2022年版,第22、23页。

辑主导下的西方一元现代化模式，以中国式现代化贡献中国智慧、推进世界文明的发展；同时，也启示我们：在乡村振兴推进中，要及时妥善地处理好乡村经济振兴与文化振兴的全面协调发展，促进乡村物质文明与精神文明的协调发展。这是中国式现代化对于乡村振兴的必然要求。面对乡村振兴全面协调发展要求，少数民族积淀深厚的优秀传统治理资源在创造性转化之后，正是通过悠久的德治传统与内生的法治文化，从而为少数民族乡村现代化进程提供一种道德约束与行为纠偏机制，进而缓解乡村加快发展到一定程度后所出现的一些不协调或不平衡问题，达到乡村经济振兴与文化振兴的良性互促，从而创造乡村振兴的人类文明新形态。

3."乡村治理"：有助于创新乡村治理体系并提升治理效能，促进乡村和谐

乡村振兴离不开有效的乡村治理，有效的乡村治理不仅是乡村振兴的基础与保障，也是乡村振兴的重要内涵。乡村治理的有效推进，不仅需要运用现代化的治理理念与治理体系，也需要积极整合优秀传统治理资源。正如习近平总书记所强调的："中国的今天是从中国的昨天和前天发展而来的。要治理好今天的中国，需要对我国历史和传统文化有深入了解，也需要对我国古代治国理政的探索和智慧进行积极总结。"[①]乡村治理同样如此。因独特的地缘环境与民族宗教特点，以及边境地区开发开放所带来的利益分化的加剧、社会流动的普遍、各种思想的相互激荡、非传统安全问题的交织，从而给边疆民族地区乡村治理带来前所未有的挑战形势下，少数民族优秀传统治理资源恰是一种重要的协同治理资源，不仅有助于创新乡村治理方式，也有助于创新文化戍边体系。

第一，优秀传统治理资源有助于创新德法结合的治理方式。急剧的社会变迁与独特地缘环境下为有效应对少数民族乡村各种非传统安全问题的侵扰，根本上还是在于如何创新少数民族乡村治理的机制，特别是在治理方式上呼唤"健全自治、法治、德治相结合的乡村治理

---

① 《牢记历史经验历史教训历史警示　为国家治理能力现代化提供有益借鉴》，《人民日报》2014年10月14日第1版。

体系"①。对此,经创造性转化的少数民族优秀传统治理资源,恰是一种宝贵的传统治理体系。特别是基于当前边疆民族地区社会规范出现不同程度的断裂、传统的伦理规范不断解构、现代法治规则又没有及时建立起来的困境下,恰有助于为创新自治、德治、法治相结合的治理方式注入新动能。

第二,优秀传统治理资源有助于创新民间力量积极协同的治理体系。边疆少数民族乡村社会问题的有效治理,在创新德法结合的治理方式的同时,还要不断优化治理结构。其中,不仅要充分发挥党委和政府的主导作用,也要在"完善党委领导、政府负责"的同时坚持"社会协同"。②"边疆治理的有效性取决于对市场力量、社会力量、政府力量等3种力量的开发和使用水平。"③ 其中,坚持社会协同,不仅是打造共建共治共享的乡村治理格局,形成充满活力的乡村治理机制的必然要求,而且也有助于降低治理成本,提升乡村治理的水平与能力。特别是基于当前边疆少数民族乡村治理的人才大量外流,以及社会力量参与协同治理有限的情况下,积极挖掘并发挥诸如寨老、新乡贤等传统民间力量的作用,通过有效的社会协同,与村民自治组织相互配合,显然有助于在一定程度上应对乡村治理的人才资源困境,而且也有助于提升乡村治理的效能,特别是在道德教化、公序良俗、淳化民风等方面具有积极的助推作用。

4. "边疆治理":是戍边兴边的重要内生文化资源

少数民族乡村振兴的推进,除"建设好美丽家园"外,还要"守护好神圣国土"。这是由边疆地区的重要地缘政治意义、边疆地区作为国家发展的重要安全屏障,以及边境安全对于总体国家安全的重大深远影响所共同决定的。党的二十大报告指出:"国家安全是民族复兴的根基,社会稳定是国家强盛的前提。必须坚定不移贯彻总体国家安全观,把维护国家安全贯穿党和国家工作各方面全过程,确保国家

---

① 习近平:《决胜全面建成小康社会 夺取新时代中国特色社会主义伟大胜利——在中国共产党第十九次全国代表大会上的报告》,人民出版社2017年版,第32页。

② 习近平:《决胜全面建成小康社会 夺取新时代中国特色社会主义伟大胜利——在中国共产党第十九次全国代表大会上的报告》,人民出版社2017年版,第49页。

③ 方盛举、陈然:《现代国家治理视角下的边疆:内涵、特征与地位》,《云南师范大学学报》(哲学社会科学版)2019年第4期。

安全和社会稳定。"① 关于边疆安全问题，党的十九大提出："确保边疆巩固、边境安全。"② 党的十九届四中全会又进一步指出："加强边疆治理，推进兴边富民。"③ 我国边疆九省区面积占全国国土总面积的三分之二以上，而且边疆地区又是少数民族的主要聚居地。生活在边疆地区的少数民族人口占全国少数民族人口总量的60%。其中，生活在国家疆域的边缘地带且与边界相邻的边境地区的少数民族人口又占当地人口的60%—98%。根据国务院办公厅2017年颁发的《兴边富民行动"十三五"规划》，所指的边境地区就是：140个陆地边境县和新疆生产建设兵团58个边境团场。随着边疆地区全方位对外开放，一方面，边疆地区已成为我国改革开放的前沿阵地，是我们走向世界的桥头堡，是推进"一带一路"建设的核心地带，由此赋予了边疆治理的区域—全球治理的辐射意义；另一方面，随着边疆地区开发开放所带来的边民跨国流动的普遍，加之周边形势、民族宗教问题等因素的影响与叠加，边疆地区所面临的安全形势也更为复杂。不仅面临一般的社会治安问题。也面临边疆地区特有的民族问题、宗教问题。还面临宗教渗透、非传统安全问题等。"围绕着遏制与反遏制、渗透与反渗透、颠覆与反颠覆、破坏与反破坏等地缘政治斗争将长期存在，并会愈演愈烈。"④

确保边疆的巩固与边境的安全，"使人民获得感、幸福感、安全感更加充实、更有保障、更可持续"⑤，根本上就是要加强边疆治理。"加强边疆的社会治理，就成为国家治理体系现代化中一个根本性的问题。"⑥ 欲推进边疆治理体系与治理能力的现代化，除了法治稳边、情感固边、开

---

① 习近平：《高举中国特色社会主义伟大旗帜　为全面建设社会主义现代化国家而团结奋斗——在中国共产党第二十次全国代表大会上的报告》，人民出版社2022年版，第52页。
② 习近平：《决胜全面建成小康社会　夺取新时代中国特色社会主义伟大胜利——在中国共产党第十九次全国代表大会上的报告》，人民出版社2017年版，第33页。
③ 《中共中央关于坚持和完善中国特色社会主义制度　推进国家治理体系和治理能力现代化若干重大问题的决定》，人民出版社2019年版，第51页。
④ 方盛举、陈然：《现代国家治理视角下的边疆：内涵、特征与地位》，《云南师范大学学报》（哲学社会科学版）2019年第4期。
⑤ 习近平：《决胜全面建成小康社会　夺取新时代中国特色社会主义伟大胜利——在中国共产党第十九次全国代表大会上的报告》，人民出版社2017年版，第45页。
⑥ 周平：《国家治理的政治地理空间维度》，《江苏行政学院学报》2016年第1期。

放兴边、共治强边之外，还必须高度重视文化戍边。"文化戍边其实就是在全球化背景下以文化保卫边疆安全、发挥文化的非传统功能的一种方式"，①从而在漫长的国家疆域的边缘地带形成一道隐性的边防长城，捍卫着边境的安全与边疆的巩固。其中，在重视和建设"一套边疆治理的愿景文化、使命文化、价值观文化、精神文化、规范文化"②的同时，也要积极整合有助于固边安边的优秀传统文化资源的力量。由于边疆地区作为少数民族的主要聚居地，蕴藏着十分丰富的民族传统文化资源。这些在特定生产生活方式与自然地理环境之中生成与积淀的具有丰富人文价值的传统文化体系，不仅是教化乡民、淳化民风、增进和谐的优秀治理资源，也是戍边治边安边的宝贵文化遗产，不仅有助于抵御西方文化渗透，也有助于强化边民的边境认同，而且助力合力治边进而创新边境安全的治理方式。

5. "文明和谐"：是铸牢中华民族共同体意识的重要文化载体

无论是边疆地区的形势，还是从中华民族伟大复兴的战略全局，都共同凸显了少数民族乡村振兴中铸牢中华民族共同体意识的紧迫性与重要性。各族群众越是能"牢固树立休戚与共、荣辱与共、生死与共、命运与共的共同体理念"③，就越能为全面建成现代化强国保驾护航，也越能为实现中华民族伟大复兴汇聚磅礴力量。那么，少数民族乡村如何铸牢中华民族共同体意识？在通过自上而下的行政力量，如族际政治整合、同质性的公民身份建构等予以建构的同时，也应看到，包括传统治理资源在内的优秀传统文化也是铸牢中华民族共同体意识不可替代的内生性资源。这些传统治理资源往往是铸牢中华民族共同体意识的具象化载体、情感黏合剂与历史催化剂，有助于将抽象的国家符号与中华文化符号经传统文化的纽带变得更具象化、更形象化、更生活化，通过喜闻乐见的方式、润物细无声的文化浸润，从而使中华民族的认知、理念、意识、情感内化于心、外化于行，使中华民族的"共同体"意识嵌入心田、铸入灵魂。

---

① 徐黎丽、杨朝晖：《论文化戍边》，《新疆社会科学》2013 年第 3 期。
② 方盛举：《边疆治理现代化视域下的文化戍边方略》，《思想战线》2019 年第 6 期。
③ 《以铸牢中华民族共同体意识为主线　推动新时代党的民族工作高质量发展》，《人民日报》2021 年 8 月 29 日第 1 版。

第二章

内生资源:优秀传统治理资源的基本类型

优秀传统治理资源是乡村振兴植根的文化沃土与宝贵内生文化资源,是因地制宜推进乡村振兴的一个突破口。从内容上看,优秀传统治理资源是一个由"多重治理因素相互作用的文化时空,内含一个民族秩序文化的秘密和规则"[①],其类型可以分为传统组织资源、传统习俗资源、传统价值资源。

第一节 优秀传统组织资源

优秀传统组织资源作为一种优秀传统治理资源,无论是在传承发展民族传统文化还是在乡村治理等方面都发挥了积极的推动作用。传统组织资源往往有着深厚的历史积淀,生成于特定的政治生态环境,孕育于特定的民族历史文化土壤,且随着时代的发展而不断变迁。在形式上不同民族传统社会组织各具特色、形式纷呈的同时也蕴涵了某些类型化的共同性特征。以往虽也有一些成果对传统组织资源做了一些研究,但分析过于平面且有些碎片化,更多是从"有哪些内容"的角度进行梳理,而少有从"生成逻辑"的角度深挖其生成背后的逻辑;而且,在形式上,更多强调"差异性",而忽视了"共同性"的一面。

---

① 贺金瑞:《中国少数民族传统基层社会自治体系及其现代治理启示》,《中央民族大学学报》(哲学社会科学版)2016年第5期。

一 生成逻辑：传统社会组织生成的政治生态环境

在漫长的历史进程中，少数民族都形成了丰富的传统社会组织，且至今依然得到不同程度的传承与发展。深入解读这些传统社会组织生成、传承与发展的内在逻辑，须置于特定国家形态下的族际政治整合制度下进行分析。主要包括：一是王朝国家时期的"因俗而治"制度；二是民族国家时期的民族区域自治制度。

（一）王朝国家时期"大一统"格局下的"因俗而治"制度

自秦朝建立统一的中央集权制国家以来，"大一统"始终是中华民族追求的最高价值目标。历代中原王朝的统治者，不管是汉族还是其他民族，都有"天下一统"的思想。"不论哪个民族所建立的政权，在其以统治者自居，推行不平等的民族政策，区别对待本族和他族时，都有一个共同的指导思想，或称作诸政权制定民族政策中的共性，即都把中国的各民族看做一个整体，把包括本族在内的各族人民看做是自己治下的臣民。"[1] 在"大一统"思想下，统治者又受以中原为中心的"一点四方"观念尤其是"中心—边缘"思想的深刻影响。在这样的思想观念影响下，国家的核心区往往被视为国家的主体，视为"天下根本"，而夷狄所分布的僻远之地，常被视为"枝叶"；再加上传统的"华夷之辨"的族际关系理念，同时也基于特定的成本—收益的功利主义考量，王朝中央对少数民族的统治主要采取间接统治的方式。其中，这样的"天下一统"与间接统治方式反映在族际关系上，就是通过"因俗而治"的方式，采取"以夷制夷"的方略，采用羁縻制度、土司制度等形式，将少数民族纳入统一国家政治体系的范畴。正是这样的族际整合方式，赋予了传统组织资源的相对自主性（相对自主地治理本区域的政治、经济、文化等内部事务）。

1. 羁縻制度

羁縻制度是王朝国家处理族际关系的一种重要制度。这一制度安排鲜明体现了因俗而治的思想，也就是"修其教，不易其俗；齐其政，不

---

[1] 《中华民族凝聚力的形成与发展》编写组：《中华民族凝聚力的形成与发展》，民族出版社2000年版，第365页。

易其宜"(《礼记·王制》)。其基本内容就是将少数民族纳入统一国家政治体系的范畴以后,王朝中央承认少数民族的特殊性和既有的少数民族政权,并通过对少数民族的首领进行册封,保障少数民族自主管理本地区事务的制度安排。之所以因俗而治,不仅基于少数民族的独特文化及生活习俗,也基于特定的成本—收益考量。秦代李斯就曾指出:"得其地,不足以为利也;得其民,不可调而守也。"① 基于这样的考量,班固就曾提出"内诸夏而外夷狄","是以外而不内,疏而不戚,政教不及其人,正朝不加其国;来则惩而御之,去则备而守之。其慕义而贡献,则接之以礼让,羁縻不绝,使曲在彼,盖圣王制御蛮夷之常道也"。②

秦汉时期,羁縻制度就已萌芽,设立了"属国"和"县道"制。汉武帝元狩二年(公元前121年),对于数万的匈奴投降汉朝的人,都安置在北部边境"五郡故塞外","因其故俗,为属国",③ 同时,设置了相应的官员,封少数民族首领为侯、王等。如"封浑邪王万户,为漯阴侯。封其裨王呼毒尼为下麾侯……"④ 除了"属国"之外,还在一些民族居住区设置县级"道"。如《汉书·百官公卿表》"县令"款中称:"有蛮夷曰道。"⑤ 此外,《中国大百科全书·历史卷》亦称:"道,中国历史上的地方行政或监察区划。始设于西汉。西汉的道,是设置于少数民族地区的与县平行的地方行政区划。"但这里的"道",和内地的"郡县"有别,是"以其故俗治"⑥。

魏晋南北朝时期,羁縻制度正式实施。魏晋南北朝时期南朝的宋、齐,便设立"左郡""左县"。其中,南朝宋有:南豫州南陈、边城、光城等左郡,晋熙郡太湖左县,等等。⑦ 南朝齐有:豫州南汝阴郡南陈左县,晋熙郡太湖左县,光城左郡,南豫州庐江郡吕亭左县,等等。⑧ "这些在少数民族聚居区所建立的左郡左县,与汉地的郡县不同,即保持了

---

① 《资治通鉴》卷《元朔元年十二月条》,中国财政经济出版社2000年版,第347页。
② 《汉书》卷94下《匈奴传·赞》,岳麓书社1993年版,第1669页。
③ 《史记》卷111《骠骑列传》。
④ 《史记》卷111《骠骑列传》。
⑤ 《汉书》卷19上《百官公卿表》。
⑥ 《资治通鉴》卷21《武帝纪》。
⑦ 《宋书》卷36—37《州郡志》二、三。
⑧ 《南齐书》卷14—15《州郡志》。

各族的文化习俗，有些左郡左县亦委派少数民族首领充任太守、县令，或对其首领封王封侯，实行羁縻统治。"①

唐朝时期，羁縻制度全面推行并规范化和系统化。唐王朝在边疆民族地区设置了大量的羁縻府、州、县，而且其建制的羁縻府、州、县之多，是前所未有的。《新唐书·地理志七》下记载：即其部落列宣州县，其中较大的为都督府，并其首领为都督、刺史，允许世袭。宋代基本沿袭唐时的羁縻制度，只是把"县"一级改为"峒"。"分析其各落，大者为州，小者为县，又小者为峒。"②

在西南地区，"唐朝初叶，曾对洱海区域积极经营，建置州郡，授境内之六诏及河蛮、松外蛮诸部之酋长等为刺史、县令"③。唐宋中期，中央王朝对大鬼主、都鬼主一类的酋首赐官授爵，并择其最强者封为王。④《新唐书·南蛮传》有如下记载："勿邓、丰琶、两林皆谓之东蛮，天宝中，皆受封爵……诏封苴那时为顺政郡王，苴梦冲为怀化郡王，丰琶部落大鬼主骠傍为和义郡王。"⑤《旧唐书·南诏传》曰："皮罗阁立，开元二十六年，诏授特进越国公，赐名曰蒙归义。其后破西洱河蛮，以功册授云南王。""皮罗阁卒，继封其子阁罗凤为云南王。"⑥

在西北地区，唐朝先后在突厥领地和回纥领地建立都护府和都督府。公元630年，东突厥灭亡后，唐太宗将原东突厥的领地分设许多州，并建立都督府，而且这些都督府的都督和刺史均由原东突厥的头领担任，并可世袭。公元640年，西突厥降唐以后，为了保证"丝绸之路"的畅通无阻，唐太宗在治西州设立了安西都护府；公元649年，在安西都护府下设立瑶池都督府，并封可汗阿史那贺鲁为都督；太宗去世后，高宗又晋升阿史那贺鲁为左骁骑大将军。后来，西突厥反叛唐朝并遭到唐朝击败

---

① 《中华民族凝聚力的形成与发展》编写组：《中华民族凝聚力的形成与发展》，民族出版社2000年版，第325页。
② 《桂海虞衡志·蛮志·羁縻州峒》。
③ 易谋远：《彝族史要》，社会科学文献出版社2007年版，第400页。
④ 廖林燕：《论彝族政治权力的历史变迁》，《云南师范大学学报》（哲学社会科学版）2011年第2期。
⑤ 《新唐书·南蛮传下》，中华书局1975年标点本，第6317—6318页。
⑥ 转引自方国瑜主编，徐文德、木芹纂录校订《云南史料丛刊》第2卷，云南大学出版社1998年版，第130页。

以后，唐高宗又在原西突厥地区安定部众，分配牧地，并返还所掠阿史那贺鲁的人口、牲畜，同时，在碎叶川以东设置昆陵都护府，以西设置濛池都护府，并在其下设置众多的都督府。此外，对于另一个北方少数民族政权回纥，公元647年，唐太宗在回纥设立瀚海都督府，隶属于燕然都护府，并任命首领吐迷度为瀚海都督、怀化大将军。①

2. 土司制度

土司制度创制于元朝，明、清时期一直沿袭。土司制度的主要特征是以"土官治土民"。土司制度与羁縻制度本质上是一致的，但羁縻府州县和中央王朝的关系相对松散，而土司制度则逐渐加强了对少数民族的统治。1206年成吉思汗建立了大蒙古国，并击败了西夏和大金；1260年忽必烈继任汗位以后，继续击败了大理和南宋，并在1279年实现了国家的统一。为实现对疆域的有效统治，元朝建立了行省制度。除中书省直辖地区以外，元朝把全国划分为11个区域，分别建立"行中书省"，即行省。如在西南地区，将西藏划分为不同的几个省份分别管辖，同时，还将西南地区的彝族地区也划分在云南和四川等行省。在此基础上，在少数民族地区实行土司制度。土司制度的实施主要集中在西北和西南的少数民族地区。《元史·百官》记载："西南夷诸溪洞各置长官司，秩如下州。达鲁花赤、长官、副长官，参用其主人为之。"②《土司传》记载："尝考洪武初，西南夷来归者，即用原官授之。其土官衔号曰宣慰司，曰宣抚司，曰招讨司，曰安抚司，曰长官司。以劳绩之多寡，分尊卑之等差，而府州县之名亦往往有之。袭替必奉朝命，虽在万里外，皆赴阙受职。"③ 如在彝族地区，授予彝族的首领如鬼主为土司，"尽管这些鬼主又多被封为土司，但鬼主的称号便在史书中逐渐消失……彝区以往那种集族、政、神三位一体的'鬼主'制政权也随之基本结束"④。

通过土司制度，"一方面，中央王朝对这些民族地区的内部事务不加干涉，各少数民族首领原有的在本民族内部的生杀予夺大权并未发生改

---

① 伍雄武：《中华民族的形成与凝聚新论》，云南人民出版社2014年版，第90—92页。
② 《元史·百官七》卷91，中华书局1997年版，第604页。
③ 《明史·土司》卷310，中华书局1997年版，第7982页。
④ 易谋远：《彝族史要》，社会科学文献出版社2007年版，第403页。

变；另一方面，元朝对其也不再是简单的羁縻而已，而是对其义务等进行了相应的规定，要求土司必须向朝廷朝贡和纳赋，并且对朝贡的时间和人数，对土司的承袭、升迁、奖惩等都有规定"①。土司制度不再笼统地将少数民族政权设置为羁縻府、州、县（峒），而是分别设立管理民政事务的路总管府、土知府、土知州、土知县等，以及管理军政事务的宣慰司、宣抚司、安抚司、招讨司、蛮夷长官司。土司制度通过强化土司及辖区民众对于中央政府的认同，从而"促进了自身主动融入中华民族的政治共同体的历史进程"②。

3. 改土归流

自明朝以后，随着中央集权的不断加强，中央王朝开始在部分土司统治区域实行"改土归流"的变革，先后裁革了一大批土官，废除土司政权，改设流官。这一时期少数民族职官设置总体呈现专设流官、土流兼治、专任土官的并存局面。清朝以后，针对土流混杂之现象，进一步推行了"改土归流"政策，同时也仍然保留了相当数量的土司政权。以彝族地区为例，雍正年间，清王朝对东川、镇雄、乌蒙的建制和归属关系进行了调整，在形式上逐步取消了滇东北彝族土司的统治。③ 与此同时，"在滇东北、黔西北、滇南红河南部和武定、禄劝彝族地区，虽然在清代已'改土归流'，但是直到解放前，一些凭借政治权势的土司、土目统治的山区，还残存着封建领主制"④。不过四川凉山彝族的情况却与此不同。由于凉山彝族相对分散的地域范围，清王朝仍旧任命当地彝族土官担任宣抚使、安抚使、长官司长官、土千户、土百户等。⑤

从羁縻制度到土司制度，再到土流并存，少数民族自成一体的政治体系的自主性有所削弱；但由于历史、文化与地理原因，以及孕育少数

---

① 王文光、龙晓燕、陈斌：《中国西南民族关系史》，中国社会科学出版社2005年版，第362页。

② 王珺、李良品：《土司制度与中华民族共同体建设初探》，《广西民族研究》2021年第1期。

③ 廖林燕：《论彝族政治权力的历史变迁》，《云南师范大学学报》（哲学社会科学版）2011年第2期。

④ 张建华：《彝族社会的政治与军事》，云南民族出版社1998年版，第56页。

⑤ 王文光、龙晓燕、陈斌：《中国西南民族关系史》，中国社会科学出版社2005年版，第440页。

民族政治体系的血缘与地缘关系的依然存续，决定了少数民族政治生活依然具有相当程度的自主性。从地理分布看，历史上少数民族整体表现出"边""远"的特点。其中，"边"即地处中原王朝统治外围的、边缘性区域，也即边疆；"远"即远离中原王朝国家的政治、经济与文化中心的蛮荒之地。在这样一种地理空间分布和相对自主的政治生态环境中，少数民族得以在特定民族文化的价值偏好、生活传统与思维方式的影响下，建构社会秩序，协调利益关系，形成各具特色的由多种治理因素相互叠加的基层社会自治体系。其中，传统社会组织是社会自治体系的重要组成部分。在漫长的历史进程中，少数民族形成了丰富的传统组织资源。如彝族的家支组织、基诺族的长老组织（也称"卓巴卓色"组织）、佤族的寨老组织、拉祜族的头人组织（也称"卡些卡列"组织）、布朗族的头人组织、瑶族的瑶老组织、景颇族的山官组织、侗族的"款"组织、苗族的议榔制度，等等，这些传统社会组织在今天仍然在不同程度上发挥着社会教化与整合作用，在基层党组织的领导下发挥着协同治理作用。

（二）民族国家时代的民族区域自治制度

1949年中华人民共和国的成立，标志着一种全新的国家形态——民族国家的建立，同时也开启了我国民族关系的新纪元。其中，民族区域自治制度是国家基于各民族"大杂居、小聚居"的民族分布特点所制定的协调族际关系的一项基本政治制度。民族区域自治制度是"在国家统一领导下，各少数民族聚居的地方实行区域自治，设立自治机关，行使自治权"①的制度。从本质上看，民族区域自治制度是"由国家的制度规定而建构起来的少数民族聚居区以自治权为核心的政治机构和政治关系的有机组合"②，"体现了民族因素与区域因素、政治因素与经济因素、历史因素与现实因素、制度因素与法律因素的有机结合"③。通过民族区域自治，党和国家灵活地将历史上所建立的并在新中国仍然延续的少数民族地方政权纳入到统一国家的政治体系之中，并有效解决了王朝国家末

---

① 《中华人民共和国民族区域自治法（修正）》，中国人大网：http://www.npc.gov.cn/npc/c34491/202009/06c933a23ec24e5c8dd76066efd97fb1.shtml，2020年9月15日。
② 周平：《中国少数民族政治分析》，云南大学出版社2000年版，第23页。
③ 刘延东：《高举中国特色社会主义伟大旗帜 坚持和完善民族区域自治制度》，《求是》2007年第24期。

期和中华民国时期想解决而又最终未能解决的将少数民族地方政权全面纳入国家政治体系的问题。正是在民族区域自治制度这一政治制度环境下，以及民族文化政策和宗教信仰自由政策等环境下，使得传统社会组织等民族传统文化在不断变迁。

下文以课题组深入调研的拉祜族卡些组织为例，具体呈现孕育于原始社会时期的卡些组织的变迁过程。原始社会时期拉祜族先民在生产实践中逐渐形成了卡些组织、古理古规、公共仪式、厄萨信仰等拉祜族传统文化。其中，氏族社会时期，由于生产环境恶劣以及生产力水平低下，而火是氏族生存的必要条件，保存火种的任务关系到氏族的生存发展，因此需要由德高望重的老人来担任，拉祜族先民将保管火种的老人称作"卡些"，"卡些"也是整个氏族的领导人；进入农村公社时期，由于生产力提高以及人口增加，拉祜族传统社会组织的职能增加，其结构也随之发生变化，这时出现的"卡些卡列"组织，成员有卡些（正职）、卡列（副职）、主持祭祀的"莫八"和修理农具的"章利"等；明末清初，拉祜族卡些组织与原始宗教相结合。由世俗权威"卡些"和宗教权威如"佛爷""卓巴""莫巴""走神"等共同组成的卡些组织，以及作为卡些组织助手而发挥作用的青年组织，是拉祜族村寨的重要治理主体。[①] 由此可见，为适应不同社会形态，少数民族传统社会组织也在不断地发展演进之中，并在发展中激发出新的生机和活力。新中国成立后，拉祜族在党和国家的大力帮扶下，直接从原始社会"一步千年"跨越到社会主义社会。由于社会形态发生改变，卡些组织也随之发生变迁，其政治功能日渐式微，更多的是文化传承功能。如果说原始社会时期，卡些组织其功能集政治、经济和文化功能于一体，那么新中国成立以后，卡些组织更多作为民风习俗的传承者、道德教化的监督者，并在基层党组织的领导下发挥社会协同作用。

二 差异性与共同性：传统社会组织的表现形式

在漫长的历史进程中，少数民族自发生成了形式丰富多样的传统社

[①] 廖林燕：《经久不衰的"拉祜理"：南段拉祜西边境安全治理的传统文化机制研究》，《西北民族大学学报》（哲学社会科学版）2019 年第 5 期。

会组织；同时由于历史传统与民族文化的影响，不同民族的社会组织又必然打上民族烙印，从而呈现出差异性。这是由于，一方面，民族必然具有历史文化属性。在岁月的长河中，居于特定环境中的民族必然创造特定的文化。一个民族的形成过程，其实也就是一种文化的形成过程，包括形成一套特殊的生产方式、生活方式、语言交流方式，并在长期的生产生活中慢慢形成了一套独特的认识世界、认识人与世界关系的世界观，且在岁月的流逝中逐渐积淀了一些约定俗成的风俗习惯，其实也就是一个文化的形成过程。另一方面，这些经过岁月沉淀的文化又成为一种强有力的精神纽带，强化了民族的凝聚力，并对民族的每一个成员具有根深蒂固的影响。正是在民族文化潜移默化的影响下，民族成员更多是在特定民族文化背景下，在特定民族文化的价值偏好、风俗习惯、生活传统与思维方式的影响下，来建构相应的政治制度与组织形式。正是在不同历史文化环境下，所孕育的少数民族传统社会组织形式丰富、纷呈多样；与此同时，在差异化的表现形式下，也可以发现蕴涵了某些类型化的共同性特征。

（一）受不同社会形态影响，传统社会组织在表现形态上具有差异性

据马克思主义的社会经济形态理论分析，新中国成立初期我国少数民族基本上处于前资本主义阶段，且各民族社会发展水平差距很大，民族间事实上的不平等客观存在，其中一些民族还处于封建领主制（农奴制）社会、奴隶制社会，有的甚至还处于原始公社末期。其中，少数民族传统社会组织作为一种重要制度文化形态，在不同的社会形态下有不同的表现形式。具体包括以下几种社会类型：

一是原始公社末期类型。其中，东北地区的鄂伦春、鄂温克、赫哲族，海南岛的部分黎族、苗族，以及云南的独龙、怒、傈僳、布朗、景颇、德昂族都属于这种形态，人口约有60万，他们大多过着刀耕火种、游牧渔猎的生活，不同程度地保留着原始公社制度的残余，尚未有明显的阶级分化。由这样的社会形态所决定，这些民族的社会组织形态在中华人民共和国成立前夕，如景颇族的山官制、基诺族的卓巴卓生制度等，仍然处于以血缘纽带为基础的原始公社或氏族部落阶段，而佤族的"班洪部落王制"则已发展至部落联盟阶段。

二是奴隶制社会类型。其中，最为突出的就是凉山地区的彝族奴隶

制,凉山奴隶制彝族人口约有100万,而彝族独特的父系世系群——家支制度正是彝族奴隶制的产物。

三是封建农奴制社会类型。包括西藏的藏族、新疆南部地区的部分维吾尔族、云南西双版纳的傣族和哈尼族等都是这种社会形态,人口占400多万。如,西藏曾经存在的政教合一的僧侣贵族专政的农奴制便是这类社会形态的产物。

四是封建地主制与牧主制类型。诸如壮、回、满、苗、白、布依、蒙古、维吾尔、土家、裕固、保安、朝鲜、撒拉族等30多个民族属于这种社会形态,人口3000多万。其中,回、满、壮、维吾尔、布依与朝鲜等民族,资本主义经济还有一定程度的发展。受社会形态所决定,这些民族的社会组织形态已发展至封建制阶段。

综上,社会形态的多样性使传统社会组织形态也呈现出多元性的特点,并在历史的长河中不断演进发展;新中国成立以后,传统社会组织发生了深刻的社会变迁,同时也依然不同程度地保留特定社会形态的一些遗风。

(二)尽管形式各异,但总体又具有类型化的共同性特征

传统社会组织尽管因特定历史文化的影响从而在表现形式上丰富多样,但是从类型学的角度看,总体又可以分为血缘类、地缘类、宗教类或业缘类等民间组织。

1. 血缘类宗族组织

以血缘宗族为基础的宗族组织,是少数民族社会组织的一种普遍形式,这是由中国宗法社会的基本特性所决定的。"宗族伦理文化、宗族组织、宗法制度构成中国历史的重要特点,似乎可以用宗族社会表意中国社会。"[①]钱穆先生曾言:"欲治中国之政治史,必先通中国之社会史。而欲通中国之社会史,则必先究中国之宗法史。"[②] 宗法社会的最大特点就是彼此之间存在血缘关系的人群以地域为基础"聚族而居",由此形成的宗族也就成为中国传统社会的一个最基本的社群单位。"宗族是宗法制度、宗法社会的原生体,它作为一种社会组织,出现得最早,延续得最久,影响面

---

① 冯尔康:《中国古代的宗族和祠堂》,商务印书馆2013年版,第17页。
② 钱穆:《现代中国学术论衡》,岳麓书社1987年版,第203页。

最广泛。宗族关系是人们最主要的社会关系,宗法思想和制度,贯注在全部社会结构和社会生活中,其社会作用的巨大是其他社会群体难以比拟的。"① 其中,血缘是宗族形成的最基本因素。"宗族是由男系血缘关系的各个家庭,在宗法观念的规范下组建的社会组织。"② 组成宗族的各个家庭成员的男性成员,都是一个共同祖先的血胤。血缘在宗族中主要表现在宗姓、辈分、亲属这些方面,其中,宗姓是体现血缘关系的主要符号,或者说是血缘文化的显现,中国传统社会正是建立在这种宗法血缘组织基础之上的。

从生成逻辑看,以血缘为纽带、聚族而居的宗族,总是与一定的自然经济联系在一起。以农为生的人,通常世代定居,依靠土地而生。"乡土社会是安土重迁的,生于斯、长于斯、死于斯的社会。"③ 小农经济是宗族得以强化的重要经济基础。依托小农经济,一个个宗族也就成了各自相对孤立的社会圈子。宗族作为一种社会组织,其发挥作用的根基主要在于宗族伦理观念,其中,"亲亲、尊尊、长长、男女之有别,人道之大者也"(《礼记·丧服小记》),这构成了中国宗法社会最基本也是最重要的行为规范。正是在这样一种伦理观念以及行为规范的影响下,一些宗族权威凭借着自身的权力资源或影响力,从而在社会秩序建构中也发挥着不可忽视的作用。

在少数民族地区,由于少数民族多居住在边远的地理环境之中,这样的生活环境必然更加凸显人们对有着共同血缘与地缘基础的宗族的深刻认同。在宗族这种群体中,人们可以守望相助,找到自己的精神家园,并获得文化上的归属感。在宗族内部,不仅有族谱、议事制度、族规等,还产生了相应的宗族权威,负责维系伦理秩序,以及协调族众纠纷等。在少数民族深刻的宗族认同环境基础上,宗族权威凭借传统习俗资源,在族众生活中往往具有突出的影响力,从而成为一种重要的权力形式。

其中,彝族的家支制度及家支头人等形态,对于反映血缘类宗族组

---

① 冯尔康:《中国古代的宗族和祠堂》,商务印书馆2013年版,第11页。
② 冯尔康:《中国古代的宗族和祠堂》,商务印书馆2013年版,第23页。
③ 费孝通:《乡土中国 生育制度》,北京大学出版社1998年版,第50页。

织颇具典型。"凉山彝族的家支是一种父系氏族组织，尚保留着许多古代父系氏族制度的特征。但它已不是原生形态即原始社会时代的氏族，而是次生形态即阶级社会中的氏族。"① 20 世纪中期以前，"家支"实际上是彝族社会中最稳固乃至唯一的政治单位。所谓"家支"，也就是彝族社会所特有的、以父子连名谱系为纽带而形成的家族联合体。这些家支之间互不隶属，一个家支也就是一个独立的王国。为了确保家支的维系，还有严格的习惯法。在这些习惯法的影响下，家支成为彝族最重要的一种生活方式。千百年来，彝族人的思想观念中都形成了一种根深蒂固的"家支情节"，人们把家支当作生活的依靠、情感的依托和价值的归宿而高度依赖。与汉族社会相比，汉族在"五服"之外便可通婚，血亲关系几近淡漠，而在彝族尤其是凉山彝族的家支谱系中，只要没有"除大灵"分家，哪怕相隔几十代，也会被认定为同家支的"亲戚"。正是在这样一种家支组织形式下，彝族社会中所有的政治经济活动都是通过家支而非地域组织进行的。在这一组织形式下，不仅有严密健全的政治设计，如族谱②、议事制度③、族规等，而且还推举产生出头人，彝语称"德古"和"苏易"。其中，家支头人并不是世袭产生，也不由兹莫、诺合任命，也不由全体成员选举产生，而是主要凭借个人的能力素质、道德和威望自然形成。头人主要负责家支的管理、运营以及日常纠纷调停等。其中，"德古"专司各种纠纷的调解，担任"德古"者必须熟知彝族习惯法和判例，被视为彝族社会的"法律人"。所谓"彝区的德古，汉区的官员"。"作帛之日，毕摩为大；作法之日，物为大；撵鬼之日，'福哈'为大；调解纠纷，德古为大。"此外，从彝族经典史诗《勒俄特依》中记载的传

---

① 何耀华：《论凉山彝族的家支制度》，《中国社会科学》1981 年第 2 期。

② 家谱，不仅是维系家支亲族群体的联结纽带，也是判别家支亲族成员血缘亲属关系及确定亲属称谓的基本依据。凉山彝族，无论兹、诺还是曲诺家支都有从男性始迁祖开始的世代相连的父子连名谱系（参见郑成军《云南小凉山彝族家支制度及其变迁》，《西南民族学院学报》2000 年第 8 期）。

③ 民主改革前小凉山彝族各家支议事方式一般分为"基尔基天"和"蒙格"两种。其中，"基尔基天"是家支头人间商议、谋划解决家支内部纠纷或家支涉外重大问题的小型会议，参加者限于房头、支头、家支头人及"德古"等家支核心人物；"蒙格"，意为开会，乃是涉及全体家支成员的家支大会（参见郑成军《云南小凉山彝族家支制度及其变迁》，《西南民族学院学报》2000 年第 8 期）。

说故事"兹敏的住地"与"合侯赛变"中,也都可反映出德古曾享有的崇高声誉。改革开放后,家支活动重新活跃于彝族乡村社会,在彝族乡村社会资本结构中仍然具有特殊地位。

2. 地缘类民间组织

传统社会组织"起初是依靠血缘亲疏关系建立的社会组织,后来实现在更多层级的社会关系的建构,成为基层社会村民生活重要的社会角色"①。随着生产力的不断发展,社会组织形态也在不断向前发展,在血缘类组织形式的基础上生成新的地缘类组织形式。正如马克思主义所提出的:"生产力总是不断向前进步,从而要求生产关系不断与之相适应,生产关系的变革最终会引起社会形态的变革,引起政治形态的变革。"②下面选取课题组长期调研跟踪的基诺族、佤族、拉祜族等少数民族作为代表作个案介绍,这部分仅作铺垫性介绍,后面几章还会进一步深入。

个案一:基诺族的卓巴卓生组织

云南省特有的人口较少的一个民族——基诺族,历史上曾产生了传统的村寨长老组织——"卓巴""卓生"组织。新中国成立以前,基诺族社会形态尚处于原始社会末期向阶级社会过渡的阶段。在从母系氏族发展到父系氏族的过程中,基诺族逐渐形成了"卓巴""卓生"组织。历史上,以氏族作为基本单元所组成的村寨俨然是一个完整的小社会,村寨之间都有着明显的地界,村寨内部都有着共同的政治、经济和宗教生活。为了便于村寨的管理,大多村寨都设两个长老,即"卓巴"和"卓生"。其中,"卓巴"为氏族长,"卓生"为村寨首领。两者均由村寨中两个最古老的氏族中最年长的人担任。母系氏族公社时期,担任卓巴的都是年长妇女;进入父系氏族公社以后,卓巴逐渐由男长老所取代。至元朝基诺族归属于傣族土司的统治管辖之后,西双版纳土司为加强对基诺族的控制,也通过基诺化的适应性调整采取"因俗而治"的管理方式,在基诺山设立两个"大叭",一个由住在"父寨"的长老担任,一个由住在

---

① 贺金瑞:《中国少数民族传统基层社会自治体系及其现代治理启示》,《中央民族大学学报》(哲学社会科学版)2016年第5期。

② 王沪宁主编:《政治的逻辑——马克思主义政治学原理》,上海人民出版社2004年版,第43页。

"母寨"的长老担任,并在这些寨子中任命"叭""咋""先"。此外,傣族土司也根据傣族村寨设"寨父""寨母"的传统,称基诺族的"卓巴"长老为寨父,"卓生"长老为寨母。新中国成立以后,基诺族是最后一个被识别出来的少数民族,在基诺乡建立以后,基诺族实现了一步跨千年的跨越式发展。

新中国成立以后,卓巴卓色组织仍然在乡村治理中发挥着不同程度的影响力。课题组先后于2018年5月和2021年12月去云南省西双版纳州景洪市基诺乡调研,并与长老做了深度访谈。以下是目前基诺族长老集团的构成情况:

> 首席长老,卓巴,即寨父或寨主,是由寨子中最古老的那个家族的最年长者担任。又被视为"寨神",但凡各种由长老集团主持的仪式都必须由他参与负责。
>
> 次席长老,卓色,位居卓巴之下并居其他长老之上,保管着村寨神器中的母鼓,其地位仅次于卓巴。
>
> 第三长老,依次按照进入村寨的先后顺序,由达斋、乃厄、柯普洛共同担任。其中,达斋主要负责村寨事务的监督工作,乃厄是村寨记事木刻和公共财物的保管员,柯普洛主要负责接待工作。
>
> 巴努,第一长老卓巴的继承人,主要协助卓巴开展工作。
>
> 色努,第二长老卓色的继承人,主要协助卓色开展工作。①

个案二:佤族的寨老组织

佤族也是云南一个特有民族,其中,沧源佤族自治县和西盟佤族自治县是我国佤族主要聚居区。佤族寨老组织是原始社会农村公社的产物,新中国成立以前主要由来自各家族的家族长以及宗教权威等共同组成一个呈扁平结构的头人集团,主要由窝郎、头人、魔巴等构成。其中,窝郎作为村寨最高权威的代表,是村寨的代表者与寨老组织的领导者,从最早建寨的一姓人中选举产生;在窝郎的领导下,家族头人、魔巴等各司其职。魔巴主要负责宗教仪式的主持;家族头人即姓氏头人。此外,

---

① 廖林燕:《政治人类学》,中国社会科学出版社2018年版,第184—185页。

头人会议和寨民大会是权力运行的重要方式,是佤族原始民主制度的重要体现。

近年来,课题组多次深入沧源和西盟进行田野调查,其中数次调研了沧源县的翁丁村。翁丁村在中华人民共和国成立前是一个有着400多年历史,由杨氏、肖氏、李氏、赵氏、田氏这5个姓氏家族所组成的、极具典型的原生形态农村公社。以下是截至2019年翁丁佤寨寨老集团的构成情况:

> 达盖,即寨主,由杨氏家族成员所担任。
>
> 昂将和安纳,是达盖的左膀右臂,也称秘书,主要做一些协助性工作。
>
> 盖玛,专门负责解决与外寨的争端、对外武力等事项。盖玛主要在新中国成立前发挥作用。现在这一职位基本是虚职,但仍然有其名,每次到神林祭神活动都要分一份祭品给盖玛。
>
> 盖么,主要负责神林祭祀时的剽猪和分肉,由李姓家族成员担任。
>
> 更古朴,负责村寨的后勤服务工作。
>
> 达吉万,也就是魔巴,现任达吉万是肖岩那。[1]

在现代化进程中,佤族寨老组织也随之发生了相应的变迁,但在现代乡村治理中特别是道德教化中依旧发挥着积极作用。

个案三:拉祜族的卡些组织

拉祜族也是云南一个特有民族。其中,云南普洱和临沧这两个市的拉祜族约占拉祜族总人口的80%。拉祜语中,"卡"即村寨的意思。新中国成立前,"卡"的领导人称之为"卡些"和"卡列","卡些"为正职,"卡列"为副职,一般是由办事公道、有能力的人出任。其中,"卡些"主要负责维护村寨的社会秩序,调解寨内纠纷,主持重大祭祀活动等;"卡列"主要协助"卡些"管理寨内事务,管理寨内经济账目,负责寨内佛房的管理和佛事活动等。在此基础上,还产生了特定区

---

[1] 廖林燕:《政治人类学》,中国社会科学出版社2018年版,第184页。

域各村寨联合体的负责人,即"大卡些"。在清代,一些"大卡些"还被赐予土司、土目等职务。此外,拉祜族部落也组成联盟,部落联盟的首领称之为"苴冒"。"苴冒"的产生早期由老人中德高望重、见多识广的人担任,并由部落联盟会议产生,实行世袭制。明末清初,汉传佛教传入拉祜族地区,各部落首领也称为"太爷"或"佛爷",各村寨兼有佛房,从而形成了政教合一的社会组织形态。新中国成立以后,拉祜族卡些组织经过创造性转化后仍然在乡村和谐中发挥着不同程度的助推作用。

个案四:傣族的"细梢老曼"组织

傣族也是云南一个特有民族,主要聚居在西双版纳傣族自治州。"细梢老曼"组织是傣族原始农村公社时期村寨头人组织发展演化而来的一种组织,该组织主要由4位傣族男性老人构成。对于头人的称呼,傣族村寨各地不一,有的称为"涛曼",有的称为"波曼"。"傣语'细梢老曼'中,'细'是'4'之意;'梢'是'柱子'之意;'老'一般指'个人的外观、仪表',有'标杆''代表'之意;'曼'是'村寨'之意,本意是'村寨里的4根柱子',即是一种组织的称呼,其隐喻也指代'村寨里有权威、有影响力的,像4根撑起村寨柱子的、代表了村寨形象的老人'。"① 历史上,"细梢老曼"组织在村社中的影响力很大,涉及政治、经济、宗教、文化等方方面面。调研发现,目前西双版纳"细梢老曼"组织仍然在一些傣族村寨发挥着不同程度的影响力。担任"细梢老曼"的4位老人通过村民大会,由村民选举产生。担任资格是要经验丰富、德高望重、办事公正。新中国成立以后,"细梢老曼"组织发挥作用的领域也发生了变迁,主要是承担民间调解者的角色,通过调解民间纠纷发挥村寨治理的协同作用。"细梢老曼作为传统社会组织,是傣族乡村多元社会控制格局下的重要力量,它和国家力量在村寨中进行了有机的结合,在化解纠纷、预防犯罪、维护社会秩序、宣传教化方面发挥了重要功能。特别是我国目前正处在社会转型、社会矛盾多发期,细梢老曼作为一种民间调解组织,在维护社会安定、精神生态平衡以及构建社会

---

① 伍琼华、闫永军:《傣族村落中的传统权威组织——曼安村的"细梢老曼"与乡村秩序》,《云南民族大学学报》(哲学社会科学版)2012年第3期。

主义和谐社区方面具有独到的作用。"①

个案五：侗族"款"组织

侗族，主要分布在我国黔、湘、桂三省（区）的毗连地带。侗族社会的"款"组织是以地域为基础的一种社会组织。亦如黎族地区的"合亩"、布依族的"议榔"、水族的"洞""水"等一样，是历史上形成的基层社会组织。②"款"是以地域为基础的社会组织。新中国成立前，侗族社会的"款"组织，是由小款、中款、大款和联合大款四个层次构成的。小款是侗族社会的最小立款单位，一般由一个自然村寨或一个大寨子加上邻近的若干个小寨子组成，是侗族社会民间自治的最小组织，也是侗族社会最基层的组织单位。中款、大款均是军政合一的民间自治和联防组织，联合大款是侗族地区联合自治的最高层次组织。新中国成立前每一个层次的"款"组织，既是自治单位，又是自卫组织；既是军政合一的自治组织，又是联合起来的防卫系统。对所辖的款区范围内是自治，对款区外是联合防卫和治理。以此不断地扩大联合区域，从而把整个侗族地区组织在一起，这就是侗族地区社会组织的概貌。"款"组织具有平等性、款约约束性、自治联防性、民族感情的凝聚性等特点。③新中国成立以后，虽然"款"组织已经淡化，但是款首（寨老），以及作为习惯法的款约，经过创造性转化后在乡村治理中依然发挥着不同程度的影响力。

综上所述，社会形态的多样性与多元文化使少数民族传统社会组织呈现丰富性的特点，同时也具有共同性的特质。不论是血缘类、地缘类抑或是业缘类的，都有着深厚的历史积淀，是在漫长的历史发展过程中逐渐形成的，同时又随着时代发展在表现形式与时代内涵上不断变迁、转化与创新。

---

① 伍琼华、闫永军：《傣族村落中的传统权威组织——曼安村的"细梢老曼"与乡村秩序》，《云南民族大学学报》（哲学社会科学版）2012 年第 3 期。

② 雷广正、李知仁：《侗族地区"洞"、"款"组织的特征和作用》，《民族研究》1980 年第 5 期。

③ 杨昌嗣：《侗族社会的款组织及其特点》，《民族研究》1990 年第 4 期。

第二节　优秀传统习俗资源

优秀传统治理资源是一个"多重治理因素相互作用的文化时空",在这个多重治理因素中,除传统组织资源之外,还有一个重要力量就是优秀传统习俗资源。传统习俗不仅是传统社会组织进行协同治理的重要方式,同时因这些习俗最重要的特征就在于"它规定人怎样做一个他应该做的人"[①],因此也作为一种重要的治理机制存在。与传统社会组织一样,传统习俗也是传统文化的重要组成部分,也深深根植于特定的生产方式之中,且有着特定的自然地理环境基础,并与人们的日常生活息息相关;所不同的是,习俗发挥作用主要通过传承一种共同遵守的行为模式,且代代相传相沿成习并积淀为一种深厚的传统,从而建构一种共同的价值观念。总的来看,少数民族传统习俗主要包括:公共仪式、节庆、宗教祭祀、象征符号、习惯法等社会规范。正是这些传统习俗,有力推动与实现了社会价值的共享、灌输与延续。

一　风俗习惯

（一）节庆

在风俗习惯中,"节庆是一个兼具人文特色且富有丰富内涵的一种文化形式"[②]。节庆浓缩了民俗传统文化所有层面的内容,往往是在特定时间将其中最典型的部分集中展现出来,完整浓缩式地反映民族物质层面、精神层面、制度层面等全部文化内容。既是一种活态的民俗活动,也是一整套文化象征符号。少数民族节庆活动丰富多彩。其中,有作为一年时间节点的时节,如独龙族年节"卡雀哇"节、基诺族"特慕克"节、拉祜族"扩塔"节等;有社会生产活动或物质民俗的节庆,如猎神节、农事节等;有社会组织民俗或特定社会文化形态的节庆,如祭祖、祭家堂、土主节、本主节等;有民间游艺民俗,如灯会、鼓节、歌会舞节等;

[①] 李银河:《社会学精要》,内蒙古大学出版社2009年版,第118页。
[②] 杨绿洲、王汝平:《民族节庆的变迁机制与再生产路径》,《社会科学家》2021年第5期。

还有一些综合性及复合型节日,如火把节、泼水节等。①

关于节庆的功能,除了表达情感之外,还有突出的融合性意义。往往借助特有的氛围、符号、象征与行为,从而以强烈的感召力与感染力将人们聚集在一起,使人们在共同的文化圈内进行交融互动,从而建构共同的文化认同,促进社会的凝聚与整合。

总的来看,节庆的融合方式主要有两种:

第一,因多元一体格局下各民族长期交往交流交融,你中有我,我中有你,各民族文化上相互影响与互鉴,节日民俗也呈交叉、复合和演化之势。诸如,课题组长期调研的澜沧县,各族群众在嵌入式生活、经济上互帮互助、血脉相连相通的环境下,在节庆上也相互影响与互鉴。突出体现在向村委会、乡委乡政府拜年成为澜沧县各民族的共同习俗。其中,跳芦笙舞与神鼓舞,不仅是拉祜族表达吉祥幸福的重要习俗,在各民族广泛交流交往交融的环境下,这一习俗也成为佤、布朗等民族的共同习俗。各民族不仅会跳其他民族的舞蹈、会唱其他民族的歌曲,而且也过同样的节日。再如,云南丽江纳西族的岁时节日,也具有本民族与汉族节日,以及与宗教信仰的节庆活动共融共生的特点。"纳西族节日包括崇拜大黑天神的'当美空普节'、纪念纳西战神三多的北岳庙会、祭祀西神可洛可兴的火把节等;汉族传入的节日有春节、清明节、中元节、重阳节、中秋节等,汉族的端午节与本地'药王节'融合成为全体居民参与的现代端午节;农历三月的传统庙会'朝山会'在道观与佛寺同时举行,来自佛教的节日、'弥拉会'则逐渐世俗化,成为用于赏灯与生产工具商贸交流的元宵节。"②

第二,部分跨国界而居的民族,因自古以来就在文化上存在的天然联系而出现的节庆融合。这在课题组长期调研的澜沧县跨界民族拉祜族中得到鲜活的体现。充分体现在跨居于中缅两国的拉祜族通过拜

---

① 谭佳英、邓启耀:《时间、节庆与文化象征——中国多元民族节庆文化及其融合》,《青海民族大学学报》(社会科学版) 2020 年第 4 期。

② 谭佳英、邓启耀:《时间、节庆与文化象征——中国多元民族节庆文化及其融合》,《青海民族大学学报》(社会科学版) 2020 年第 4 期。

年仪式增进文化交流，并在交流交往中促进通边，即"通文化而通边疆"①。由于共同的历史文化渊源以及共同的宗教认同——南段境内的佛爷与佛堂这一文化认同中心，澜沧县南段村拉祜族与缅甸毗邻而居的拉祜族寨子一直保持着"母寨"与"子寨"的关系，且跨居于中缅两国的拉祜族母寨与子寨至今依然保持着密切的寨际互动。这种互动在岁时节庆中得到直观的体现，且在扩节中体现最为突出，表现在：扩节期间缅甸境内的墨腊、活巴糯、由得、图也罢、挖股等拉祜族子寨的卡些、卓巴要将全寨人敬献的贡品呈送给我国南段母寨的佛爷，并将所带香蜡在母寨佛堂供奉敬拜后方回寨开展扩节活动，且还要向南段母寨行拜年礼。

关于节庆的融合性逻辑，可以从节庆氛围的"去结构"以及特有的文化象征等方面进行解读。

第一，"去结构"对于节庆的融合性逻辑提供了一个独特的解释视角。"节庆社会中，特有的氛围、文化符号、行为模式、角色群体构成了节庆社会'去结构'表征，在'去结构'状态下，社会成员获得与常态社会结构状态不同的感知、体验、交融。这种'去结构'从节庆所具有的宗教性意义来看，表现为节庆宗教性仪式（活动）构建起了有别于日常社会生活世界的符旨语义，常态结构中的等级、身份、地位、关系、规范等要素'消失'，宗教的意义域加强，人们感受到源自于宗教信仰的群体特征、集体记忆以及凝结于其上的凝聚和团结，并由此形成特定的社会结构。而就其所具有的娱乐性意义来看，娱乐活动往往更易使人们摆脱常态社会结构的限制，娱乐共情强化了社会的同质性、平等性，人们更倾向于以平等的身份追求共同的情谊、共同的精神需求。"②诸如傣族的泼水节，由傣族辞旧迎新的年节，逐渐发展为各族人民聚集在一起，互相泼水送祝福的泼水狂欢活动。每年的 4 月泼水节期间，来自不同民族的人们便从四面八方汇集到一起参加泼水盛会，街头巷尾都是泼水的人们，人们相互泼水、互祝吉祥，祝福的水花飞舞，笑语连天，一片欢

---

① 徐黎丽、宗晓丽：《文化何以成边》，《西北民族研究》（哲学社会科学版）2015 年第 2 期。

② 赵煜：《节庆社会：在结构与"去结构"中思考——以云南少数民族节庆为例》，《贵族民族研究》2013 年第 1 期。

腾，场面十分壮观。通过泼水盛会，这种独特的"水"的嬉戏与祝福方式成为族群凝聚与交融、社会团结与和谐的重要文化纽带。除泼水节之外，还有诸多类似的节庆活动。如西南少数民族的火把节、佤族的"摸你黑"狂欢节、景颇族的目瑙纵歌、哈尼族的长街宴等，都是以一种独特的人文特色发挥着社会团结意义。

第二，特有的文化符号对于节庆的融合性意义也发挥着重要作用。这些文化符号往往被赋予了丰富而深刻的情感价值、文化内涵和社会意义。诸如，佤族过新年中"蜡烛"与"白线"的文化内涵就极具典型。每逢过新年，佤寨家家户户都要送两样东西给寨主，即蜡条与白线。之后，各家各户派代表集聚在寨主家把这些白线全部结在一起，结成的白线是为了做蜡心；同时把送来的蜡烛搓成一根长长的蜡烛条，并把刚才结起来的那根长长的线对折作为蜡心，再把蜡烛裹在外面。对这一习俗的文化内涵，课题组当时并没有太在意，直至当天晚上才发现，这根以各家各户送来的白线为蜡心制作而成的长蜡烛条是用于晚上彻夜打歌之用，什么时候蜡烛燃尽什么时候打歌结束。其背后其实有着深深的寄语，代表全寨人团结一心、小手拉大手、互帮互助的象征意义。据口述，这样的习俗在新中国成立前就已盛行且一直传承至今。正如格尔兹曾指出的："人是悬挂在由他们自己编织的意义之网上的动物，而文化就是这些网。"① 正是这些文化，通过其独特的建构意义，成为社会和谐与秩序生成的密码。

（二）仪式

仪式，辞海中解释为"举行典礼的秩序、形式"②。作为一种古老普遍的文化现象，仪式乃是一种高度形式化的象征活动，是"被一个群体内的人们为实践某种信仰或观念而普遍接受的按照某种既定程序进行的身体的活动与行为"③；主要通过"体现社会规范的、重复性的象征行为"④，实现价值的灌输、延续与整合。仪式作为"一套具有文化性、

---

① Clifford Geertz, *The Interpretation of Cultures*, New York: Basic Books, 1973, pp. 5 – 10.
② 高梦潇、刘志山：《政治仪式的思想政治教育功能研究》，《思想政治教育研究》2020 年第 2 期。
③ 何国强：《政治人类学》，云南大学出版社 2011 年版，第 322 页。
④ [美] 大卫·科泽：《仪式、政治与权力》，王海洲译，江苏人民出版社 2015 年版，第 11 页。

象征性、表演性的符码,最能体现人类社会结构、秩序和特征的符号表述"①,被赋予了丰富而深刻的情感价值、文化内涵和社会意义。人类学关于仪式的研究浩如烟海,主要侧重仪式的文化象征,以及仪式对地方性秩序的生成作用,并形成了以特纳(Victor Turner)、格尔兹(Geertz)等为代表的象征学派,以爱弥尔·涂尔干(Emile Durkheim)、拉德克里夫－布朗(A. R. Radeiliffe-Brown)等为代表的结构—功能学派等理论流派。

少数民族仪式的表现形式极其丰富,诸如祭祀仪式、丧葬仪式、古老的图腾崇拜,等等。人类学往往将其划分为诸如出生礼、成丁礼、婚礼、葬礼等"通过仪式",以及围绕周而复始、无限循环的年节所举行的"时节仪式"。"少数民族仪式符号空间内容繁复,仪式行为者本身、符号表述、仪式场景布置、仪式动作、舞蹈行为等,都有相应的文化内涵。"②正是通过仪式的文化内涵与象征意义,寄托着人们的情感与期望,并通过具体的语言、符号、行为等使抽象的情感具体化,达致情感共鸣,从而使仪式涉及的社会价值得以灌输、共享、延续与社会化,以实现将族群凝聚起来、团结起来的功能。关于仪式的社会团结与凝聚作用,结构功能主义学派拉德克里夫－布朗作了这样的揭示:"人类当中的一种有秩序的社会生活,是依赖于一种社会成员们精神中的某种感情,这种感情控制了人们相互之间的行为。所以仪式就显示出了具有一种特殊的社会作用。仪式可以调整、维持并一代又一代地遗传这种感情,社会的章法就是依赖于这种感情。"③

课题组近几年对云南少数民族的长期跟踪调查,发现了许多仪式珍宝,这些仪式文化虽历史久远,却依然在岁月的长河中熠熠生辉。下面选取课题组长期调研跟踪的佤族、拉祜族的"拜年仪式"与"祭寨心"仪式作为代表作个案介绍。

个案六:极富震撼力的云南普洱澜沧县拜年仪式

澜沧县位于祖国西南边陲、中缅边境沿线,行政隶属于普洱市——

---

① 赵毅衡:《符号学》,南京大学出版社 2012 年版,第 35 页。
② 韩璐、明庆忠、刘宏芳:《基于空间生产的少数民族仪式空间结构与机制研究——以景颇族目瑙纵歌为例》,《青海民族大学学报》(社会科学版) 2021 年第 2 期。
③ [英]布林·莫利斯:《宗教人类学》,周国黎译,今日中国出版社 1992 年版,第 171 页。

"新中国民族团结第一碑"的诞生地。澜沧县是一个多民族聚居地,"少数民族占全县总人口的79%,其中拉祜族占总人口的43.5%"①;也是典型的"直过民族"地区,是"全国'直过民族'区域最大、人口最多县"②,诸如拉祜、佤、布朗、景颇等民族均是"直过民族"。"在中华民族共同体建设进程中,澜沧县各民族拜年仪式被激发出全新的时代生命力,与时俱进圈层化迭代'共生'为各民族共同的给政府拜年与各民族互相拜年的公共节庆活动,生动诠释着一个'千年跨越',鲜活完整地展现了一个从'知寨不知国'到'一心向党、团结到底'的历史性转变。"③

中华人民共和国成立前,拜年对象除各民族共同的给父母长者拜年之外,还要向家族头人、村寨头人或是寨际间相互拜年;中华人民共和国成立以后,拜年仪式在传承传统习俗的同时也与时俱进地"再生"出全新的敬拜国家仪式,并率先发起于拉祜族等"直过民族"中,其拜年对象同时向"村两委"、驻地部队、学校等作为国家象征的组织体系延伸。不仅以村委会为单位,还从乡以及县的层面进行圈层化迭代,依次以村委会、乡、县为单位进行拜年。届时各族各寨群众自发组成上百人的拜年队伍,用寓意吉祥幸福的芦笙歌舞、用虔诚的"洗手礼",通过敬年礼、民族传统礼节、大联欢等形式,逐级向"村两委"、部队、学校、乡委乡政府、县委县政府进行拜年。当各民族共同组成的声势浩大的拜年队伍吹着芦笙、敲锣打鼓地进入澜沧县城,这既是澜沧县丰富的传统习俗资源的生动展现,更是中华民族一家亲的鲜活诠释。正是一次次生动鲜活的仪式增进了各民族的交流交往交融,强化了各民族对国家的认同,仪式也成为铸牢中华民族共同体意识的重要文化载体。正如涂尔干指出的,"这全部仪典的唯一目的,就是要唤醒某些观念和情感,把现在归为过去,把个体归为群体……这进一步证明,已经集合起来的群体的

---

① 《澜沧县基本县情》,澜沧拉祜族自治县人民政府网:http://www.lancang.gov.cn/lcgk1/lcgk.htm。
② 《云南澜沧实现"一步千年"历史性跨越》,人民网:http://yn.people.com.cn/n2/2020/0910/c372451-34284565-2.html,2020-9-10。
③ 廖林燕:《国家在场与认同转换——铸牢中华民族共同体意识下普洱澜沧拜年仪式现代转化分析》,《云南民族大学学报》(哲学社会科学版)2021年第2期。

心理状态，恰恰构成了我们称之为仪式心态的唯一稳定牢固的基础"①。

个案七：作为团结纽带的祭寨心仪式

无论是在拉祜族，还是在佤族、布朗族调研，在重要的节庆时节中都可以看到祭寨心，也就是祭寨桩。祭寨心这种集体祭祀仪式形成于原始社会农村公社时期，旨在通过公共仪式强化村寨内聚力，这一仪式一直传承至今。由于寨桩被视为村寨的心脏，当全寨人围着寨桩祭祀、祈福、手拉手跳舞打歌的时候，显然，寨桩发挥着促进村寨团结的重要纽带作用，有助于建构起"我们是一个寨子的人"的意识。正如特纳指出的："一种组织严密且居于支配地位的共同体形式在社会中进行仪式操演至关重要，唯其如此，仪式的过程才会发挥作用，一种……具有普遍性的基本纽带关系才会被确认。"② 至今，祭寨心仪式依然是强化团结的纽带、实现思想融合的重要传统文化载体。祭寨心之后，每家每户都要准备一道菜，之后齐聚在寨神柱下大家一起分享，这种习俗被当地人称为"团结饭"，且饭前饭后都要跳舞打歌。正是这许许多多的仪式与习俗犹如一张大网，将生活在这张大网中的每一个人持续不断地进行社会化。③

（三）礼节

"礼节"作为一种传统习俗，是规范人们行为、进行道德教化的重要载体。"道之以德，齐之以礼"（《论语·为政》）。礼节是道德的外化，道德是礼节的内涵。少数民族在长期的社会生活中形成了诸如家庭礼节、待客礼节等多种多样的传统礼节，这些礼节一方面体现着民族文化的特色，是民族文化的载体；另一方面也蕴涵着丰富的伦理道德意识，是道德教化的重要载体。④ 总的来看，传统礼节的道德教化作用主要体现在个人品德教育与公共道德教化两个层面。

第一，传统礼节是长幼有序的家庭道德教育的重要载体。少数民族

---

① ［法］爱弥儿·涂尔干：《宗教生活的基本形式》，梁东、汲喆译，上海人民出版社1999年版，第498—499页。

② ［美］特纳：《戏剧、场景及隐喻：人类社会的象征性行为》，刘珩、石毅译，民族出版社2007年版，第51页。

③ 参见廖林燕《经久不衰的"拉祜理"：南段拉祜西边境安全治理的传统文化机制研究》，《西北民族大学学报》（哲学社会科学版）2019年第5期。

④ 苏锦霞：《礼仪范畴下云南少数民族认知维层的道德教育》，《贵州民族研究》2014年第5期。

常常通过各种礼节,来传达、传承和推广家庭伦理道德意识。"各族民众通过礼节礼仪中的言传身教向晚辈灌输了家庭道德意识,树立了家庭伦理道德的榜样,孩子们也通过父辈对礼仪礼节的实践带来的良好效应而深切地感受到了道德的力量,民族伦理道德通过各种礼节礼仪而得以代代传承。"① 在此选取几个长期跟踪调研的田野发现做个案,以折射传统礼节的道德教化意义。

个案八:拉祜族的"洗手礼"

尊敬老人是少数民族普遍盛行的一种传统美德。这在很多礼节中都得到体现。诸如,拉祜族便是一个十分重视"礼节"的民族,在历史长河中形成了拉祜族特有的"拉祜理",一直经久不衰且传承发展至今。其中,孝敬老人是拉祜理的一个重要内容。拉祜族各种节日,无论是新米节,还是"扩"节,各家各户都要携带蜂蜡、米、肉等到长辈家中,以及供奉本家"家神"的长者家中和头人家中表示孝心与敬意。其中一个重要礼节,就是给老人行"洗手礼"。其他迁往他乡的成员,届时也要派代表携礼品回故地向长辈们致敬。届时,长辈们也会向前来致敬的晚辈们送上麻线,拴在手上与脖子上作为吉祥之物。这些传统习俗具有重要的伦理价值建构与整合的意义,尤其是对于强化孝老爱亲意识、崇德重仁意识具有重要的社会化意义。

个案九:佤族的祖先礼

对每个佤族家庭来说,祖先是他们最为亲近的祖灵。在这里的族人看来,"虽然他们的身体已经不在了,但是他们的灵魂始终跟我们生活在一起",所以每家每户都在家里单独留出一个专门的位置布置给祖先。的确,在每家主卧室的板壁顶上,当地人称为"更顶",是专门留给祖先的。"更顶"上面摆放着一些祭品以及祖先生前的一些生活用品,同时还放置一个水杯,而且家中的女主人每天都要煮茶水倒入这个水杯。每到春节时,族人们都要对"更顶"进行一番隆重的布置。2018年佤历新年,笔者正好目睹了这里的人们对"更顶"的布置,确实较平日要更为讲究。"更顶"上放置了水果、茶水,而且"更顶"下

---

① 苏锦霞:《礼仪范畴下云南少数民族认知维层的道德教育》,《贵州民族研究》2014年第5期。

方的墙壁上还放置了一块清洗干净的布，布的前面还摆放着祖先们生前坐过的凳子，同时还特别摆放了碗和筷子，地上到处洒落着米花；而且，根据佤族传统习俗，家中老人在佤历新年期间要专门在靠近"更顶"处睡觉，一般是3—5天。那天，正好是佤族过新年的第二天，晚饭后便围绕着火塘聊天，只见"更顶"下方随地铺了一层被褥。当笔者疑惑地询问，户主便介绍他80岁高龄的父亲今晚要在这住，陪着他们的"祖先"一起迎接新年。当笔者看到被褥如此之薄，当看到这里的族人们如此用心地跟他们的祖先"生活在一起"时，那一刻竟情不自禁地为之动容。也许，正是这些许许多多的场景、许许多多的生活习俗，犹如一张大网，将生活在这张大网中的每一个人持续不断地进行道德的教化与伦理的熏陶。

个案十：火塘座次礼

在云南各少数民族中，其中一个比较典型的具有强烈的伦理建构意义的礼节就是火塘座次礼。许多民族对火塘有着特殊的情结，人们一天的生活往往是从火塘边开始，也是从火塘边结束；火塘，不单是制作食物之处，也是日常起居的中心、日常闲聊的中心，而且也是待客交往的中心。日常生活中，人们都喜欢彼此环绕火塘而坐，而且围绕火塘的座次也是一个很有讲究的问题。以佤族为例，一般情况下家里的老人是坐在背朝"更顶"、面朝大门的火塘上位，而且长辈们都有自己专用的凳子；此外，男人在火塘靠近"更顶"的一边就坐，女人则在另一边就坐。从老人就坐的火塘上位与固定的凳子这两个方面来看，这在充分凸显老人在家中的权威地位的同时也有着强烈的伦理建构的意义。这种座次礼在笔者对纳西族摩梭人的调研中也有同样的发现。摩梭人对火塘的座次严格依照性别、辈分和年龄进行区分，其中老祖母与老舅舅在火塘的座次中居于火塘上位，从中充分凸显了至今依然有母系大家庭遗风的老祖母的家庭地位。"每个家庭成员围绕中心火塘地铺，都有固定坐位。永宁纳西族以右方为大，左方为小，故妇女坐于中心火塘的右侧。右侧首位为全家主位，只有年龄最大的妇女才有资格就坐；以下的坐位按辈分、年龄从大到小排列，先是老妇的妹妹，然后是她的甥女等。男子坐于火塘的左侧，也同样按辈分、年龄从大到小排定座次，通常以老年舅舅居首,以下依次为其弟弟、甥等。"① 除了座次礼节,再如,进入母屋时必须低头鞠躬,以显示对母屋以及作为母屋文化核心的老祖母的尊重。正是通过这些融入日常生活的一个个礼仪,在经年累月之间悄然发挥着长幼有序的道德教化意义。

第二,传统礼节也通过融入的道德意识为人们树立了公共道德规范,使人们在长期杂居中形成了和谐共生、团结共处的族群关系。调研发现,少数民族在长期的生产生活实践中,形成了许多团结互助和谐的传统礼节。其中,傣族"宾弄赛嗨"民族团结互助礼节极具典型。

个案十一:傣族"宾弄赛嗨"互助礼节

"宾弄赛嗨"是傣语音译,"宾弄"意为亲戚,"赛嗨"意为朋友,"宾弄赛嗨"意指傣族群众与其他民族结成"没有血缘但像亲戚一样"的朋友关系。②"'宾弄赛嗨'往往以家庭为单位,结成后世代相传,即傣语所说的'埋波档进,宾弄档朱',意为'是竹子就节节相连,是亲戚就代代相传'。据统计,在'宾弄赛嗨'的发源地景信,现有298户傣族群众与周边1117户各族群众结成'宾弄赛嗨'户。"③"宾弄赛嗨"机制的本质是"人帮人,户帮户,民族帮民族"。④ 互助层次包括:一是生产上互帮。结成"赛嗨"家庭一方农忙时,农闲另一方会帮忙互助。⑤ 二是生活上互助。"赛嗨"一方生活上有困难,另一方会接济相助。⑥ 三是文化上互融共鉴。不仅在语言上,傣族与各族群众互学互通,而且在节日上也共同欢庆。每逢傣族的泼水节、景颇族的目瑙纵歌、佤族的"摸你黑"狂欢节、诸多少数民族的火把节等,各族群众都会一起"共乐共舞"。这

---

① 詹承旭、王承权、李近春、刘龙初:《永宁纳西族的阿注婚姻和母系家庭》,上海人民出版社2006年版,第151页。
② 白利友、李朝辉、张飞、刘春呈:《让民族团结互助的传统焕发时代光芒——基于云南孟连"宾弄赛嗨"机制的调查》,《中国民族报》2021年1月5日第6版。
③ 白利友、李朝辉、张飞、刘春呈:《让民族团结互助的传统焕发时代光芒——基于云南孟连"宾弄赛嗨"机制的调查》,《中国民族报》2021年1月5日第6版。
④ 白利友、李朝辉、张飞、刘春呈:《让民族团结互助的传统焕发时代光芒——基于云南孟连"宾弄赛嗨"机制的调查》,《中国民族报》2021年1月5日第6版。
⑤ 白利友、李朝辉、张飞、刘春呈:《让民族团结互助的传统焕发时代光芒——基于云南孟连"宾弄赛嗨"机制的调查》,《中国民族报》2021年1月5日第6版。
⑥ 白利友、李朝辉、张飞、刘春呈:《让民族团结互助的传统焕发时代光芒——基于云南孟连"宾弄赛嗨"机制的调查》,《中国民族报》2021年1月5日第6版。

种各民族互帮互助的优秀传统礼节,成为铸牢中华民族共同体意识的重要载体。

二 传统习惯法

与风俗习惯不同,习惯法着重从强制性或者说从法的约束力的角度来实现社会规范与控制。所谓习惯法,是"一定地域和一定社会区域内的群体成员自发形成或约定俗成的反映该地域或社区成员共同需要的行为规范,它主要不是靠国家力量强制执行,而是凭借获得民众授权的民间权威来保障实施"①。"所谓少数民族习惯法,是指我国广大少数民族在千百年来的生产、生活实践中逐渐形成、世代相袭、长期存在并为本民族成员所信守的一种社会规范。"②尽管习惯法独立于国家制定法之外,但是依然具有一定的强制性,被视为一种"准法规范"③,本质上就是惩处破坏社会秩序的法则。尽管作为一种体制外的行为规范存在,但在少数民族社会控制方面发挥着独特的作用。往往在一个熟人社会中以一种传统的力量、社会舆论的力量,使生长在这种文化环境中的人都自觉或不自觉地遵守着它,从而以一种善恶褒贬的形式实现社会控制、社会约束或社会规范。

少数民族习惯法,是"中国习惯法体系中内容最丰富、影响最大的一种习惯法,它在当今民族地区仍有重大影响"④。在国家尚未出现以前,习惯法即已出现并发挥着维持社会秩序的重要作用。列宁在谈及原始社会的管理时曾说:"曾经有过一个时候,国家并不存在,公共联系、社会本身、纪律以及劳动规则全靠习惯和传统的力量来维持……"⑤古希腊哲学家柏拉图在他的《法律篇》也曾说:"在古代,尚无立法者,当时根本没有这类东西存在,最初连文字也没有,人们根据习惯和他们称为他们

---

① 吴大华、潘志成、王飞:《中国少数民族习惯法通论》,知识产权出版社2014年版,第47页。
② 陈金全主编:《西南少数民族习惯法研究》,法律出版社2008年版,第5页。
③ 吴大华、潘志成、王飞:《中国少数民族习惯法通论》,知识产权出版社2014年版,第46页。
④ 高其才:《中国习惯法论》,中国法制出版社2008年版,第13—14页。
⑤ 《列宁全集》第29卷,人民出版社1956年版,第432页。

祖先的法律而生活。"①

其中,习惯、惯例、禁忌等都是构成少数民族习惯法的重要内容。戴维·沃克曾言:"当习惯、惯例和通行的做法已经相当确定并在相当一部分地区被使用,像以书面明确表述规则的法律体系一样,为人们所了解、公认并被视为具有法律约束力时,它们就可称为习惯法。"② 而且,少数民族的部分习惯法还与禁忌和宗教直接相关,有的甚至直接来源于禁忌和宗教。英国学者哈耶克的观点有助于解释古代少数民族禁忌对习惯法形成的影响。哈耶克认为,人们在行动过程中面对大量无法全知的特殊事实和复杂环境时,只能依据常常表现为习惯法习俗、管理的抽象知识来建立假想的模型,从而以理解和适应外部环境。③

我国不同少数民族对习惯法有不同称谓,有的叫规约,有的叫款约,有的叫榔规,有的叫阿伲理,有的叫章程,有的叫古法。④ 其中,侗族称习惯法为"款条",苗族称"苗例""榔规",仡佬族称"会款",瑶族称"石碑律",土族称"插牌",等等。⑤ 在形式上,这些少数民族习惯法或者通过诸如神话传说、古歌、民谣、谚语等形式传承,或者通过诸如石碑等形式相传。

由于习惯法是在少数民族生产生活实践中逐渐形成的,并与人们的生产生活方式等方面的习惯密切相关,而且这些习惯通过代代相传而世代沿袭,因此,往往被奉为"传统"般内化于民族成员的思想观念之中。诸如,在瑶族民谣中有"石牌(习惯法)大于天"的说法;⑥ 彝族民谣也有"山林有清泉,彝家有尔比(习惯法)。说话一条线,尔比是银针"

---

① [希腊]柏拉图:《法律篇》,《西方法律思想史资料选编》,北京大学出版社1983年版,第21页。
② [英]戴维·M.沃克:《牛津法律大辞典》,李双元等译,法律出版社2003年版,第296页。
③ [英]F.A.哈耶克:《法律、立法与自由》(第一卷),邓正来等译,中国大百科全书出版社2000年版,第74—75页。
④ 吴大华、潘志成、王飞:《中国少数民族习惯法通论》,知识产权出版社2014年版,第48页。
⑤ 吴大华、潘志成、王飞:《中国少数民族习惯法通论》,知识产权出版社2014年版,第51页。
⑥ 广西壮族自治区编辑组:《广西瑶族社会历史调查》(第一册),广西民族出版社1984年版,第78页。

的说法。① 英国学者罗杰·科特威尔在其《法律社会学导论》一书中的观点可以进一步帮助理解习惯法的这种独特力量："民俗是人们处理事务、解决问题的群体方式。这些民俗在某个特定的群体中是统一而普遍使用的，并且有强制性和恒固不变性，随着时间的流逝，他们越发带有独断性、实用性和不可违抗性。"②

正是由于这种独特的强制力，习惯法在维系历史上少数民族传统政治关系、维持传统社会秩序方面曾发挥着突出的作用。以凉山彝族为例，凉山彝族奴隶制社会内部从未形成统一的地方政权组织，历代中央王朝对这个封闭社会都未进行过有效的统治，然而其奴隶社会形态却得以在横断山脉地区绵延上千年，直到民主改革前，其富有特色的民族传统和社会组织形式都得到了相对完整的传承。尽管没有统一的彝族地方政权，其社会秩序却依然得以有效建构，这其中的一个根本原因就在于习惯法的力量。习惯法曾是彝族传统社会的根本道德规范和行为准则，内部所发生的一切纠纷，均是通过习惯法加以调解的，这种调解，彝语称"莫木萨木"或"莫略赫"。由于家支关系受到习惯法的严格保护，彝族习惯法也被有的学者称之为"家支习惯法"。"凉山彝族奴隶主无论怎样扩张财富、怎样扩张自己的隶属民和奴隶的数量，最终仍然无法越过同一血缘等级不能在人身上相互隶属的界限，这是彝族习惯法一条至关重要的基本原则。习惯法规定，不仅兹莫、诺合等级内部不能互相占有，就是属于被统治阶级的曲诺之间也禁止相互占有，而无论他们在现实当中财富和社会声望的差距有多大。这种机制无形中固定了凉山彝族社会的基本结构……这或许也是凉山彝族社会的基本结构得以延续数千年而无本质变化的原因之一。"③

除了维系等级社会秩序之外，即便在原始社会形态下的那些民族其社会的和谐与管理，习惯法的作用也同样突出。以基诺族为例，新中国成立前基诺族所推行的习惯法除禁止族内通婚习惯法、血亲复仇习惯法

---

① 杨怀英：《凉山彝族奴隶社会法律制度研究》，四川人民出版社1994年版，第11页。
② ［英］罗杰·科特威尔：《法律社会学导论》，潘大松、刘丽君、林燕萍、刘海善译，华夏出版社1989年版，第21页。
③ 陈金全、巴且日伙主编：《凉山彝族习惯法》，人民出版社2008年版，第132页。

等之外，还包括一种比较特殊的习惯法，也就是禁止"婚外恋"的习惯法。关于基诺族当时的习惯法，一位基诺族长老曾对笔者作了详细介绍：为保证习惯法的效力，当时基诺族的每个寨子都有"执法棍"；而且，当时的惩罚共分为四个等级：第一个等级——"哈"，也就是口头教育；第二个等级——"搓"，是轻微处罚，要罚3碗酒、5个铜板；第三个等级——"布勒"，是比较重的罚款，要罚15个银币、30碗酒；第四个"咋"，是相当严重的罚款，又称"家破人不亡"。据长老介绍，第四种惩罚在他父辈那一代曾发生过一次，原因就是"婚外恋"。"当时谁都害怕这个制度，也正因为这些规定，当时社会相当和谐。"

至今，少数民族习惯法在实现社会控制、调节社会矛盾、维护民族团结等方面依然发挥着不同程度的规制与整合作用。

第一，习惯法对于少数民族生产生活和社会治安的规制作用。吴大华将少数民族习惯法的规制作用概括为12个字：排除阻碍，倡导善行，否定恶行。由于少数民族习惯法对本区域的社会公德维护、财产保护等进行了各种形式的规定，而且还采取一定的强制措施保证实施，因此，对少数民族的社会生产以及社会治安都起着不同程度的规制作用。如一些习惯法中都有若干关于维护良好自然环境、封山育林、禁止偷盗砍伐林木之类的规定。

第二，习惯法对于民间纠纷的调解作用。"少数民族习惯法在少数民族社会中的裁判作用是很明显的。"[①]少数民族群众，通过"款约""榔规"等形式来确认善恶褒贬，解决民间纠纷，进而培养民众良好的道德品质，树立良好的社会风尚。[②] 以苗族社会的"理词"为例，理词又称为"佳"，理词几乎涵盖了苗族社会生活的一切领域，诸如怎样处理偷盗、怎样处理为非作歹等，在理词的榔款规约中都能找到相应的依据和规则。从民事纠纷的"议榔词"到本民族习俗中的各种礼仪，无不以它作为根据。[③]

---

① 吴大华、潘志成、王飞：《中国少数民族习惯法通论》，知识产权出版社2014年版，第65页。

② 吴大华、潘志成、王飞：《中国少数民族习惯法通论》，知识产权出版社2014年版，第65页。

③ 吴大华、潘志成、王飞：《中国少数民族习惯法通论》，知识产权出版社2014年版，第66页。

正是这些在长期的生产生活中自发形成的、达成普遍共识的、具有较强约束力的少数民族习惯法，往往以一种传统的力量、以社会舆论的压力，通过否定恶行、倡导善行、善恶褒贬的形式，进而建构起人们的循规蹈矩意识，维系着村寨良好的社会风尚。

三　传统爱国规约

除了这些风俗习惯与传统习惯法之外，我们在调研时还发现一种极其重要、宝贵且独特的习俗文化遗产，我们将其称之为传统爱国公约。与一般的伦理规约主要是用于族内行为规范不一样，这类爱国公约往往具有革命性、历史性与现代性的意义。第一，在时间上，这类爱国公约对于现代国家建构往往具有划时代意义的标志，是支撑现代国家建构的重要传统文化力量；第二，在背景上，这类爱国公约是现代民族国家建构的产物；第三，在内容上，这类爱国公约是疏通民族关系、加强民族团结的重要规约纽带。诸如，1951年云南省普洱专区各族群众以歃血盟誓方式订立的"云南民族团结誓词碑"；同年云南省红河州各族群众庄严签订的《团结爱国公约》；1950年11月，西康藏族自治区订立各族人民团结公约，12月，西昌专区各族人民订立团结公约。1951年，凉山彝民、川南各族、川西各族、川北平武藏族等，都相继订立了团结爱国公约。①

传统爱国公约的共同背景是在新中国成立初期订立的。新中国成立之初，中国共产党基本上完成了对省一级政权的控制和解放，但边缘地区还存在残匪流寇，而且当地社会仍处于民族传统社会、国民党的残余势力的拉锯之中，对新生政权不熟悉，对党的民族政策也不了解；同时，由于历史原因，各民族的历史隔阂较深。在这样的背景下，为建构各民族对党和国家的认同、疏通民族关系、加强民族团结，党和国家采取了一项重要的政策——"派下去和请上来"。其中，"派下去"，是指派出中央民族访问团深入边疆地区进行慰问，直接向少数民族群众传达党和政府的关怀，宣传党的民族政策；"请上来"，是指组织边疆少数民族上层

---

① 郎维伟主编：《邓小平与西南少数民族——在主持西南局工作的日子里》，四川人民出版社2004年版，第55页。

人士到北京参加国庆观礼,同时到内地实地参观,以增进对新中国的了解和认同。"'派下去''请上来',在民族地区产生了广泛而深远的影响,赢得了少数民族群众对党的衷心拥戴,丰植了边疆少数民族的爱国主义情感,增进了各民族间的了解和友谊,为民族团结公约的签订奠定了思想基础。"① 下面选取云南的两个个案作介绍。

个案十二:云南普洱"民族团结誓词碑"

1951年元旦,普洱专区的各少数民族代表齐聚普洱红场,以佤族特有的"剽牛、喝咒水、盟誓"的传统习俗,立下了"民族团结盟誓碑"。盟誓的第一环节是佤族头人拉勐剽牛,举行了隆重的剽牛仪式;第二环节是喝咒水,傈僳族头人李保将鸡血滴进酒碗中,然后各族头人喝了一口血酒;第三个环节,签字立碑。碑文如下:"我们二十六种民族的代表,代表全普洱区各族同胞,慎重地于此举行了剽牛,喝了咒水,从此我们一心一德,团结到底,在中国共产党领导下,誓为建设平等自由幸福的大家庭而奋斗。"② 这块誓词碑成为普洱各民族"一心向党"的历史见证。

普洱"民族团结誓词碑"以庄严的盟誓习俗将誓言镌刻在石碑上,时刻感召着普洱26个民族与中国共产党休戚与共、荣辱与共、生死与共、命运与共,是加强民族团结进步创建,铸牢中华民族共同体意识的重要文化载体。

个案十三:云南红河《团结爱国公约》

1951年10月20日,云南红河各族人民用制订公约的方式订立了《团结爱国公约》,号召各族群众"在中国共产党的带领下,维护民族团结,维护边疆稳定,共同保卫和建设祖国"。70多年来,红河各族人民始终恪守公约、团结奋斗,像石榴籽一样紧紧抱在一起,和睦相处、和衷共济、和谐发展。

---

① 赵永忠:《20世纪50年代初期西南的民族团结公约》,《贵州民族研究》2012年第5期。
② 齐欣:《从此我们一心一德,团结到底》,《人民日报(海外版)》2021年9月21日第1版。

第三节 优秀传统价值资源

作为一个由多重治理因素相互交织的优秀传统治理资源，优秀传统价值资源也是其中一个重要组成部分。正如帕森斯所指出的："价值是构成社会秩序的绝对必然的条件。"① 传统社会价值既是经由传统习俗不断社会化的产物，也是传统社会组织不断进行道德教化的产物。总的来看，少数民族优秀传统价值资源主要包括：国家观、社会观、民族观和自然观。正是这些传统价值观念，不仅是乡村和谐的文化密码，也成为中华优秀传统美德与中华民族精神的一个重要组成部分；不仅是中华民族凝聚力的重要价值源泉，也是家国情怀的重要文化基因。

一 国家观

（一）爱国主义意识

在五千多年的发展中，中华民族形成了以爱国主义为核心的伟大民族精神。习近平总书记指出："中华民族为什么几千年能生生不息、不断发展？很重要的原因是我们有以爱国主义为核心的民族精神，有一脉相承的价值追求。"② 这种爱国主义意识是在历史长河中形成发展的，是中华各民族的民族心和民族魂。爱国主义意识不仅扎根于汉族人民的心中，也蕴含在各少数民族的传统观念中。

近代以前，爱国主义意识表现为王朝国家形态下的"华夷一统观"，强调整体性与包容性。这种"大一统"意识对于中华民族的凝聚和认同起着极其重要的作用。"大一统"思想早在先秦时期已经出现，《诗经·小雅·北山》中提道："溥天之下，莫非王土；率土之滨，莫非王臣。"将四海内的土地都视为王土，将这些土地上的臣民都视为天子的臣民。先秦儒家认为"四海之内皆兄弟"，将四海内的所有人民都看作同胞兄弟；先秦诸子百家也都提倡统一天下的思想，这些思想体现

---

① 高宣扬：《当代社会理论》，中国人民大学出版社 2005 年版，第 537 页。
② 中共中央文献研究室编：《习近平关于社会主义文化建设论述摘编》，中央文献出版社 2017 年版，第 123—124 页。

着"大一统"思想的开端。自秦朝建立统一的中央集权制国家之后,历代中原王朝都奉行"大一统"思想,都以一统"天下"为己任。"不论哪个民族所建立的政权,……都有一个共同的指导思想,……即把中国的各民族看做一个整体,把包括本族在内的各族人民看做是自己治下的臣民。"① 其中,各民族也始终追求"大一统",皆以"大一统"思想,来认识各民族与中华民族整体的关系,以及各民族之间的关系。诸如,唐代的地方性民族政权南诏所立《德化碑》,② 就是反映中华民族认同感的鲜活个案。此碑堪称"云南第一大碑",立于唐代宗大历元年(公元766年),记述了南诏与唐王朝及吐蕃的关系,表达了对以中原朝廷为宗主的强烈愿望与深厚感情,鲜活地反映了"中华民族所特有的内聚情感和认同观念"。《德化碑》作为云南主要民族包括彝族、白族和汉族共同精神的象征,"说明远在1200多年前的南诏,云南的主要民族彝族、白族和汉族就已形成了内聚于中华的共同精神纽带"③。再如,瑶族则将《过山榜》④ 作为中央政府认可本民族的权利、地位的信物。⑤《过山榜》又称《评皇券牒》《盘古圣皇榜文》,在瑶族人心中占据着十分重要的位置,它不仅是瑶族同胞相互间认同的纽带,还是瑶族对于中央政权认同的重要象征。这些都生动反映了"大一统"思想根植于各民族的思想观念之中;同时,也生动体现了少数民族对于中央的认同感和归属感,将多民族国家的统一作为最高的目标和准则。从历史传统看,"'大一统'始终是中华各民族的价值追求和最高目标,无论哪个民族入主中原,都

---

① 《中华民族凝聚力的形成与发展》编写组:《中华民族凝聚力的形成与发展》,民族出版社2000年版,第365页。

② 恭闻:清浊初分,运阴阳而生万物;川岳既列,树元首而定八方。故知:悬象著明,莫大于日月;崇高辨位,莫大于君臣。道治,则中外宁;政乖,必风雅变,岂世情而致,抑天理之常。我赞普钟蒙国大诏,性业合道,智睹未萌;随世运机,观宜抚众;退不负德,进不惭容者也……于是具牲牢,设坛墠,叩头流血曰:"为汉不侵不叛之臣。今,节度背好贪功,欲致无上无军之讨。敢昭告于皇天后土!"……

③ 伍雄武:《从南诏〈德化碑〉看我国古代各族的精神纽带》,《创造》1993年第1期。

④ 盘古开天地,十二姓摇(瑶)人,以前在千家洞处住落居。高祖众族子孙,前朝在祖下山落业,未修祖途来路至今。盘王圣帝开天辟地……又到宣德皇二年,住麻江冲落业。又到永乐皇十二年,至(住)到务江冲天师庙住居一十二年,又到洪武皇元年。万古千秋。

⑤ 伍雄武:《中华民族的形成与凝聚新论》,云南人民出版社、云南大学出版社2014年版,第308—309页。

以实现统一为己任,都把自己建立的王朝视为中华正统,统一是中国历史的主流,分裂从来不得人心"①。

近代以来,由于近代帝国主义的入侵,"大一统"思想作为两千多年来形成的政治治理的实践历程则转化成为团结一致、同仇敌忾的爱国主义意识。1913 年内蒙古西部 22 部 34 旗王公一致通过的《联合东蒙反对库仑》、1934 年云南佤族 17 部首领联合发表的《告全国同胞书》②以及 1934 年云南边疆班洪班老地区佤族与汉族一起抗击英国的入侵,都体现了各少数民族维护国家统一的坚定决心,亦是强烈的爱国主义意识的体现。

在抗日战争中,爱国主义意识达到了空前的程度,各少数民族肩负起救国的责任。新疆各族人民在"一切为着抗日胜利"口号的指导下,积极支援抗日战争;湘西苗族建立了抗日救国军等抗日组织;云南边境地区各族人民在自身条件艰苦的情况下积极捐献物资,1944 年腾冲战役中出动各族人民 4.6 万人,并供应了大量粮秣;台湾高山族在抗日战争期间从未停止过反抗日寇侵略的斗争。③ 在反抗帝国主义入侵的斗争中,汉族和各少数民族为争取国家统一、领土完整的强烈意志和力量,将爱国主义意识升华到一个新的阶段,成为中华民族的共同历史记忆和符号,不断激励着子孙后代为中华民族伟大复兴梦而不懈奋斗!

(二)命运与共意识

五千多年的发展历史塑造了中华民族"命运与共"的意识,这种意识使各民族人民在面临磨难时是内聚的,而中华民族在磨难中又愈挫愈勇,"命运与共"意识又在一次次危机中不断地加固。"中华民族的攻坚克难总是得益于已有的内在凝聚力,而经历攻坚克难,中华民族的内在

---

① 国家民族事务委员会编:《中央民族工作会议精神学习辅导读本》,民族出版社 2015 年版,第 26 页。

② "自昔远祖,世受中国册封,固守边疆,迄今千百数年,世传弗替……溯自缅甸丧失,我祖国历年多故。英帝国主义者遂得以经营缅甸之暇,又进而南北夷山,更进而引兵东渡,劲军千余,新式武器均备……步步压迫,种种手腕,无不用其极端,誓得我佧地,奴我佧民,方遂其野心……誓断头颅,不失守土之责;誓洒热血,不作英殖之奴……"

③ 林祥庚:《我国少数民族在抗战中的重要贡献和伟大的爱国主义精神》,《中共福建省委党校学报》2005 年第 11 期。

凝聚力又得以提升"①,集中展现了中华民族作为一个共同体在历史、现实以及未来的联结。

从历史的维度看,"我国自夏朝建立起,就开始形成家国同构的'同心圆'传统,在后来的历史发展中不断强化,使得国家统一和多民族共生共融成为中国历史发展变迁的主流"②。在历史的发展进程中,中华民族形成了"六合同风,九州同贯"的大一统格局,形成了以黄河、长江流域为主的中原政权为核心的统一的多民族国家;在近代面临亡国危机时,各民族人民团结起来抛头颅、洒热血,谱写了一首气壮山河、保卫国家的历史史诗,展现了同国家命运与共的决心。"1943年,……澜沧、沧源、双江一带拉祜族与佤、傣、景颇和汉族人民一起组成抗日游击队,奋起保卫祖国边疆。"③新中国成立以后,各民族发出与中国共产党命运与共的坚定誓言。诸如,1951年普洱26个民族代表共同订立的民族团结誓词碑就极具典型。从其精神实质来看,"民族团结誓词碑"精神就在于普洱专区26个民族"一心一意跟党走""命运与共"的命运共同体意识。其突出的特征,就是以少数民族传统文化的独特形式表达"团结到底""一心向党"的现代政治理念,充分体现在以佤族特有的"剽牛、喝咒水、盟誓"的传统习俗进行。剽牛盟誓后,云南各民族用行动乃至生命自觉践行着与中国共产党"命运与共"的誓言。傈僳族头人李保在被国民党残余势力逮捕后宁死不屈,佤族头人养子岩火龙在养父投敌后仍坚守誓言,坚贞不屈,饮弹自尽。这是一块用民族血性铸就的见证普洱各民族"一心一意跟党走"的历史丰碑。誓言如钟,初心永固！70年来,云南边疆各族人民始终如一日地恪守着神圣誓言。

当前正值世界百年之未有大变局和中华民族伟大复兴交汇之际,"命运与共"意识对于中华民族伟大复兴具有重大意义。"共同体的团结相比于传统的民族主义、民族精神来说,其进步意义在于超越了基于单一的族性而构建的人群团结。因而,共同体精神无论是在多民族国家内部还

---

① 严庆：《在应对疫情中增强中华民族的内在凝聚力》,《民族论坛》2020年第1期。
② 廖杨、杨志群、张木明：《新冠疫情防控与中华民族共同体意识的提升路径》,《民族学刊》2021年第1期。
③ 《拉祜族简史》编写组：《拉祜族简史》,民族出版社2008年版,第36页。

是国际社会,都是一个更具有包容性、更符合人类情感、社会生活与发展目标的理念。"① 其中,对于那些在长期历史积淀中自发生成的、蕴涵"命运与共"精神内涵的优秀传统价值资源,更要加大宣传与弘扬力度,为中华民族伟大复兴注入磅礴力量。

二 民族观

(一) 同根共祖意识

中华各民族既有华夷之辨、各民族相互差异的观念,也有强烈的同根共祖的观念,这种观念在远古时期就已产生,见于各种民族神话传说、诗歌、故事传说等中。例如,彝族创世史诗《查姆》中,阿朴独姆兄妹成亲后生下36个小娃娃,各为一族,36族分天下,和睦相处是一家。② 纳西族创世史诗《崇搬图》中,忍利恩和天神的女儿结婚,生出3个儿子,3个说不同的话,3个民族同祖先。③ "西盟佤族'司岗里'神话说,人类是从'司岗里'出来的,最先出来的是佤族,依次是拉祜族、傣族、汉族及其他民族。""拉祜族有关于拉祜族、佤族、爱尼族(哈尼族)、老缅族、傣族等互为兄弟的传说。据拉祜族神话史诗《牡帕密帕》说道,人类是从葫芦里出来的,在葫芦里长大。各民族都是人类始祖扎笛、娜笛的后代。"④这种"同根共祖"的思想根植于各民族内心深处,流淌在各民族的血液中,通过神话传说等形式代代相传,成为各民族和谐共处的心理基础和精神纽带。

其中,同根共祖的观念分为两种情形,"一种情形是几个民族共认同一个传说人物为自己的祖先,如壮、汉、藏、苗、瑶等民族认'伏羲兄妹'为祖先,苗、瑶、畲、壮、黎、彝、白、汉等民族以'盘古'(或'盘瓠''盘王',或加一'盘生')为开天辟地的老祖宗;另一种情形

---

① 马俊毅:《中华民族共同体与人类命运共同体视角下的民族研究》,《贵州民族研究》2019年第11期。

② 楚雄、红河调查队搜集,郭思九、陶学良整理:《查姆》,云南人民出版社1981年版,第73—75页。

③ 丽江调查队搜集翻译整理:《创世纪》(纳西族民间史诗),云南人民出版社1978年版,第93页。

④ 白应华:《论普洱"民族团结誓词碑"建碑的历史必然性》,《普洱学院学报》2014年第2期。

是,某个民族认为某几个民族同出一源,同为一根所生……这都表明,中华民族有强烈的'根'意识"①。这种强烈的"同根共祖"意识,既是中华民族认同感的根基和思想基础,深刻体现了中华各民族的共同性,也为各民族铸牢命运共同体意识和民族团结意识奠定了坚实基础。

(二) 民族团结意识

五千多年来,各民族团结凝聚一直是主流,这种团结凝聚的民族关系有深厚、牢固的思想基础,即是在共同的民族团结意识引领下形成发展的。"民族团结意识是一种基于各族群长期的交往与互动而形成的一种建立在共同情感、共同道德信仰和共同理想信念上的相互联系、互相帮助的心理状态和向心趋势。"② 我国自古是一个统一的多民族国家,各民族在长期的历史过程中逐渐形成了"一荣俱荣、一损俱损"的共同体观念与团结意识。这种团结意识,不仅限于各民族内部,族际团结互助也非常广泛。"在云南,傣族聚居在坝子里,主要以种稻为生,辅以适量的经济作物,与彝族、哈尼族、布朗族、景颇族等其他山地民族,相互协作往来,形成'山坝结合''开放往来'的立体格局。"③ 在广西环江毛南族自治县,毛南族和汉族、苗族、水族、仡佬族等民族杂居,各民族相处和谐、团结友爱,在民间还流传着《三孝公的故事》,汉族谭三孝带领毛南族、苗族、水族等民族开垦农田,开凿水渠,帮助人们建设毛南地区。毛南族的历史就是毛南族与各民族相互依存和团结奋斗的历史。④ 中华各民族团结互助的实践生动阐释了中华民族一家亲的内涵。

在表达民族团结理念与决心的具体方式上,各地不一。其中,有通过剽牛盟誓的方式缔结永结同心的团结盟誓方式。诸如,明末清初的"阿佤山银厂剽牛盟誓"。当时,佤族、汉族和傣族三个民族通过剽牛盟

---

① 杨志明:《中华各民族认同感的思想文化根》,《云南师范大学学报》(哲学社会科学版) 1993年第1期。

② 孔兆政、张毅:《"天下"观念与中国民族团结意识的建设》,《中南大学学报》(社会科学版) 2010年第1期。

③ 陈金龙:《少数民族优秀传统文化与社会主义核心价值观契合研究》,西南交通大学出版社2018年版,第64页。

④ 覃文静:《从毛南族民间传说看毛南族与各族人民的友好往来》,《广西民族学院学报》1988年第4期。

誓的方式共同盟誓："佤、汉、傣三家要信守盟约、精诚团结、世代相好，有违盟者要罚交'龙首之马三匹，金角之牛三头'。"① 新中国成立初，普洱各民族也用剽牛盟誓、喝咒水的方式建立了"民族团结誓词碑"，发出了"一心一意跟党走"的誓言。除了剽牛盟誓外，还有通过团结鼓、种团结树、团结塔和团结棒等方式进行团结盟约。以民族团结鼓为例，木鼓文化是佤族文化的重要象征性符号，云南沧源县广允佛寺至今摆着一只木鼓，当地人将其尊称为"民族团结鼓"。"传说是一百多年前，佤族绍兴部落王赠送给勐角董土司一公一母的佤族木鼓，标志着佤傣两个民族的团结和睦。"再看民族团结塔。云南临沧勐董社区芒弄组的山顶有三棵合一的菩提树，当地群众将其尊称为"民族团结树"，是佤族和傣族团结一致、和睦相处的文化象征。② 据记载，1905 年为平息绍兴部落因民族械斗带来的矛盾，"绍兴王、耿马土司、顺宁府官员一起在佛寺前栽下三棵菩提树。至今，三棵树已经合为一棵树，成为勐董一道亮丽的风景线"③。虽然各民族表现的缔结形式不同，但其中都蕴含着"团结一心"的共同内涵。

（三）和而不同、包容多样意识

"和而不同、包容多样"的思想很早就萌发并融合于少数民族的观念与传统之中。早在西周时期就形成了"和而不同"的观念，成为指导人们行事的思想原则。首先，儒家的思想中渗透着"和"字，孔子提出："君子和而不同，小人同而不和。"孟子说："天时不如地利，地利不如人和。"这种"和而不同"的思想，经千百年的交流与融会，逐渐深入到各少数民族的传统思想中。彝族思想史《西南彝志》和《彝族源流》中就体现出相分而又相配、差异而又统一的思想，④ 与"和而不同"有着异曲同工之妙。姻亲关系作为古代民族关系中重要部分，正是"和而不同"

---

① 王德强、袁智中、陈卫东：《亲历与见证：民族团结誓词碑口述实录》，社会科学文献出版社 2018 年版，第 55 页。

② 《佤山民族团结盟约故事剪辑》，临沧市人民政府网：http://www.lincang.gov.cn/info/1571/20949.htm。

③ 《佤山民族团结盟约故事剪辑》，临沧市人民政府网：http://www.lincang.gov.cn/info/1571/20949.htm。

④ 伍雄武：《中华民族的形成与凝聚新论》，云南人民出版社 2014 年版，第 260 页。

原则在实践中的运用,即建立姻亲关系不能绝对的"同",要"和而不同",与异姓建立姻亲关系。"和而不同、包容多样"的意识渗透在中华民族的各个方面,贯穿于中华民族的国家观与民族观之中。中华文明之所以经久不衰,从族际整合来看,正是因为坚持"和而不同"的方针。历代王朝在处理多元的问题,一般强调"修其教不易其俗,齐其政不易其宜""因俗而治"等。正是在"和而不同、包容多样"思想的引导或影响下,不仅各民族多能包容差异、和谐共生,而且不同的宗教也能和谐多样、和睦相处、共生共存。①

三 社会观

(一) 崇德重仁意识

中华民族自古就是"崇德重仁"的民族,重仁义、轻利益的价值观约束各民族的行为。汉族以儒家思想为主导,自然倡导崇德重仁的价值观。孔子言:"远人不服,则修文德以来之,既来之,则安之。"这种崇德重仁的价值观从孔子开始就世代相传、不断升华与发展。明代郑和七次下西洋便是生动反映中华民族处理内外关系时"以德服人"的典型范例。明成祖朱棣要求郑和出使西洋诸国要"导以礼仪""以怀远人",在郑和返航时许多国家的使者都来华进贡,与中国建立了和平友好的关系,充分体现了睦邻友好、怀远以德的理念。

"崇德重仁"的价值观不仅贯穿于汉族的传统中,亦是中华各民族共同的民族精神与意识。蒙古族是崇尚武力的民族,但忽必烈建立政权后也接受了中原崇德重仁的传统;白族先民在秦汉时期被称为僰人,"据《水经注·江水注》引《地理风俗记》说,僰人,'乃夷中最仁,有人道,故从人'"②。由此可见,白族先民早已有"崇德重仁"意识。从南诏君臣共立的《德化碑》到大理国流传至今的《护法明公德运碑》《兴宝寺德化铭》,这些碑文都凸显了一个"德"字,彰显了白族、彝族"重道德"的价值观念和民族精神。壮族也同样将"崇德重仁"作为传统价值观念,壮族诗中说道:"邻里是兄弟,相敬又相让","莫为鸡相吵,莫

---

① 何星亮:《中华民族文化的多样性、同一性与互补性》,《思想战线》2010年第1期。
② 伍雄武:《中华民族的形成与凝聚新论》,云南人民出版社2014年版,第237页。

为狗相伤","壮家讲互助,莫顾自家忙"。①诗中所描绘的互帮互助、团结一致、勤劳勇敢、其乐融融的社会美德和公德,正是壮族人民"崇尚道德、重视仁义"的生动写照。

回顾中华五千多年的发展历程,"崇德重仁"价值观在其中占据着核心的位置,是处理民族关系和对外关系的基本准则,对民族团结与凝聚具有重大意义。就民族观而言,中国古代华夷之分不分种族而重文化,各民族都将崇尚道德、重视仁义作为民族文化的核心部分,因此在伦理道德方面中华各民族相互认同,在漫长的发展过程中虽有征服与杀戮,但最终都认同"崇德重仁"的观念而和睦相处、团结凝聚;就国家观而言,中国古代历代君王都主张"德治""仁政",无论是哪个民族执掌政权都吸收中原传统文化,接受儒家的"德治""仁政"等治国思想;就宗教观而言,不论哪个教派,都主张道德教化,重视伦理道德。②"崇德重仁"意识在中华文明发展史中发挥着不可或缺的作用。重视"崇德重仁"的道德品质和基本观念,是团结意识、集体主义等情感建立的重要前提。在重道德、重仁义的观念的引导下,中华各民族相容共处、和谐凝聚,结成多元一体的中华民族共同体。

(二) 礼义廉耻意识

中国自古为礼仪之邦,礼义廉耻是中华传统文化之瑰宝,凝聚了中华各民族的道德操守和价值理念。"在《管子》一书中,管仲极力倡导各国积极推行'四维'之治国方略。齐桓公最早将'礼义廉耻'运用到治理国政之中。"③齐桓公在齐国大力推崇"礼义廉耻"思想,其目的就在于加强对齐国百姓的道德教化,以统一民心,维持社会稳定。礼义廉耻也是少数民族的传统美德。哈萨克族哲理名篇《阿拜箴言集》里指出:"盛怒时沉默的人,有坚强的毅力;而满口喷粪的人或惯于虚张声势,或胆小如鼠。"④此外,少数民族的礼义廉耻观念也贯穿于各种礼仪礼节、古理古规、宗法制度、风俗习惯与宗教信仰之中。至今,由于边疆民族

---

① 肖万源、伍雄武、阿不都秀库尔主编:《中国少数民族哲学史》,安徽人民出版社1992年版,第551页。
② 伍雄武:《中华民族的形成与凝聚新论》,云南人民出版社2014年版,第242—245页。
③ 肖述剑:《礼义廉耻哲学思想及其当代论域》,《求索》2013年第7期。
④ 阿拜:《阿拜箴言集》,哈拜译,中国国际广播出版社2016年版,第71页。

地区的地理、交通、经济等原因,孝老爱亲、诚实守信、见贤思齐等礼义廉耻观念仍然是各民族的重要道德规范,有力促进了社会和谐。"当笔者置身于澜沧拉祜西寨子、置身于沧源佤族寨子以及独龙江峡谷的独龙族乡村,总能找到一种返璞归真的感觉,而且一种发自内心的温暖总会油然而生。在这里,尊老爱幼、长幼有序、邻里和睦、与人为善、诚实守信等淳朴和谐的乡风家风蔚然成风。"① 在乡村振兴进程中,这些传统美德都是乡村振兴的宝贵资源。

四 自然观

在人与自然的关系方面,中华民族自古就追求人与自然和谐相处,追求"天人合一"。体现在少数民族传统观念中,具体表现为敬畏自然、和谐共生两个方面。

一是敬畏自然。由于少数民族多居于国家疆域的边缘地带,且大多生活在崇山峻岭之中,在这样的生存状态下人们的生活方式多依附于土地、依赖于大自然的恩赐。由于这样的生存状态,加之历史上人们认识世界改造世界的水平有限,因此,人们对于自然往往是心怀敬畏和崇拜的。其中,少数民族普遍存在的自然崇拜便是敬畏自然的直接体现。人们常常通过歌舞、献祭、祈祷、忏悔等方式来表达对自然的崇敬与敬畏之情。

二是和谐共生。各少数民族在心怀对自然的敬畏,在生产生活中所积累的各种经验与教训基础上,逐渐生成了最大程度上实现人与自然和谐相处、和谐共生的理念。诸如,哈尼族的梯田文化就极具典型。哈尼族在长期的生产实践中与梯田形成了密不可分的联系,赋予了梯田以生命的价值与意义。"从上至下,森林、村寨、梯田、江河水系形成四度同构的生态系统,展现了人与自然和谐发展、完美互动的图景。"② 哈尼族人自古就形成了"敬畏自然"的生态保护意识,并在这种意识下产生了

---

① 廖林燕:《乡村振兴进程中"直过"民族传统社会组织的创造性转化研究》,《西南民族大学学报》(人文社科版)2018 年第 10 期。

② 陈金龙:《少数民族优秀传统文化与社会主义核心价值观契合研究》,西南交通大学出版社 2018 年版,第 59 页。

一系列哈尼族特有的祭祀礼仪,诸如祭献秧田、拔秧礼仪、插秧礼仪、仰阿纳节、祭田坝礼仪、关害虫礼仪、叫谷魂礼仪、祭谷仓等诸多礼仪。"从这些礼仪来看,哈尼族真正把自己的一生与梯田及其耕作缠绕在一起了。这种缠绕使哈尼族在'神''人''梯田'之间建立起了深刻而持久的情感纽带"①,并在漫长的发展过程中逐渐形成与自然"和谐共生"的梯田典范。再如,侗族的和谐共生意识也非常突出。"侗族人能够因地制宜,根据不同的土壤、气候、水热条件等,栽种不同的植物,形成丰富的生物群落,由此保证了整个生态环境的动态平衡。"② 正是各民族在长期的生产生活实践中,展现了本民族生产智慧和生态观念,既保证了作物产量和效率的提高,也实现了生态环境的良性循环,真正做到了人与自然和谐共生。

习近平总书记多次强调:"良好生态环境是最公平的公共产品,是最普惠的民生福祉"③,"建设生态文明关系人民福祉、关系民族未来的大计"④,"绿水青山就是金山银山;保护生态环境就是保护生产力"⑤。"民族地区幅员辽阔,是我国的资源富集区、水系源头区、生态屏障区,民族地区的生态环境治理事关长江、黄河、澜沧江、怒江、雅鲁藏布江等大江大河的治理,事关国家生态环境战略的实现,事关生产力的保护。"⑥ 在乡村生态振兴的目标要求下,不断传承与弘扬人与自然和谐共生的生态保护理念,具有重要的道德教化作用,有助于从内生动力的角度助推美丽乡村建设与美丽中国建设。

---

① 罗有亮:《梯田农耕中的传统文化与时代精神——以红河哈尼梯田为例》,《农业考古》2014年第6期。
② 陈金龙:《少数民族优秀传统文化与社会主义核心价值观契合研究》,西南交通大学出版社2018年版,第59页。
③ 《习近平关于社会主义生态文明建设论述摘编》,中央文献出版社2017年版,第4页。
④ 《习近平关于社会主义生态文明建设论述摘编》,中央文献出版社2017年版,第7页。
⑤ 《习近平关于社会主义生态文明建设论述摘编》,中央文献出版社2017年版,第12页。
⑥ 殷兴东、牛绿花:《贫困突围、生态屏障、国防前沿——民族地区乡村振兴的三个维度》,《原生态民族文化学刊》2019年第2期。

第三章

内在机理：优秀传统治理资源创造性转化的理路

第一节 何以转：传统治理资源创造性转化的推动逻辑

欲探析优秀传统治理资源创造性转化的作用，首先须分析是何种逻辑推动着传统治理资源的创造性转化。新中国成立以后，传统治理资源在现代化进程中传承的同时也在不断转化与创新，而推动其转化创新的力量是多元的，主要包括国家制度逻辑、国民身份逻辑、国族逻辑、政治文化逻辑和自发逻辑等。

一 国家制度的重构：传统治理资源创造性转化的制度逻辑

传统治理资源必然受到国家形态的深刻塑造。随着传统治理资源所依托的国家形态从传统的王朝国家形态演进到现代民族国家形态，那么，传统治理资源也必然受到现代民族国家的深刻影响，从而不断从传统形态向现代形态转化。

(一) 国家政权的一体化建设，推动了传统治理资源的根本性改造

民族国家这种全新的国家形态对传统治理资源的塑造与影响是根本性的。与王朝国家的差异化统治方式不同，民族国家强调一体化，"现代国家最基本的要求是，在全国范围内建立统一的政权和制度，实现国家的统一和完整"[①]。随着国家权力"横向到边，纵向到底"的一体化推

[①] 周平：《中国共产党的族际政治整合策略》，《理论与改革》2021 年第 4 期。

进,必然建立一种全新的传统治理资源与国家的政治关联,并赋予与注入其全新的"国"内涵。

一是国家政权的一体化建设,必然推动传统治理资源具有历史性意义的政治关系重塑。1949年中华人民共和国成立,标志着一种全新的现代国家形态——民族国家的建构。而现代国家建构的首要问题,便是现代意义的国家政权建构。国家建构是指"建立新的政府制度以及加强现有政府"[①],中国现代国家建构同样如此,首要任务便是建设一个统一而强有力的现代国家政权。而中国现代国家政权的建构,并不仅仅是推进国家政权由传统向现代转型,而是具有中国式的特点,体现了一种新型的现代国家建构逻辑,它是通过改造传统社会形态以实现国家权力的集中,进而又通过集中的权力进一步改造传统社会形态。"对于中国的现代国家建构而言,政权建构和社会形态建构是接续进行、密不可分的两个阶段,它们统一于中国现代国家建构的历史过程。""中国的国家建构并不仅仅意味着实现国家政权的组织形式从传统向现代的转变,还承担着改造社会、促进社会发展、建设一个'现代社会'的任务。政权建构是现代国家建构的重要任务,但并非唯一任务;现代政权建构只是手段,并非最终目的,其功能是实现对社会的改造、建设和发展,使得社会和民众能够共享现代化发展的成果,从而建立民众对国家政权的认同。'政权建构'和'社会形态建构'统一于中国现代国家建构的内涵和进程。"[②] 当时,为建立人民民主政权,实现国家权力的集中,必然要求改造传统社会中具有显著差异性的地方性政权,从而将散落的地方权力集中到人民民主的国家政权手中。在民族地区,这种社会改造突出体现在逐渐废除少数民族地区传统的封建领主制、贵族制度、土司制度、头人制度等地方性权力。而这一改造的深层次推动是通过民主改革完成的,通过经济基础的土地改革实现政权革命。从1951—1961年,经过10年的努力,少数民族地区完成了变革生产资料所有制为主要内容的民主改革。

---

① [美]弗朗西斯·福山:《国家构建:21世纪的国家治理与世界秩序》,郭华译,学林出版社2017年版,第7页。
② 陈军亚、王浦劬:《以双重革命构建新型现代国家——基于中国共产党使命的分析》,《政治学研究》2022年第1期。

通过民主改革，实现了具有历史性、革命性意义的以现代化为指向的政治关系重塑。其中，一度在少数民族历史上传承千百年的传统社会组织，一些已悄然终结在历史的尘埃之中，一些则由历史上的地域权力中心逐渐转化为党组织领导下的民间组织在文化领域发挥协同作用。

二是国家政权的现代化指向建设，逐步推进传统治理资源与现代社会相适应。中国民族国家这种全新的现代国家形态建立以后，如何基于中国实际进行"现代化指向"的持续建设与塑造，推进"中国式现代化"是一个根本性问题。特别是基于几千年的历史文化传统，如何处理传统与现代的关系成为一个重大现实问题。新中国成立以后，在通过改造传统社会形态以实现国家权力的集中的基础上，也通过集中的权力进一步改造传统社会形态。突出体现在，以现代化为指向，以平等、民主、法治为先进治理理念，积极推动传统治理资源的现代转型与重塑，使其与现代化相适应。具体在少数民族传统文化方面，国家通过一系列的民族政策、宗教信仰自由政策、民族工作以及一些重要决定与意见等，在以慎重稳进的态度尊重保护民族风俗习惯的同时，也全面有序地开展移风易俗工作，在去除糟粕的基础上进行扬弃继承。在此过程中，一些与现代文明理念背道而驰的封建、愚昧、迷信等传统价值观念与传统习俗逐渐失去了生存的土壤，被时代所摒弃。

（二）民族区域自治制度的推行，为传统治理资源在发展中传承创造了制度环境

一方面，现代民族国家的一体化政权建设对传统治理资源的改造与重塑是根本性的，另一方面，在国家"增进共同性，尊重和包容差异性"理念下民族区域自治制度的推行，在确保国家政权统一性的同时又在民族聚居地方尊重和包容差异性，保障民族区域自治的特殊权利，而这显然又有助于在民族国家形态下营造适宜传统治理资源在发展中传承的制度环境。

一是民族区域自治制度的推行，为传统治理资源在发展中传承提供了制度保障。中国现代民族国家建构在推进国家政权的一体化建设中，也必然带来政治现代化与社会规模的关系问题，以及政治一体与文化多元的关系问题。"如何处理政治理性化建制与社会规模的关系，为统一多

民族国家建构提出了治理难题。"① 而民族区域自治制度正好化解了这一中国式现代国家建构中的治理难题。民族区域自治制度是国家基于各民族"大杂居、小聚居"的民族分布特点所制定的、最符合中国实际的一项族际整合制度。通过民族区域自治制度，党和国家灵活地将历史上所建立的且在新中国仍然延续的少数民族地方政权纳入统一国家的政治体系之中，有效解决了王朝国家末期和中华民国时期想解决而又最终未能解决的将少数民族地方政权全面纳入国家政治体系的问题，从而实现了历史因素与现实因素的结合。"从族际政治整合的角度来看，国家制度中这样一项专门的安排，在全国性统一政治与民族性地方之间，建立一个能够将它们衔接起来的框架或渠道，推动了全国性统一制度在边疆多民族地区的落实。"② 而在民族区域自治制度下，国家给予自治地方一定的自治权，使民族自治地方在政治、经济、文化和社会生活等方面能够因地制宜地进行符合本区域的治理实践创新。正是在这个过程中，如果说现代民族国家的治理体系与现代理念推动了对传统治理资源的根本性改造，那么，民族区域自治制度又为经改造转化以后的那部分优秀传统治理资源的传承与发展提供了制度环境。诸如，现行《中华人民共和国民族区域自治法》第十条规定："民族自治地方的自治机关保障本地方各民族都有使用和发展自己的语言文字的自由，都有保持或者改革自己的风俗习惯的自由。"第十九条规定："民族自治地方的人民代表大会有权依照当地民族的政治、经济和文化的特点，制定自治条例和单行条例。"③ 这些都为少数民族优秀传统治理资源的传承与发展提供了环境空间。

二是民族区域自治制度的推行，增添了传统治理资源共同性的价值内涵。王朝国家时期，"华夷之辨"观念影响下地方政治制度的差异性突出。中国建立民族国家后，将"多元"整合于"统一"的国家政治共同体之中，是国家处理民族关系的基本出发点。国家通过民族区域自治制度，这一民族因素与区域因素相结合、政治因素与经济因素相结合的制

---

① 朱军：《中华民族共同体意识共同性的现代性转化及发展》，《民族研究》2021 年第 3 期。
② 周平：《中国共产党的族际政治整合策略》，《理论与改革》2021 年第 4 期。
③ 《中华人民共和国民族区域自治法》，《中华人民共和国全国人民代表大会常务委员会公报》2001 年 2 月。

度安排,①"在全国性统一制度与民族性地方之间,建立了一个能够将它们衔接起来的框架或渠道,推动了全国性统一制度在边疆多民族地区的落实,维护和保障了国家政权和制度的统一,并满足了民族性地方对于政治权利的诉求。……这种整合策略的核心,是将统一性与差异性或特殊性结合起来,在统一的制度体系中维持一定的差异性,同时将差异性作为实现统一性的手段"②。因此,离开中华民族大家庭和国家的统一性,民族区域自治就无从谈起。③ 民族区域自治制度在制度设计上与国家整体性的制度设计相接轨,民族自治地方的权力机关、行政机关、司法机关与一般行政区的设置趋同,各级党委建制齐全。④ 正是民族区域自治制度的民族因素与区域因素相结合,因此,在赋予传统治理资源以生存环境的同时,也以制度规约增添了传统治理资源的共同性内涵。诸如,中华民族共同体、中华民族一家亲、对伟大祖国的认同、对中国共产党的认同等观念,在现代化进程中逐渐融入传统习俗资源中,增添了传统习俗资源的共同性价值内涵。此外,传统治理资源部分内容转化为制度化的自治条例和单行条例时,需要经过上级国家机关的批准,且不能违背宪法和相关法律的规定。

(三) 乡村治理机制的重构,为传统治理资源在传承中发展提供了生存空间

在民族区域自治制度的大环境下,因国家与社会关系的重构所直接带来的乡村治理机制的重构,这又进一步从乡村层面的制度规约性上直接推动了传统治理资源从公共空间到表现形式等各方面的现代转化。

一是乡村治理机制的重构,推动传统治理资源的现代变迁。费孝通曾将中国王朝国家时期的政治称为具有自上而下和自下而上两条渠道的"双轨政治"。县一级行政区划是两条轨道的中心点,县以上由中央管辖,县以下则由地方自治。1949年现代民族国家建立以后,随着国家权力的

---

① 刘延东:《高举中国特色社会主义伟大旗帜 坚持和完善民族区域自治制度》,《求是》2007年第24期。
② 周平:《中国共产党的族际政治整合策略》,《理论与改革》2021年第4期。
③ 周平:《中华民族:中华现代国家的基石》,《政治学研究》2015年第4期。
④ 王成、林凡彬:《中华民族共同体形塑的历史制度机制及其启示》,《中国人民大学学报》2022年第3期。

下沉，特别是农村集体化运动的推进，少数民族乡村也和全国一道建立了"政社合一"的乡村治理机制。在"政社合一"机制下，曾经一度在传统社会形态中内发自生、自成一体、相对封闭地发挥治理功能的传统治理资源逐渐被解构。直至20世纪80年代后，我国乡村治理结构才发生了重大变化：国家权力从乡村社会收缩至乡镇一级，乡镇权力成为国家权力的基础与末梢，而在村一级则实行村民自治，即"乡政村治"模式。其中，1982年第五届全国人民代表大会通过的《中华人民共和国宪法》不仅废除了人民公社，而且规定"乡、民族乡、镇是我国最基层的行政区域"，同时规定"城市和农村按居民居住的地区设立的居民委员会或者村民委员会，是基层群众性自治组织"。1987年11月，六届全国人大常委会第23次会议又通过了《中华人民共和国村民委员会组织法（试行）》，对村民委员会的性质、任务、政治方式等作了具体明确的规定，并于1988年1月开始实施。在"乡政村治"模式下，政府权力的收缩为乡村社会的自我组织与自我管理提供了制度空间。其中，不仅设置了村党支部、村民委员会等正式权力形态，而且，一些传统社会组织也逐渐复苏，并在复苏中得到新的发展，获得新的生机。

二是党建引领基层治理的完善，推动传统治理资源的现代转化。党建引领基层治理是推动传统治理资源现代转化的政治前提与基本方向。"中国特色社会主义最本质的特征是中国共产党领导，中国特色社会主义制度的最大优势是中国共产党领导"，"坚持党对一切工作的领导"，[①] 这体现了中国式现代化的本质特点，有着深刻的"权威—秩序—发展"的逻辑。美国著名政治学者塞缪尔·亨廷顿专门提到强大之政党与政治稳定的关系，对于后发现代化国家来说，"那些在实际上已经达到或者可以被认为达到政治高度稳定的处于现代化之中的国家，至少拥有一个强大的政党"[②]。在中国式现代化下，"党建引领这一制度创新在深层次上是坚持和加强党的全面领导与提升党在新时期组织力这两方面战略任务的交

[①] 习近平：《决胜全面建成小康社会 夺取新时代中国特色社会主义伟大胜利——在中国共产党第十九次全国代表大会上的报告》，人民出版社2017年版，第20页。

[②] ［美］塞缪尔·P.亨廷顿：《变化社会中的政治秩序》，王冠华、刘为等译，上海人民出版社2015年版，第341页。

集与产物"①，有着突出的政党整合功能的整体性治理逻辑。"党建引领下的整体性治理在本质上是一种应对中国转型时期社会分化以及基层治理碎片化的实践性和理论性回应。"② 2017 年，中共中央、国务院《关于加强和完善城乡社区治理的意见》强调，"把基层党的建设、巩固党的执政基础作为贯穿社会治理和基层建设的主线，以改革创新精神探索加强基层党的建设引领社会治理的路径"③。2021 年，中共中央、国务院《关于加强基层治理体系和治理能力现代化建设的意见》要求，"把党的领导贯穿基层治理全过程、各方面"④。党的二十大报告指出："坚持大抓基层的鲜明导向……推进以党建引领基层治理，持续整顿软弱涣散基层党组织，把基层党组织建设成为有效实现党的领导的坚强战斗堡垒。"⑤ 在党建引领下，推动着传统社会组织从治理结构、治理功能到治理方式等方面不断进行转化与创新。第一，党建引领基层治理的完善，推动传统社会组织在基层治理中找准定位实现现代转化。体现在传统社会组织主要作为体制外的非正式权力形态在基层党组织的领导下参与乡村的协同共治；第二，党建引领为传统社会组织的现代转化指明了方向：引导传统社会组织向着增强政治使命感和社会服务意识的方向转化。

二 国民身份塑造：传统治理资源创造性转化的身份逻辑

传统治理资源的形态与人口的社会身份密切相关。创造并使用传统治理资源的主体是人，而人的社会政治身份是一个关联着国家体制的根本性问题。⑥ 当民族国家取代王朝国家成为全新的国家形态，传统的臣民身份向国民身份转化，那么，人口的社会身份和观念的改变也必然推动着传统治理资源从内涵到形式上的现代性转化。

---

① 黄晓春：《党建引领下的当代中国社会治理创新》，《中国社会科学》2021 年第 6 期。
② 陈秀红：《整体性治理：党建引领基层治理的一个解释框架》，《学习与实践》2021 年第 12 期。
③ 《关于加强和完善城乡社区治理的意见》，《人民日报》2017 年 6 月 13 日第 1 版。
④ 《中共中央 国务院关于加强基层治理体系和治理能力现代化建设的意见》，《人民日报》2021 年 7 月 12 日第 1 版。
⑤ 习近平：《高举中国特色社会主义伟大旗帜 为全面建设社会主义现代化国家而团结奋斗——在中国共产党第二十次全国代表大会上的报告》，人民出版社 2022 年版，第 67 页。
⑥ 周平：《中国多民族国家体制的几个悖论》，《江汉论坛》2022 年第 6 期。

（一）"国民性"改造，推动了传统治理资源在内涵上的"去依附性"

中国现代国家建构的突出特点，就是通过改造传统社会以建构现代国家，蕴含着政治革命与社会革命的双重逻辑。而社会革命，不仅包括改造传统社会的地方性权力，还包括对传统的政治身份进行革命性改造。由于现代国家体制需要一种全新的社会政治身份——国民身份予以支撑，因此，对传统臣民身份的改造与人口国民化的建设一直伴随着中国现代民族国家的建构进程。"中国的国民身份问题，由现代国家即民族国家体制的构建而引发，并随着民族国家体制的构建而丰富。其核心是在构建取代王朝国家的新国家体制的过程中，突出'国'与'民'的关系，从而塑造与'国'相适应的'民'。"①

民族国家建构进程中政治身份改造被批判得最猛烈的劣根性是奴性，这种奴性根源于封建压迫制度造成的人身依附关系。辛亥革命在开启民族国家构建的同时，则把王朝解体后从专制制度束缚下解放出来的居民加以国民化的改造和引导，将其一步步引向同质化且不依附于强权的国民。②孙中山创立中华民国，在形式上首次赋予了中国人"国民"的身份；1946年底通过的《中华民国宪法》，对国民进行了明确界定，从而以宪法的形式，把全部人口定义为国民，标志着近代以来人口国民化的基本完成。③新中国的成立，国家进一步通过土地改革，解决了奴性生成的根源，推动了民与国之间政治关系的根本性变革，不仅公民在法律面前一律平等，而且各民族也一律平等。国民身份的确立不仅建立了民与国之间全新的政治关系，而且也支撑了一元性国民权利的"现代国家的国家伦理"④。国是民之国，国家权力来自国民，国民拥有参与国家管理的权利。人口国民化所构建的国民身份，造就了一种权利义务平等、行为

---

① 周平：《中国国民身份问题的再审视》，《云南师范大学学报》（哲学社会科学版）2022年第1期。

② 周平：《中国何以须要一个国族？》，《思想战线》2020年第1期。

③ 周平：《中国国民身份问题的再审视》，《云南师范大学学报》（哲学社会科学版）2022年第1期。

④ 周平：《中华民族的现代构建及其意义》，《社会科学研究》2021年第6期。

自主的社会行动者。① 其中，具有临时宪法作用的《共同纲领》规定："中华人民共和国境内各民族一律平等，实行团结互助"，"反对大民族主义和狭隘民族主义，禁止民族间的歧视、压迫和分裂民族团结的行为"。②由于传统治理资源所依托的国家形态以及由此文化浸润和影响的人口政治身份的革命性变革，必然推动传统治理资源由传统形态向现代形态变革，一个突出方面就是推动了一些传统组织资源与习俗资源在内涵上的"去依附性"。诸如，传统的封建领主制、贵族制度、土司制度等传统等级制度都被废除，传统治理资源向着与现代民族国家下国民身份相协调的方向转化与重塑。

（二）国民身份的确立，激发了传统治理资源的"国家进场"内涵

臣民身份向国民身份的转变，背后的逻辑是王朝国家向民族国家转变使国与民的关系由君主之臣民转向国家之国民。国民身份的确立，在推动传统治理资源内涵上"去依附性"的同时，由于国民身份建立起个人与国家的直接联系，也打破了传统治理资源的地域性认同局限，凸显了传统治理资源特别是传统习俗资源的"国家进场"内涵。

王朝国家形态下人口的基本政治身份是臣民，但实际上却是具体地组织于家庭或家族之中，处于以家族关系和地缘为基础的垂直原则相交错形成的关系之中。③ 这是由于：农耕文明条件上的民众依附于土地并聚族而居，几千年来都是个体经济，一家一户便构成一个生产单位，④ 并未能与"国"建立起直接的权利义务关系，更多处于"知寨不知国"的状态，而在村社的范围内则以家庭或家族的形式建立具体的权利义务关系。现代民族国家的人口国民化，在推动去奴性改造的同时，也改变国民对国家的认知，特别是摒弃狭隘的地域主义，将人们对地域的认同转变为对国家的认同。人口国民化进程也直接推动着传统治理资源认同内涵的"去地域化"。其中，一些习俗资源正是在国民身份建构中被激发出全新的"国家认同"内涵。诸如，笔者对澜沧县拜年仪式的调研发现，"国民

---

① 周平：《中国的人口国民化研究》，《政治学研究》2021年第1期。
② 中央统战部编：《民族问题文献汇编》，中共中央党校出版社1991年版，第1290页。
③ 周平：《中华民族的现代构建及其意义》，《社会科学研究》2021年第6期。
④ 《毛泽东选集》第3卷，人民出版社1991年版，第931页。

身份的塑造与持续建设,由此铺叙了拜年仪式'去地域化'的同时也与时俱进再生出鲜明的'国'的内涵的基石"①。

(三)国民教育的深入,夯实了传统治理资源的国家属性叙事

一是国民教育的深入,深化了国民对传统治理资源的中华文化"共同性"感知。国民教育是"'国家主义教育'政策的产物,是国家本位、集体本位的体现"②。国民教育既在国民性塑造时凝聚、统一国民的民族精神和民族灵魂,也在国民身份确立后延续并加深国民身份的认知。国民教育的民族主义进路将各民族创造的辉煌历史和灿烂文化凝聚为中华民族的共同文化。中华民族是中国的国族,中华民族的文化是各民族共同创造的文化。国民教育把优秀传统治理资源作为中华优秀传统文化的一部分,引导人们在对传统治理资源的发掘、继承、发展中感受中华民族优秀的历史文化,提升了国民的民族自豪感,振奋了民族精神。显然,国民教育中关于少数民族文化与中华优秀传统文化之间的关系问题,特别是传统治理资源是中华各民族共同创造的宝贵精神财富,是中华优秀传统文化的重要组成部分,又进一步深化了国民对传统治理资源的中华文化"共同性"认知。

二是国民教育的深入,建立起传统治理资源与民族国家的内在联系,激发了传统治理资源更丰富的"国"之内涵。国民教育以国民为对象,是以提升国民对国家的认识及培育对国家的认同感和归属感为目的的教育活动。③ 国民教育的深入增进了国民的国家认同,而国家认同的自觉又必然赋予传统治理资源以新的文化内涵,由此激化了传统治理资源更丰富的国家认同内涵与表达。

三 "多元一体"的国族建设:传统治理资源创造性转化的关系逻辑

族际关系是解释传统治理资源内涵创新的又一因素,也是解读中国

---

① 廖林燕:《国家在场与认同转换——铸牢中华民族共同体意识下普洱澜沧拜年仪式现代转化分析》,《云南民族大学学报》(哲学社会科学版)2022年第2期。

② 秦秋霞:《国民教育和公民教育关系之辩——兼论公民教育的时代价值》,《教育科学研究》2014年第11期。

③ 王枬、柳谦:《在国民教育中强化国家认同——桂滇边境国门学校调查研究》,《广西师范大学学报》(哲学社会科学版)2013年第5期。

现代国家建构中"社会革命"的一个重要内容。"社会革命"不仅包括改造传统社会的地方性权力与传统的政治身份,也包括中华民族的现代建构。"民族国家的核心内涵是国族。"① 将多个传统民族整合为一个国族,这是民族国家构建的必要条件。中国构建民族国家的过程也是如此,新中国的成立实现了将国内各族群整合为"多元一体"和"全民一体"的中华民族。国族对中国近代以来的现代国家、现代社会的建设和发展提供了基础性支撑。② 与王朝国家时期不平等的、有历史隔阂的民族关系相比,民族国家的国族建设推进民族团结与凝聚,因而也必然推动着传统治理资源的现代转化。

(一)在中华民族站起来的时候,国家通过新型民族关系构建与民族扶持政策,催生了传统治理资源的全新认同内涵

在中华民族站起来的时候,国家通过法律规定、民族识别、民族工作和民族扶持政策等,实现民族平等,推动民族团结,催生了传统治理资源的全新认同内涵。

一是国家通过平等团结的新型民族关系构建,催生了传统治理资源的族际和谐内涵。国家不仅通过法律规定建构平等的民族关系,如《共同纲领》规定:"中华人民共和国各民族一律平等,实行团结互助。"还赋予少数民族自主管理本民族事务的特殊权利;而且,还通过民族识别建构民族的身份与族称。从 20 世纪 50 年代开始,党和国家先后开展了三次大规模的民族识别工作。直到 1979 年将基诺族确认为单一的少数民族,全国 55 个少数民族得到确认;此外,国家还通过设立民族事务机构、民族工作队及调解委员会等方式,以及邀请少数民族代表赴京观礼等形式,及时解决因历史遗留所导致的民族隔阂。1951 年 12 月 20 日中央人民政府民族事务委员会副主任委员刘格平在中央民委第二次扩大会议上指出:"在人民政府民族团结的号召下,在各民族人民的觉悟基础上,各少数民族地区纷纷订立团结公约,大凉山彝族成立了调解委员会,云南普洱地区各民族树立了民族团结碑,广西的大瑶山上,也重新树起了石碑,石

---

① 周平:《多民族国家的族际政治整合》,中央编译出版社 2012 年版,第 227 页。
② 周平:《中国何以须要一个国族?》,《思想战线》2020 年第 1 期。

碑上写上了团结公约。"① 民族身份的确立、国家对少数民族权利的保障、民族纠纷的调解，这些都历史性地改变了过去不平等的民族关系，使我国民族关系逐渐朝着平等、团结、互助、和谐的方向不断巩固和发展。而新型政治关系又必然反映在传统文化之中，能动地推动传统治理资源摒弃与新型民族关系不相适应的时代内容，并与时俱进地朝着族际和谐的方向进行现代转化。

二是中华大家庭通过点、线、面相结合的对家庭成员的全面扶持，催生了传统治理资源全新的国家认同内涵。中华人民共和国成立以后，实现了各民族在政治上的平等，构建了各族人民共同当家作主的新型政治关系，但是，由于历史和现实因素的影响，仍然存在着马克思列宁主义所指出的民族间"事实上的不平等"②，而且这样的"不平等"仍然是"一切不满和摩擦的根源"。③ 周恩来曾指出："最根本的问题是帮助少数民族发展生产，改善生活。如果少数民族在经济上不发展，那就不是真正的平等。所以，要使各民族真正平等，就必须帮助少数民族发展经济。"④ 新中国成立时，国内存在着多种社会形态，各民族经济发展十分不平衡，有的少数民族处于政教合一的农奴制度下，有的处于奴隶社会形态，还有十多个民族仍处于刀耕火种的原始社会形态。针对民族地区生产生活条件落后的状态，新中国通过补贴、减免税收、救济、扶持等多种方式全面扶持发展生产，大力改善生产生活条件。其中，对于仍处于原始社会末期的景颇、傈僳、德昂、怒、布朗、佤、基诺、鄂伦春、鄂温克族地区和部分黎族地区，国家发放补助费和无息贷款，平均每一贫困户发放生产补助费127.5元、无息贷款852元、生活救济费221元。1952—1958年，中国人民银行对少数民族地区发放的贷款（包括无息贷款和低息贷款）累计达13.7亿元。此外，为了改良农具，国家还向少数民族地区无偿发

---

① 刘格平：《两年来的民族工作》，《民族政策文件汇编》（第一编），人民出版社1958年版，第54—55页。
② 《列宁全集》第36卷，人民出版社1994年版，第101页。
③ 《斯大林全集》第5卷，人民出版社1957年版，第201页。
④ 周恩来：《要尊重少数民族的宗教信仰和风俗习惯》，中共中央文献研究室、中共新疆维吾尔自治区委员会编《新疆工作文献选编》（一九四九—二〇一〇年），第145页。

放铁质农具，使这些地区的农业生产效率显著提高。1952 年，西南地区无偿发放农具达 130 多万件。随后中央又推广了无偿发放农具的经验，扩大了推广范围。① 而且，国家还对民族地区实行轻税政策。如 1953 年 6 月政务院在《关于一九五三年农业税工作的指示》中将少数民族聚居并且生活困难的地区列入"社会减免"的范围。② 通过这些点、线、面相结合的民族扶持政策，在实现少数民族社会发展阶段的历史性跨越基础上，进一步实现了经济文化事业的迅速发展。正是因为中华大家庭对家庭成员的全面呵护，不仅铸牢了中华民族共同体意识的物质基础，而且也激发出传统治理资源的全新时代生命力，它们开始超越以往对"部落""民族"的传统依附与认同局限，与时俱进地绽放出动人心魄的"国家认同之花"。

（二）在中华民族富起来的时候，国家通过精准扶贫等政策，进一步催生了传统治理资源的国家认同内涵

改革开放以后，国家通过系列民生工程，加大对民族地区的财政优惠、政策扶持和政策照顾。1980 年起设立"支援不发达地区发展资金"和"边境建设事业费"，③ 1999 年开展"兴边富民行动"，2000 年起正式实施"西部大开发"战略。特别是党的十九大以后，精准脱贫政策全面实施，习近平总书记强调"全面建成小康社会，一个民族都不能少"④。在精准扶贫思想的指导下，2021 年年初我国脱贫攻坚取得了全面胜利。边疆九省区"3121 万贫困人口全部脱贫，民族自治地方的 420 个贫困县全部摘帽。"⑤ 民族地区脱贫奔小康取得辉煌成就。脱贫攻坚的伟大胜利，"是中国共产党和中国人民团结奋斗赢得的历史性胜利，是彪炳中华民族发展史册的历史性胜利，也是

---

① 王希恩主编：《20 世纪的中国民族问题》，中国社会科学出版社 2012 年版，第 386—387 页。
② 《农业政策文件选编》（一），中国人民大学农业经济系资料室选印 1980 年版，第 142 页。
③ 李坤、苏海舟：《中国共产党民族政策的演进逻辑：以 1949—2020 年的民生政策为中心》，《西北民族研究》2021 年第 2 期。
④ 本刊评论员：《全面小康一个民族都不能少》，《人民日报》2020 年 6 月 11 日第 2 版。
⑤ 中共中央统一战线工作部、国家民族事务委员会编：《中央民族工作会议精神学习辅导读本》，民族出版社 2022 年版，第 112 页。

对世界具有深远影响的历史性胜利"。① 脱贫攻坚的伟大胜利夯实了中华民族共同体意识的物质基础，空前激发了传统治理资源的国家认同内涵。

（三）在中华民族强起来的时候，国家通过命运共同体建设激发了传统治理资源的中华民族一家亲内涵

在中华民族强起来的时候，各民族在交往交流交融的基础上进一步铸牢中华民族共同体意识，进一步深化了传统治理资源的中华民族一家亲内涵。第五次中央民族工作会议明确指出，"铸牢中华民族共同体意识是新时代党的民族工作的'纲'，所有工作要向此聚焦"。② 铸牢中华民族共同体意识的科学内涵又进一步表现为"引导各族人民牢固树立休戚与共、荣辱与共、生死与共、命运与共的共同体理念"③。首先，经济上的联系、文化上的交融、生活上的嵌入等自然而然地使各民族凝聚为一个休戚与共的命运共同体；其次，国家也通过民族政策与国民教育使共同体理念铸入各民族成员的血液与灵魂之中；此外，实现中华民族伟大复兴的中国梦，也将所有中华儿女凝聚成为一个休戚与共的命运共同体。民族团结的磅礴力量、命运共同体意识的信仰，前所未有地激发了传统治理资源的中华民族一家亲内涵。

四　政治文化的重塑：传统治理资源创造性转化的文化逻辑

政治文化的重塑是推动传统治理资源创造性转化的又一逻辑。中国现代国家建构中的"社会革命"，不仅包括改造传统社会的地方性权力、改造传统政治身份，进行中华民族的现代建构，也包括改造传统的政治文化。根据美国著名政治学者阿尔蒙德的观点，政治文化是指："一个民族在特定时期流行的一套政治态度、信仰和感情，这个政治文化是由本

---

① 习近平：《高举中国特色社会主义伟大旗帜　为全面建设社会主义现代化国家而团结奋斗——在中国共产党第二十次全国代表大会上的报告》，人民出版社2022年版，第4页。

② 《以铸牢中华民族共同体意识为主线　推动新时代党的民族工作高质量发展》，《人民日报》2021年8月29日第1版。

③ 青觉、徐欣顺：《论新时代党的民族理论政策：思想内涵与实践要求——基于第五次中央民族工作会议精神的解读》，《广西民族研究》2022年第2期。

民族的历史和现在社会、经济、政治活动进程所形成。"① 在政治文化的现代建构中，主权意识、民主法治意识、国家认同意识等现代先进政治文化，不断推动着传统治理资源的现代转化与创新。

（一）主权意识的逐步建构，推动了传统治理资源认同内涵的"去模糊性"

主权是现代民族国家必不可缺的要素。从主权原则在全球的确立来看，1648年威斯特法利亚体系是一个分水岭。在此之后，国家边界逐渐固化。在现代国家建构进程中，我国各族群众的主权意识经历了一个从无到有、从弱到强的变化过程。在王朝国家时期，作为国家疆域边缘性部分的边疆并没有外部边际线，边疆范围常常随着王朝国家实力的变化而出现盈缩性变化，"有边陲而无边界"②。而各族群众主权意识的催生，乃是近代民族国家建构的产物，特别是在西方列强瓜分掠夺我国领土以及国家边界勘界等外部刺激下逐渐催生。其中，17世纪末期以后签订的《尼布楚条约》与《布连斯奇条约》，标志着"中国开了以条约方式确定国家边界的先河"③。正是现代国家建构过程中各族群众主权意识的唤醒与强化，赋予传统治理资源以新的内涵。诸如传统民间权威通过道德教化，强化人们的守土固边意识；通过社会协同，参与边境治理共同体建设中；而且，少数民族传统习惯法中对非法跨境活动等也作了处罚性的规定。

（二）民主法治意识的大力弘扬，推动了传统治理资源的"去糟粕性"

民主法治意识也深刻影响着传统治理资源的内涵。随着国家全方位弘扬现代民主法治意识，随之推动了对传统治理资源的移风易俗过程，即剔除传统治理资源中与民主法治意识相悖的内容，推动传统治理资源的"去糟粕性"。由于传统治理资源孕育于特定的政治文化环境之中，其中有些政治文化内容具有明显的时代局限性。以新中国成立前西盟佤族

---

① ［美］加布里埃尔·A. 阿尔蒙德、小G. 宾厄姆·鲍威尔：《比较政治学：体系、过程和政策》，曹沛霖等译，上海译文出版社1987年版，第29页。

② ［英］安东尼·吉登斯：《民族—国家与暴力》，胡宗泽、赵力涛译，生活·读书·新知三联书店1998年版，第4页。

③ 周平：《中国边疆治理研究》，经济科学出版社2011年版，第11—12页。

习惯法为例,"凡泄露本寨机密而引起严重后果者,要受到严厉的惩罚,轻者被抄家,重者赶出村寨或被处死"①。由此也反映出,传统习惯法在相当程度上是建立在个人权利的绝对让渡基础上的;再如,对于一些悬而未决的复杂案件,则以看鸡卦、用竹签扎手、捞水锅等"神判"的方法解决。② 这些封建迷信的内容、个人权利的绝对让渡内容,显然与现代社会的科学文明思想、主权在民的国家伦理背道而驰。随着国家大力弘扬民主法治意识与主权在民的现代理念,使人们逐渐对传统治理资源中的糟粕性内容进行识别和剔除,从而推动了传统治理资源的"去糟粕性"。

(三) 国家认同的持续建设,赋予了传统治理资源的"国家认同"内涵

国家认同是巩固民族国家统一和稳定的重要心理基础,国家认同赋予国家以正当性的逻辑。与地域性认同的自发性相比,国家认同具有突出的建构性。我国民族国家建立以后,国家认同建构的总体逻辑是:通过改造传统社会中的地方性政权,将散落的地方权力集中到国家手中,进而又通过集中的国家权力实现对传统社会的改造,同时切实保障国民的权利,从而建立起国民对国家的认同。"现代国家的国家伦理,就是国家保障和维护国民的权利,国民则认同、效忠于国家,并承担遵守国家的宪法和法律、维护国家的统一和稳定的义务。"③ 新中国成立以后国家认同的持续建设必然推动传统治理资源的现代性转化,与时俱进地注入传统治理资源的"国家认同"内涵。

传统治理资源的形成天然地与地域因素联系在一起。传统治理资源所具有的地域属性,是由聚族而居的传统决定的。正所谓一方水土养一方人,聚居在不同地域的人群创造积淀的传统治理资源天然地带有地域性的特征。历史上,与距离遥远的国家相比,地域的观念与情感则显得更为直接。尤其是地处偏远、地理环境复杂的边疆民族地区,相对封闭的社会生活使民族的异质性突出,在政治认同上往往处于"知寨不知国"

---

① 田继周、罗之基:《西盟佤族社会形态》,云南人民出版社 1980 年版,第 99 页。
② 廖林燕:《政治人类学》,中国社会科学出版社 2018 年版,第 176 页。
③ 周平:《中华民族的现代构建及其意义》,《社会科学研究》2021 年第 6 期。

的状态。

新中国成立以后，坚实的国家认同是民族国家长治久安的必要条件。为建构起对国家政权、对国家制度的根本性认同，国家不仅通过民族政策切实保障少数民族的利益；也通过民族工作，建构全新的少数民族与国家的政治关系；还通过民族区域自治制度，赋予少数民族在聚居地方实行民族区域自治的特殊政治权利。社会地位的极大提高、生产生活条件的显著改善，这些都在客观上大大提高了少数民族对党和国家的认同，使国家认同的水平迅速提升；此外，国家还通过共同文化的塑造，构建国家认同的"共同性"基础。全球经验表明，一个国家内国民享有的共同文化、共同价值观越是广泛和深厚，越是容易建立起较为稳固的国家认同。[①] 新中国成立之后，国家以整体性与一体化为导向对地理空间与文化空间进行了内涵重塑，在尊重差异性的同时增进共同性，诸如疆域是"共同"开拓的，历史是"共同"书写的，文化是"共同"创造的，精神是"共同"培育的；同时，通过政治整合、经济整合与文化整合，构建国家认同的"共同性"基础。正是国家认同的持续建设，国民认同的强化，激发了传统治理资源的全新时代生命力，与时俱进地彰显了国家认同的全新文化内涵。

五 内生性动力的驱动：传统治理资源创造性转化的自发逻辑

除外生驱动外，传统治理资源创造性转化也有内生驱动的自发逻辑。特别是传统的变化存在以及人们的乡愁情怀，是传统治理资源创造性转化内生驱动的重要逻辑。

一是传统本身总是作为一种变化的文化存在。传统并非一经形成便停滞不前，生活的过程中产生了传统，传统也必然会随着生活的变化而进行嬗变。[②] 霍布斯鲍姆指出，传统总是处于不断的发明状态。"'习俗'并不是永恒不变的，因为即使在'传统'社会，生活也并非永恒不变。"传统无非是"为所期望的变化（或是对变革的抵制）提供一种来自历史

---

① 周平：《民族国家认同构建的逻辑》，《政治学研究》2017年第2期。
② 陈庆德等：《人类学的理论预设与建构》，社会科学文献出版社2006年版，第170页。

上已表现出来的惯例、社会连续性和自然法的认可。"① 在少数民族乡村历史绵延中，深嵌于人们日常生活的习俗、节庆、仪式、价值观念等文化内容积淀为"传统"，并通过文化实践实现"再生产"。"村庄日常生活结构不仅定义了农民的文化实践逻辑，并且塑造了乡村文化的再生产模式。"② 传统治理资源是传统的重要表现形式，具有传统的变化性与建构性。传统治理资源在不断"再生产"中生生不息。

二是人们的乡愁情怀推动着传统治理资源的传承发展。转型期乡村社会不仅面临资源流失，而且遭遇"文化危机"，传统的伦理道德秩序日渐解构。正是在反思与追寻一种更深层次的精神家园目标中，激发了人们的乡愁情怀，这种乡愁情怀推动着人们重拾乡村传统文化。在乡村振兴进程中，包括乡村治理资源等在内的优秀传统文化被国家决策层赋予一种乡愁的意义。2013 年中国城镇化工作会议提出：要"望得见山、看得见水、记得住乡愁"③。习近平总书记也多次提道："乡愁是什么意思呢？就是你离开了这个地方会想念这个地方。"④ "建设社会主义新农村，要规划先行，遵循乡村自身发展规律，补农村短板，扬农村长处，注意乡土味道，保留乡村风貌，留住田园乡愁。"⑤在这样的导向下，传统治理资源以一种现代乡愁的形式被重新激活。

第二节　如何转：优秀传统治理资源创造性转化的表现形式

在具体分析民族国家形态下，国家制度逻辑、国民身份逻辑、国族逻辑、政治文化逻辑等分别是如何推动传统治理资源的创造性转化与创新性发展之后，那么，就要具体阐述在民族国家的全新塑造与影响下，

---

① ［英］E. 霍布斯鲍姆、T. 兰格：《传统的发明》，顾杭、庞冠群译，译林出版社 2004 年版，第 2—3 页。
② 杜鹏：《转型期乡村文化治理的行动逻辑》，《求实》2021 年第 2 期。
③ 《中央城镇化工作会议在北京举行》，《人民日报》2013 年 12 月 15 日第 1 版。
④ 《中秋佳节，听习近平讲什么是乡愁》，中央广播电视总台央视网：https://news.cnr.cn/native/gd/20180924/t20180924_524368387.shtml，2018－09－24。
⑤ 《加大推进新形势下农村改革力度　促进农业基础稳固农民安居乐业》，《人民日报》2016 年 4 月 29 日第 1 版。

这些优秀传统治理资源到底是如何转化的，具有什么样的表现形式。总的来说，传统治理资源在传承中不断发展，其中，传统组织资源主要以一种"协同"的方式，传统习俗资源主要以一种"再生""互融"或"嵌入"等方式，传统价值资源则以社会主义核心价值观为引领，从而在传承中发展，在发展中传承，被激发出全新的时代生命力。

一 "协同"：优秀传统社会组织创造性转化的基本样式

（一）治理结构：由单一权力主体转化为基层党组织领导下的协同治理主体

至今这些传统社会组织依然发挥着积极的乡村治理功能，只是在治理形式上发生了变迁。新中国成立尤其是改革开放以后在国家不断优化乡村治理结构，"打造共建共治共享的社会治理格局"[①] 下，少数民族传统社会组织创造性转化的一个突出方面，就是由历史上最主要的社会治理主体，转化到当前乡村治理体系下的协同治理。其协同治理特征主要表现为：一是在基层党组织的领导下，在自治组织的基础性作用下发挥协同作用。二是作为一种体制外权威或者说一种内生自发性传统民间力量发挥协同作用。例如，无论是拉祜族寨子由卓巴、卡些、莫巴、走神、章利等所组成的头人组织，还是佤族寨子由寨主、各家族长等所组成的寨老组织，都是作为现代乡村治理的多元主体之一参与到乡村协同共治。三是依凭在传统文化方面的独特权力资源，通过与体制内权威的明确分工、良性互动从而实现社会协同。四是通过实现初步转化的传统社会规范进而推进协同治理方式的创新。

（二）治理功能：由全面治理转化为依托文化传承实现协同共治

少数民族传统社会组织得以不断传承的内在逻辑，不仅在于作为一种传统生活方式而代代相传，而且也因其所具有的现实功能契合了人们心理上、精神上或生活上的某种"需要"，进而获得人们牢固的心理认同。正如马林诺夫斯基曾指出的，"文化是包括一套工具及一套风俗——

[①] 习近平：《决胜全面建成小康社会 夺取新时代中国特色社会主义伟大胜利——在中国共产党第十九次全国代表大会上的报告》，人民出版社2017年版，第49页。

人体的或心灵的习惯，它们都是直接或间接地满足人类的需要"①。而少数民族传统社会组织所具有的这些现实功能，并不是一成不变的，而是在现代化进程中不断进行自我发展。

主要体现在：在治理功能上由历史上对村寨政治、经济、社会、宗教事务的全面治理，转化为主要依托传统文化进而发挥协同共治的作用，这是传统社会组织在治理功能上创造性转化最为普遍的一个方面。如果说历史上传统社会组织的职能涵盖政治、经济、社会、宗教等方方面面，那么，现代乡村治理体系下传统社会组织的诸多职能已由基层政权与村民自治组织所行使，其更多是作为一种传统文化精英承担文化方面的职能，如作为传统民风习俗的传承者与发展者，古理古规、伦理规约等传统习惯法的实施者与推行者，传统节庆活动与公共仪式的组织者，等等。

在承担文化职能的同时，传统社会组织客观上也承担着积极的社会教化功能，尤其是在教化群众、淳化民风、凝聚人心方面发挥着积极的协同作用。首先，传统社会组织通过民风习俗的力量，将祖祖辈辈相沿成习的伦理价值观灌输到人们思维方式之中，从而在乡村公序良俗的维系、明德守法氛围的养成等方面发挥着积极作用；其次，通过各种公共仪式活动，如祭寨心仪式、祭祖仪式以及各种年节仪式等进行村寨整合，从而在潜移默化之中增进村寨的团结，并在提高村寨内聚力方面发挥着不可忽视的作用；此外，通过作为习惯法的传承者、实施者与监督者，从而在乡村社会协调、利益疏导、乡村安全防控等方面也发挥着一定的协同作用。

以澜沧拉祜族寨子为例，卡些组织的一个主要角色，就是作为拉祜族传统社会规范"拉祜理"的制定者、传承者、推行者与守护者。在拉祜族传统文化中，拉祜理是融历史记忆、祖先崇拜、宗教信仰为一体，进而形成的古理古规与风俗礼仪。如果说贯穿于日常生活图景方方面面的拉祜理是拉祜族精神文化的核心，那么，使这一精神文化得以代代相传、并使人们产生敬畏之感的，正是得益于卡些组织这一传统文化力量。卡些组织经过经年累月的道德教化，在相当程度上推动着拉祜理积淀为一种深厚的"传统"并内化为一种共同遵守的行为模式，进而助推了拉

---

① ［英］马林诺夫斯基：《文化论》，费孝通译，华夏出版社2002年版，第15页。

祜族的公序良俗与和谐精神家园。①

再以翁丁佤寨为例,据村民口述,新中国成立以前,寨老组织就非常尽心竭力地维护着寨子的和谐与安宁,这些老人都是家族中道德的楷模,他们的使命就是守护自己的家园;时至今日,寨老组织作为一种传统传承下来,但其主要负责民风民俗,包括作为民间仪式的组织者、传统习惯法的监督者与保障者;关于寨内纠纷的解决工作(除涉及习惯法),以及国家各项方针政策的贯彻执行等工作,现在通常由村委会来负责。如今,寨老组织专事民风习俗。为营造良好的乡风家风,寨老组织常常通过民间仪式、礼仪规范以及言传身教,积极参与和推动村寨公共秩序。这些传统民间力量与村民自治组织相互配合,在建立公序良俗、维护乡村和谐等方面发挥了积极的作用。

(三)治理方式:传统社会规范实现去粗取精并融入现代政治文明理念

少数民族传统社会组织的现代转化,不仅体现在治理结构与治理功能方面,也体现在治理方式上。主要体现在作为治理方式的传统社会规范,在现代文明先进理念的影响下,也逐渐实现了现代转型与发展。

新中国成立以前,传统社会组织进行社会整合的主要社会规范,就是融习惯法、伦理规约、信仰准则等为一体的传统社会规范。传统社会组织正是通过这些传统伦理规约以及习惯法的心理威慑与社会舆论压力,进而实现社会整合。以新中国成立前西盟佤族习惯法为例,"发生械斗,全体成年男子都要参加,无故不参加者,受社会舆论的谴责,认为'可耻',重则罚谷子和酒,也有个别被抄家的"②。由此可见,原始社会的整合在相当程度上是建立在个人权利的绝对让渡基础上的。正如马克思在谈到原始社会时特别指出的,"共同体是实体,而个人则不过是实体的附属物"③,由此带来的和谐似乎多少缺乏一种内生活力;因此,新中国成立以后,国家在尊重和保护少数民族风俗习惯的同时也逐步进行因势利

---

① 廖林燕:《乡村振兴进程中"直过"民族传统社会组织的创造性转化研究》,《西南民族大学学报》(人文社科版)2018年第10期。

② 田继周、罗之基:《西盟佤族社会形态》,云南人民出版社1980年版,第99页。

③ 《马克思恩格斯全集》第46卷(上册),人民出版社1979年版,第474页。

导和移风易俗工作,并大力宣传现代法治精神和营造法治文化氛围。而现代法治精神的大力宣传,一方面,所带来的是传统社会组织逐渐以现代法治精神为引领来寻找传统习惯法的发展空间,进而去粗取精、推陈出新。这从一位当了 7 年小和尚时任村组干部的拉祜族小伙的谈话中得到充分反映,"我们的拉祜理与中国共产党的三大纪律八项注意是一样的","我们也不拿他人一针一线";另一方面,现代法治精神的宣传,也在潜移默化中增强了传统社会组织的现代法治观念。正如拉祜族一位民间头人指出的,"以前(1960 年前)偷牛,都要被处死;酒醉的,也都要被处死;现在,不可以,有法律在"。这无疑是传统社会组织与时俱进地转变与创新治理观念的一个缩影。而传统社会组织在治理观念与方式上的创新,又在不同程度上助推着乡村的和谐朝着一种有机的和谐即充满活力又有序的和谐方向发展。①

(四) 治理理念:从巩固地域认同走向巩固国家认同

如果说,新中国成立前当时传统社会组织进行乡村治理的主要目标,就是在特定乡村共同体中建构一种有序和谐的公共生活,并强化个体对乡村共同体的认同;那么,在新中国成立以后,在国家认同的持续建设,以及民族成员越来越强烈地感受到民族与国家之间的利益依存关系形势下,如今这些传统社会组织也将如何协调个体与国家之间的关系尤其是如何增进民族成员对国家的认同作为乡村协同治理的一个重要目标。在国家认同的具体增进方式上,主要通过传统社会组织的道德教化以及一些仪式来实现。以澜沧拉祜族具有浓厚认同建构意义的拜年仪式为例,在每年拉祜族最隆重的传统节日"扩"节(即过年)上,都要举行隆重的向驻地部队、向乡政府、向县政府的拜年仪式。这个仪式的重要组织者与参加者之一就是民间头人。届时,常常由村组干部和卡些、卓巴以及村民代表等共同组建一支拜年队伍,这支队伍在村组干部的率领和民间头人的参与下,一路上芦笙舞队和摆舞队载歌载舞、锣鼓声声、芦笙

---

① 廖林燕:《乡村振兴进程中"直过"民族传统社会组织的创造性转化研究》,《西南民族大学学报》(人文社科版)2018 年第 10 期。

悠扬地去向政府和部队拜年。① 而这样的仪式显然具有突出的国家认同表达意义与建构意义。特别是通过拉祜族传统文化中最高规格的尊崇礼节与敬拜仪式，如洗手礼、拴线礼、跳芦笙舞、大摆舞等，以此表达拉祜族人对党和国家的最高认同，同时也借助仪式的形式进行思想整合与认同建构。

二 "再生"：优秀传统习俗创造性转化的基本样态

在现代化进程中，传统习俗资源也在不断适应现代社会中实现自身的"再生"。其中，传统风俗习惯主要通过从内涵到形式的"再生"与"互融"，传统习惯法主要通过"转型"与"嵌入"，传统爱国公约也通过不断的创新，从而被激发出全新的时代生命力。

（一）"再生"与"互融"：传统风俗习惯资源的创造性转化机理

1. 时代内涵：由传统地域认同表达走向现代国家认同表达

新中国成立以后，国家对少数民族生产生活条件的改善，到点、线、面相结合的对少数民族的全面扶持，再到脱贫攻坚的伟大胜利，仅仅用了 70 年的时间，就使少数民族由新中国成立初期生产生活条件落后的状态，甚至不少民族尚处于刀耕火种、居山岩中的原始社会状态，一跃进入全面小康的历史性飞跃。在党的光辉照耀下，各族人民都过上了屋舍井然、安定祥和的小康生活。这些幸福感与获得感，在传统地域性认同的基础上空前强化了各族群众对国家的热爱、自豪、忠心与拥护。"党的光辉照边疆，边疆人民心向党。"根据政治文化基本理论，"态度类型影响政治生活的正在进行中的活动，构成这些活动的基础，同时也被这些活动所影响"②。正是人们内心空前高涨的国家认同感，构成传统治理资源现代性转化的根本心理支撑。而实现现代性转化的传统治理资源，正是对国家认同的传统文化表达，有着深刻而丰富的国家认同内涵。人们试图用丰富的、各具特色的传统文化手段，如舞蹈、民歌、符号、仪式、

---

① 廖林燕：《乡村振兴进程中"直过"民族传统社会组织的创造性转化研究》，《西南民族大学学报》（人文社科版）2018 年第 10 期。

② ［美］加布里埃尔·A. 阿尔蒙德、小 G. 宾厄姆·鲍威尔：《比较政治学：体系、过程和政策》，曹沛霖等译，上海译文出版社 1987 年版，第 29—30 页。

习俗等感性手段来表达国家认同的文化内涵。

诸如,掩映在深山峡谷的一面面五星红旗,这些都是各族群众内心深处家国情怀的深情告白;各族群众还纷纷把这种认同感转化为守土固边、管边护边的情怀与实际行动;人们用歌曲如《拉祜人民心向党》《阿佤人民唱新歌》等来感党恩、颂党情;人们也用传统节日来表达认同。2022 年课题组参加云南禄劝彝族苗族自治县的火把节,传统彝曲《彝家酒歌》与主旋律歌曲《把一切献给党》《56 个民族是一家》相互呈现。① 2019 年课题组参加拉祜族的阿朋阿龙尼节日(葫芦节)时,拉祜族人身着盛装在寨大门列队迎接参与节日的地方领导,送上吉祥的布袋并行"洗手礼";此外,人们也用仪式来感党恩。诸如,笔者长期调研的澜沧县民族拜年仪式的现代转化就极其典型。中华人民共和国成立以后,拜年仪式在承袭拜村寨头人的同时,也与时俱进实现了"再生",体现在其拜年对象同时向"村两委"、驻地部队、学校、乡政府、县政府等作为国家象征的组织体系延伸,并在节日中通过整合"拜年"仪式、"洗手"仪式、"拴线"仪式等拉祜礼文化的力量,从而将拉祜族人们对党和国家的热爱与拥戴最为淋漓尽致地反映出来。"正是因为中华民族大家庭对家庭成员的全面呵护,这些如春风化雨、润物无声般地激发出拜年仪式全新的时代生命力,它开始超越以往一切对'部落''民族'的传统依附与认同局限,与时俱进地绽放出动人心魄的国家认同之花。人们相约把芦笙吹到了村委会、吹到了部队、吹到了学校,用寓意吉祥幸福的芦笙歌舞、用虔诚的'洗手礼',架起了军民团结、干群和谐的一座座'连心桥'。""特别是当各族群众敲起锣打起鼓、载歌载舞、欢天喜地、其乐融融,而且自发自觉地向政府、部队、学校等拜年的时候,这不仅诠释着一种无比自豪的国家共同体意识,也歌颂着一种党与各族人民心连心的命运共同体意识。"②

2. 表现形式:由族内互动走向族际交融

我国各民族有着共生共融的历史传统,各民族"大杂居、小聚居、

---

① 由课题组成员 2022 年实地调研所得。

② 廖林燕:《国家在场与认同转换——铸牢中华民族共同体意识下普洱澜沧拜年仪式现代转化分析》,《云南民族大学学报》(哲学社会科学版) 2022 年第 2 期。

交错杂居",你中有我、我中有你;在此基础上,国家对民族团结进步事业的持续建设,从经济、心理、文化、生活上全方位打牢各民族作为命运共同体的基础,这些都持续增强了各民族的凝聚力与向心力。在此过程中,各民族自觉为"我们"的中华民族"共同体"意识得到持续强化。而中华民族共同体意识的强化,是传统治理资源得以"再生""互融"与"共生"的直接心理支撑,是少数民族传统习俗资源发生现代性转化的重要推动力。

诸如,澜沧县民族拜年仪式,其极其典型的现代转化不仅体现在民族认同向国家认同转化方面,而且也体现在从族内互动走向族际交融方面。表现在:一是各民族共同参与。向村干部等拜年率先兴起于拉祜族等"直过民族"当中。由于拉祜族在澜沧县人口最多,"直过民族"人口众多,"直过民族"文化又对其他民族产生潜移默化的影响,以及不同民族文化之间又互融共鉴,因此,在多民族组成的村委会,汉、哈尼、彝、傣等民族也一起参与到拜年队伍当中。不同民族用各具特色的多样化传统歌舞共同表达拜年仪式的国家认同内涵共性。二是元素互融互鉴。澜沧县各族群众在嵌入式生活、经济上互帮互助、血脉相连相通的环境下,在文化上也相互影响与互鉴,共同分享着诸多价值共性。其中,民族歌舞是各民族试图用传统文化符号表达热情致敬的重要载体与方式。诸如跳芦笙舞与神鼓舞,不仅是拉祜族表达吉祥幸福的重要习俗,在各民族广泛交流交往交融的环境下,这一习俗也成为佤、布朗等民族的共同习俗。当各族人民手牵手围成数个同心圆,"和着芦笙、唢呐、象脚鼓和三弦等乐器载歌载舞,彼此祝福新的一年风调雨顺,五谷丰登,人畜兴旺,家和事兴"① 的时候,不仅展示了各民族血脉相连、和谐共生的生动景象,也展现了中华民族一家亲的浓浓氛围。

再如,广西"壮族三月三","随着人民生产、生活方式与需要的改变,'壮族三月三'的节日形态、组织者、节日功能也在不断变迁,它的交融范式表现出从民间狂欢走向大众共享、从族内互动走向族际交融、

---

① 《普洱:节庆文化浇艳民族团结花》,西盟佤族自治县人民政府网:http://www.ximeng.gov.cn/info/1059/25011.htm,2020-2-10。

从民族共生走向文化整生的趋势"。① 一个习俗,就是一个充满意义的世界,一个用感性手段作为意义符号的象征体系。② 传统习俗从族内互动走向族际交流、狂欢、共乐、共舞,是中华民族共同体建设的必然产物,同时也是铸牢中华民族共同体意识的重要文化载体。

又如,傣族"宾弄赛嗨"互助习俗机制,在党建引领下,被赋予了新的时代内涵。"将原来民间'人帮人、户帮户、民族帮民族'的互帮互助关系,升华为'县际互帮、东西互助、城乡互联、干群互系、村组互包'的新型'宾弄赛嗨'模式,增进东西部'宾弄赛嗨'协作力,凝聚城乡'宾弄赛嗨'同心力,淬炼干群'宾弄赛嗨'战斗力,提升村组'宾弄赛嗨'组织力,持续助推、提升和扩展'宾弄赛嗨'的探索实践。"③ "宾弄赛嗨"团结互助模式的创新,是铸牢中华民族共同体意识的宝贵传统文化纽带,是对"四个与共"的生动实践,也是各民族像石榴籽一样紧紧抱在一起的生动诠释。

(二)"转型"与"嵌入":传统习惯法资源的创造性转化机理

在现代化进程中,少数民族传统习惯法也与时俱进地实现了现代性再生。不仅体现在表现形式上的现代转化,主要以村规民约的形式发挥作用,通过村规民约的形式实现传承与嵌入;而且也体现在文化内涵上的转化创新,即不断与现代法治精神相适应,与现代乡村发展目标相适应,从而被赋予新的时代内涵。

1. 载体形式:以村规民约为现代表现形式

少数民族传统习惯法在表现形式上的创造性转化突出体现在,传统习惯法主要通过村规民约的形式得以传承和弘扬。其内在逻辑是由于传统本身的惯性以及村民自治的自我管理空间场域。一方面,习惯法所存续的深厚历史文化土壤赋予了习惯法传承的历史惯性。由于习惯法是在少数民族生产生活实践中逐渐形成的,与人们的生产生活方式等方面的习惯密切相关,而且这些习惯法通过代代相传而世代沿袭,往

---

① 王玥、龚丽娟:《广西"壮族三月三"的当代实践及交融范式发展研究》,《广西民族研究》2021年第5期。
② 薛艺兵:《对仪式现象的人类学解释》(下),《广西民族研究》2003年第3期。
③ 张国营:《"宾弄赛嗨":民族团结的"普洱实践"》,《普洱日报》2022年7月13日。

往内化为人们的价值选择,"融化在少数民族群体成员的思想意识和行为举止中"①。另一方面,村民自治的自我管理空间场域也赋予了习惯法传承的制度环境。《村民委员会组织法》明确规定:"村民委员会是村民自我管理、自我教育、自我服务的基层群众性自治组织。""村民会议可以制定和修改村民自治章程、村规民约,并报乡、民族乡、镇的人民政府备案。"② 国家也发布相应文件将村规民约的制定作为基层群众自治的一项重要工作加以规定。如,2014 年《中共中央关于全面推进依法治国若干重大问题的决定》明确提出:"发挥市民公约、乡规民约、行业规章、团体章程等社会规范在社会治理中的积极作用。"③ 中共中央、国务院印发《乡村振兴战略规划(2018—2022 年)》也强调:"充分发挥自治章程、村规民约在农村基层治理中的独特功能,弘扬公序良俗。"④ 正是由于习惯法本身的历史文化土壤,同时由于村民自治的自我管理空间场域,以及地域、人口、民族文化等原因,习惯法在新的时代环境下主要通过村规民约的形式发挥作用。

如,高其才通过对贵州的一个侗族村寨——魁胆村的调研显示,这个非常注重传统的侗族村寨,其传统习惯法仍然以村规民约的形式传承下来。"作为行为规范、思想观念、风俗习惯、生活方式、情感样式的主要表达,这些成文或不成文的习惯法仍对当今魁胆村民有重要影响。"⑤ "魁胆村村规民约广泛地传承了固有习惯法的观念和规范,这些内容包括民主机制、族长地位、敬老爱幼、保护妇女、团结互助、热心公益、爱护公物、诚实守信、严禁造谣惑众、禁止内勾外引、吃款处理、喊寨处罚、调解收费等。由于形成了遵守习惯法的传统,村规民约又传承了固有的法统,魁胆村民普遍具有守法遵规意识,严格依约办事,自觉按规

---

① 吴大华、潘志成、王飞:《中国少数民族习惯法通论》,知识产权出版社 2014 年版,第 36 页。
② 《中华人民共和国村民委员会组织法》,《人民日报》2011 年 2 月 14 日第 16 版。
③ 《中共中央关于全面推进依法治国若干重大问题的决定》,《人民日报》2014 年 10 月 29 日第 1 版。
④ 《乡村振兴战略规划(2018—2022 年)》,《人民日报》2018 年 9 月 27 日第 1 版。
⑤ 高其才:《延续法统:村规民约对固有习惯法的传承——以贵州省锦屏县平秋镇魁胆村为考察对象》,《法学杂志》2017 年第 9 期。

行为,魁胆村形成了遵纪守法、遵规守约的良好社会环境。"①

罗昶通过对广西金秀瑶族自治县六巷乡的调研同样显示:这个瑶族山区聚居乡的村规民约同样受到瑶族习惯法的深刻影响。"瑶族村规民约实施的观念、机制与固有习惯法一脉相承,瑶族固有习惯法通过村规民约形式在当代瑶族地区发挥作用。"②

2. 价值理念:追求以人为本,逐步向法治现代化"转型"

中国传统法律秩序建立在"天人合一"哲学基础之上,强调和谐,强调整体本位。从这一点出发,"个人不过是这张复杂关系网中的'结'","这种以整体为本位的个体依附意识世代相袭,塑造了中国古代众臣万民的臣民依附型人格和政治心理定势"。③ 这种整体本位与个体依附的政治文化环境也深刻影响和塑造了包括习惯法在内的中国传统法律秩序。"中国传统法律秩序在本质上追求的是最大限度的维护政治上的稳定以及其次的全体社会成员之间的和谐,而且由于其对个体的忽视,因而这种秩序更多的是要求以个体牺牲的方式来达成整体的有序,在统治稳定的基础上有限的追求个人价值的实现。"④

新中国成立以后,在民族国家"一元性国民权利"⑤ 的现代国家伦理以及法治现代化进程下,少数民族传统习惯法在注重社会和谐的同时,也注重尊重和保障人的权益,进而不断扬弃与现代文明相背离的内容。其中,《村民委员会组织法》明确规定:"村民自治章程、村规民约以及村民会议或者村民代表会议的决定不得与宪法、法律、法规和国家的政策相抵触,不得有侵犯村民的人身权利、民主权利和合法财产权利的内容。"⑥ 党的十八届四中全会通过的《中共中央关于全面推进依法治国若

---

① 高其才:《延续法统:村规民约对固有习惯法的传承——以贵州省锦屏县平秋镇魁胆村为考察对象》,《法学杂志》2017年第9期。

② 罗昶:《村规民约的实施与固有习惯法——以广西壮族自治区金秀县六巷乡为考察对象》,《现代法学》2008年第6期。

③ 柏维春:《政治文化传统——中国和西方对比分析》,东北师范大学出版社2001年版,第198页、第205页。

④ 金俭、李祎恒:《论法治现代化视野下的中国传统法律秩序》,《法学论坛》2010年第1期。

⑤ 周平:《中华民族的现代构建及其意义》,《社会科学研究》2021年第6期。

⑥ 《中华人民共和国村民委员会组织法》,《人民日报》2011年2月14日第16版。

干重大问题的决定》，也明确提出"要恪守以民为本、立法为民的理念，贯彻社会主义核心价值观，使每一项立法都符合宪法精神、反映人民意志、得到人民拥护"①。正是在现代国家伦理与法治文化环境下，推动了对少数民族传统习惯法在时代内涵上的现代重塑与转型。在传承有助于社会和谐的优秀文化内容如互相帮助、尊老爱幼、禁偷戒盗、保护环境等的同时，也将其中与现代法治精神和以人为本理念相违背的糟粕性内容及时去除。

3. 处罚方式：更加文明，不断与现代法治精神相适应

习惯法本质上是惩处破坏公共秩序的法则。与其他传统社会规范相比，习惯法的突出特点就是惩处性，若违反便会受到惩处，具有"法的约束力"。在现代化进程中，习惯法在时代内涵上与现代法治精神相适应的一个突出方面，就是处罚方式更加文明。

如笔者长期调研的云南"直过民族"寨子，无论是佤族的"阿佤理"，还是拉祜族的"拉祜理"等，其中的血亲复仇、处死、逐出寨子等与国家法律法规相违背的条文已经被废除和禁止。在澜沧南段村，至今还可以看见原始社会时期因违反寨规情节严重被逐出寨子的地点遗迹，当地人称之为"改正的地方"。新中国成立以后这一地点的传统功能已被摒弃。再如笔者调研的西双版纳傣族自治州，新中国成立初，当地政府通过移风易俗、设立"巡回法庭进村寨"等形式，积极推动传统习惯法的现代转化。如针对杀害双胞胎的糟粕，通过《关于维护人民生命财产，保护婴儿，禁止杀害双胞胎和有生理缺陷的婴儿的决议》等形式进行纠偏与引导。

再看贵州侗族村寨，在村规民约传承习惯法的同时，也在适应现代法治精神，对习惯法进行创造性转化与创新性发展。"魁胆村的村规民约限制、否定固有习惯法中如'见家一块柴''丢入火场烧死''坠崖'处死等与现代法治精神相背离的内容。"②"比如2008年3月15日《魁胆村

---

① 《中共中央关于全面推进依法治国若干重大问题的决定》，《人民日报》2014年10月29日第1版。

② 高其才：《延续法统：村规民约对固有习惯法的传承——以贵州省锦屏县平秋镇魁胆村为考察对象》，《法学杂志》2017年第9期。

村规民约》第 10 条对违反'未到婚龄结婚或未登记结婚者禁止炼山'者予以处罚、2014 年 12 月 19 日的《魁胆村村民自治合约》第 9 条规定不准随意炼山以免引起山林火警、火灾等。这些规范是对固有的早婚习惯法、生产习惯法的限制和否定,以适应新的社会发展、符合国家法治建设要求。"①

广西瑶族村同样如此,相较于传统习惯法,村规民约的处罚方式更加文明。"瑶族固有习惯法的处罚方式包括赔礼道歉、罚款、罚'酉'、没收家产、游村喊寨、逐出村寨与革除、肉刑、处死等。而六巷乡瑶族村规民约规定的处罚方式主要包括公开检讨、公开认错、退还原物、没收工具和产品、赔偿损失、罚款、罚'三'等。""与瑶族固有习惯法相比较,六巷乡瑶族的村规民约没有了逐出村寨与革除、肉刑、处死等处罚,体现了瑶族村规民约的某种进步。"②

除了处罚方式更加文明之外,相较于传统习惯法,村规民约也根据新时代乡村发展形势加入了新的时代内容,如边疆稳定、非传统安全问题、合力戍边、乡村振兴等新的内容。

4. 实施主体:更加突出基层党组织和村民自治组织的作用

新中国成立以后,国家对乡村治理机制进行了重构,改革开放以后国家逐步建立健全基层党组织领导下、以自治组织为基础的基层群众自治制度。党的二十大报告进一步提出:"健全基层党组织领导的基层群众自治机制。"③ 正是由于基层党组织领导的基层群众自治机制,作为村民自我管理的重要社会规范——村规民约,实施主体主要是基层党组织和村民自治组织。对此,《村民委员会组织法》第四条和第十条作了明确规定。分别是:"中国共产党在农村的基层组织,按照中国共产党章程进行工作,发挥领导核心作用,领导和支持村民委员会行使职权。""村民委员会及其成员应当遵守宪法、法律、法规和国家的政策,

---

① 高其才:《延续法统:村规民约对固有习惯法的传承——以贵州省锦屏县平秋镇魁胆村为考察对象》,《法学杂志》2017 年第 9 期。

② 罗昶:《村规民约的实施与固有习惯法——以广西壮族自治区金秀县六巷乡为考察对象》,《现代法学》2008 年第 6 期。

③ 习近平:《高举中国特色社会主义伟大旗帜 为全面建设社会主义现代化国家而团结奋斗——在中国共产党第二十次全国代表大会上的报告》,人民出版社 2022 年版,第 39 页。

遵守并组织实施村民自治章程、村规民约，执行村民会议、村民代表会议的决定、决议，办事公道，廉洁奉公，热心为村民服务，接受村民监督。"① 在村民自治机制下，传统习惯法的惩罚权转换成了村民自治组织的处罚权；而且，由于悠久绵长的习惯法观念和习惯法意识，不仅为村规民约的实施奠定了深厚的社会基础，也为这样的转化提供了基础。"生活塑造了行为的模子，而后者在某一天又会变得如同法律那样固定起来。"②

（三）创新性发展与创造性利用：传统爱国公约的现代转化机理

除了传统风俗习惯与传统习惯法，传统爱国公约的时代内涵也在实践中不断延伸和拓展，这为民族团结进步、边疆繁荣稳定提供了强大的内生动力支持。

1. 用传统文化的载体表达铸牢中华民族共同体意识的全新时代内涵

这类爱国公约乃是现代民族国家建构的产物，其突出特点体现在载体形式与时代内涵方面，即用传统文化的载体表达了全新的价值内涵。如果说，1949 年中华人民共和国成立以前，传统文化的载体在认同内涵上更多具有地域性、民族性，那么，1949 年中华人民共和国成立以后，这些具有地域性、民族性的传统文化载体之所以被赋予"全新"的认同内涵，则是与现代民族国家的建构直接联系在一起的，是"新中国为实现现代国家建构从而对中华民族共同体意识进行重塑的产物"。③ 特别是面对因民族之间的异质性、社会发育的不均衡性、民族关系的复杂性、思想观念的依附性，以及边疆地区政治地理空间的"疏离性"等实际，从而带来如何按现代民族国家新理念建设一个强大的"国族"问题。④ 为此，新中国不仅通过法律法规、民族区域自治制度、新型民族政策等技术型治理予以推进，还用中国特色的方式协同推进，如高度重视情感型

---

① 《中华人民共和国村民委员会组织法》，《人民日报》2011 年 2 月 14 日第 16 版。

② ［美］本杰明·卡多佐：《司法过程的性质》，苏力译，商务印书馆 1998 年版，第 38 页。

③ 廖林燕：《中国式现代国家建构视阈下云南"民族团结誓词碑"精神分析》，《云南民族大学学报》（哲学社会科学版）2023 年第 1 期。

④ 廖林燕：《中国式现代国家建构视阈下云南"民族团结誓词碑"精神分析》，《云南民族大学学报》（哲学社会科学版）2023 年第 1 期。

治理的融入。① 其中，情感型治理的一项典范就是邀请少数民族代表人士赴北京参加"观礼"活动。这些少数民族代表主要由民族头人、土司、酋长等组成。"'观礼'正是情感型治理的典范，其通过桥梁纽带、具象化载体与象征性资源这些形式，以春风化雨般的情感沟通方式，从而逐渐赢得观礼代表内心最深处的认同。"② 正是"观礼"活动以后这些少数民族代表人士在心理上脱胎换骨般的变化，是这类爱国公约签订的直接心理驱动力。

其中，典型代表当属"民族团结誓词碑"。"民族团结誓词碑"设立于1951年1月1日。一方面是形式上的传统性。这块碑乃是历史上少数民族中广泛兴起的"歃血盟誓"传统的历史传承，而且发起者也是民族头人，因此，当然属于传统治理资源的范畴。据史料记载，早在先秦时期，盟誓便是中原政治生活中的一项重要礼俗。诸葛亮南征西南夷地区，就曾采用与少数民族结盟的方式来推动民族团结。③ 随着中原文化的进入，作为道德准则和伦理规范体系的盟誓便在边疆少数民族中广泛兴起并形成一种传统。④ 从唐朝与南诏之间的"贞元会盟"，到大理段氏与滇东三十七部会盟立誓所立的《大理国段氏与三十七部会盟碑》，到明末将领李定国与佤族、傣族"剽牛盟誓"，班洪抗英"剽牛盟誓"，再到1935年红军长征途中刘伯承将军与彝族头人小叶丹的"彝海会盟"，等等，这些都是历史上以会盟立誓方式表示的团结盟誓。⑤ 这些盟誓传统，无不彰显了一种民族血性与风骨。只有大家认定的事情，才会以向神灵立誓的方式表达；而一旦立誓，便一诺千金，永不反悔。而"民族团结誓词碑"，正是历史上少数民族"歃血盟誓"传统的历史延续；另一方面则是

---

① 廖林燕：《中国式现代国家建构视阈下云南"民族团结誓词碑"精神分析》，《云南民族大学学报》（哲学社会科学版）2023年第1期。
② 廖林燕：《中国式现代国家建构视阈下云南"民族团结誓词碑"精神分析》，《云南民族大学学报》（哲学社会科学版）2023年第1期。
③ 廖林燕：《中国式现代国家建构视阈下云南"民族团结誓词碑"精神分析》，《云南民族大学学报》（哲学社会科学版）2023年第1期。
④ 廖林燕：《中国式现代国家建构视阈下云南"民族团结誓词碑"精神分析》，《云南民族大学学报》（哲学社会科学版）2023年第1期。
⑤ 廖林燕：《中国式现代国家建构视阈下云南"民族团结誓词碑"精神分析》，《云南民族大学学报》（哲学社会科学版）2023年第1期。

内涵上的现代性。突出体现在这块碑"通过创新性发展与创造性利用，用传统文化载体自发表达了全新的命运共同体宣言，同时用独特的盟誓仪式实现了命运共同体意识的'信仰化'。"①

事实上，除普洱专区外，新中国成立初期，其他民族地区在观礼回来后也在民族头人的发起动员下，纷纷以民族传统形式订立了"团结爱国公约"。② 如西康藏族自治区、凉山彝民、川南各族、川西各族、川北平武藏族、云南蒙自等都订立了团结公约。③ 这其中凸显的一个共性就是：往往由民族头人发起，用传统文化的载体，自发表达从此与中国共产党"休戚与共、荣辱与共、生死与共、命运与共"④的全新命运共同体宣言。

2. 在继承传统爱国公约精神基础上赋予新的时代内涵

在用传统文化载体表达全新价值内涵的基础上，传统爱国公约现代转化的另一个方面，也体现在继承传统爱国公约精神基础上，结合新时代的要求，"以我们正在做的事情为中心"⑤，进一步赋予传统公约以新的时代内涵。如《团结爱国公约》签订70多年来，云南红河各族人民始终恪守公约、团结奋斗、和睦相处、和衷共济、和谐发展。进入新时代，为深入开展民族团结进步创建，铸牢中华民族共同体意识，2022年3月8日，红河县召开民族团结进步大会，在继承传统爱国公约精神的基础上，结合新的时代背景重新签订了新的公约，即《红河县铸牢中华民族共同体意识爱国公约》。该公约共有十条，涉及政治、经济和文化等方面。具体包括："一、坚持中国共产党领导，永远感党恩、听党话、跟党走。二、牢固树立休戚与共、荣辱与共、生死与共、命运与共的中华民族共

---

① 廖林燕：《中国式现代国家建构视阈下云南"民族团结誓词碑"精神分析》，《云南民族大学学报》（哲学社会科学版）2023年第1期。
② 廖林燕：《中国式现代国家建构视阈下云南"民族团结誓词碑"精神分析》，《云南民族大学学报》（哲学社会科学版）2023年第1期。
③ 郎维伟主编：《邓小平与西南少数民族——在主持西南局工作的日子里》，四川人民出版社2004年版，第55页。
④ 习近平：《以铸牢中华民族共同体意识为主线 推动新时代党的民族工作高质量发展》，《人民日报》2021年8月29日第1版。
⑤ 习近平：《在哲学社会科学工作座谈会上的讲话》，《人民日报》2016年5月19日第2版。

同体意识，促进各民族像石榴籽一样紧紧抱在一起。三、遵守宪法、法律，禁止盗窃、抢劫、械斗、杀害、吸毒、贩毒、非法传教等违法犯罪活动。四、崇尚文明新风，移风易俗，倡导厚养薄葬，简办红白喜事，反对大操大办和铺张浪费，追求现代文明生活。五、各民族一律平等，坚决同制造事端、挑拨民族关系、破坏民族团结的行为做斗争，维护祖国统一，反对民族分裂。六、共同巩固脱贫成果，大力实施乡村振兴，整治提升人居环境，走勤劳共同致富之路，各民族共同繁荣发展。七、各民族之间相互信任、相互尊重，广泛交往交流交融。八、传承和发展各民族优秀文化，倡导在公共场所使用国家通用语言，自觉使用国家通用文字。九、守住耕地红线，保护山水、梯田、林草、湖库、河沙，人与自然和谐共生。十、各民族手足相亲、守望相助，汇聚实现中华民族伟大复兴中国梦的磅礴伟力，唱响新时代红河县各族人民团结进步幸福之歌。"①

可见，在内容上，相比传统爱国公约，新的公约更加凸显了时代主题，其中铸牢中华民族共同体意识、乡村振兴战略、共同富裕等成为公约的重要内容。《红河县铸牢中华民族共同体意识爱国公约》正是对传统爱国公约进行发展创新的产物，是继承20世纪50年代初期团结爱国公约精神并结合新的时代背景进行创新性发展的生动实践。

三 "发展"：优秀传统价值资源创造性转化的基本形式

有着五千多年灿烂文明的中华民族拥有丰富的传统治理资源，而传统价值资源作为其中的重要组成部分，在政治现代化的进程中，也在与时俱进地进行创造性转化。表现在：以社会主义核心价值观为引领，以铸牢中华民族共同体意识为主线，在传承中发展，在发展中传承，从而积极助推着现代乡村文化建设。

1. 转化方向：以社会主义核心价值观为引领

社会主义核心价值观作为马克思主义中国化的重要成果，是社会主

---

① 《红河县各族代表签订铸牢中华民族共同体意识爱国公约》，侨乡红河统战官微：https：//mp.weixin.qq.com/s?__biz=MzI3MzQwNzA5Mw==&mid=2247499243&idx=2&sn=8b658d2c5911eb4b27615e203020cf56&chksm=eb2170f1dc56f9e77a2ca4de253fac52db8c0f30a7f8db28f3a443e98481e2e84f5b1c999146&scene=27，2022-06-23。

义文化发展的新阶段和新高度。党的二十大提出："坚持百花齐放、百家争鸣，坚持创造性转化、创新性发展，以社会主义核心价值观为引领，发展社会主义先进文化，弘扬革命文化，传承中华优秀传统文化，满足人民日益增长的精神文化需求。"① 传统价值资源的创造性转化，主要立足于当下的时代精神，以社会主义核心价值观为引领方向，通过转化创新，实现传统价值资源内在价值与社会主义核心价值观时代精神的有机契合。诸如，笔者调研的西盟佤族自治县，为发挥村规民约、传统价值观念等内源治理资源在乡村治理中的积极作用，"以党建为引领，把村规民约修订纳入'书记特色项目'，集中修订村规民约，激发边疆各族群众参与乡村治理的热情，不断树牢边疆少数民族群众守边、固边、稳边意识，努力打造充满活力、和谐有序和共建共治共享的乡村治理新格局"②。其中，《西盟公约》③ 是传统佤族文化与当代文化和价值观相契合的产物，是在社会主义核心价值观的引领下，使"民族团结、和谐相处、公平正义、敬畏自然、互帮互助"等传统价值观念成为涵养社会主义核心价值观的力量源泉。公约中所倡导的"像对木依吉一样敬畏自然，爱护环境"的自然观，"像江三木洛一样公平正义，和谐相处"的社会观等，都是充分利用佤族传统文化，以社会主义核心价值观为引领，通过传统价值观念的转化发展与创造性利用，从而"约"出了西盟各族人民的誓言心声，"约"出了乡风文明的新气象与新风尚。

2. 时代内涵：以铸牢中华民族共同体意识为主线

铸牢中华民族共同体意识是实现中华民族伟大复兴的必然要求，是新时代民族工作的主线。一方面，各民族自觉为"我们"的中华民族"共同体"意识的持续强化，这是传统价值资源得以"再生"的直接心理支撑，另一方面，铸牢中华民族共同体意识这个新时代民族工作的

---

① 习近平：《高举中国特色社会主义伟大旗帜 为全面建设社会主义现代化国家而团结奋斗——在中国共产党第二十次全国代表大会上的报告》，人民出版社2022年版，第43页。

② 《西盟县村规民约"约"出各族群众的"誓言心声"》，普洱新闻网：https://www.puernews.com/sh/7352515696379979599，2020-11-11。

③ "像对木依吉一样敬畏自然，爱护环境。像江三木洛一样公平正义，和谐相处。在安木拐的护佑下平静宽容，快乐生活。天赐之，吾爱之、惜之、护之。吾爱之、惜之、护之，天赐之。"

"纲",所有工作向此聚焦的时代要求,则成为少数民族传统价值资源在文化内涵上向着铸牢中华民族共同体意识进行现代转化的直接推动力。

其中,"拉勐精神"的创新发展就是一个典型。1950年,拉勐作为佤族代表受邀到北京参加"观礼",观礼结束后受现代进步思想洗礼的拉勐参加了普洱第一届兄弟民族代表会议。在会议最后一天,拉勐作为剽牛手,以佤族特有的神圣剽牛仪式,赋予了"民族团结誓词碑"的誓言以神圣性。剽牛盟誓过后,在拉勐、李保等观礼代表的共同推动下,促成了卡佤山区3000多人以垒石盟誓的"栽石头"方式垒起了新中国"民族团结第一塔";之后,拉勐马不停地走入村村寨寨,广泛宣讲党的民族政策,对"猎人头祭谷"等糟粕性习俗进行革除,引领族人坚定不移跟党走,号召族人"要听毛主席、共产党的话,要热爱祖国,各民族是弟兄,要团结"。① "过去猎人头祭谷的习俗造成了各部落之间的隔阂和互相残杀。今后,在共产党的领导下,应该把这一习俗彻底改掉,让各民族兄弟、各部落之间自由往来,团团结结,亲如一家。"② 1951年,在境外国民党残匪伺机窜犯企图颠覆新政权的形势下,面对敌人的策反与拉拢,拉勐毫不动摇,始终坚守初心。"拉勐坚决不跟国民党残余势力合作,还派人送口信给当时西盟区人民政府区长唐煌,为确保安全让他们立即撤离。拉勐的进步和影响,对后来全面开展西盟佤山的工作,有着极大的帮助。"③ 作为从佤族原始部落走向现代文明社会的第一人,拉勐在引领佤族坚定不移跟党走、命运与共建设新中国方面发挥了积极的推动作用。拉勐作为民族团结进步的楷模,他所折射出的"感恩党、听党话、跟党走"的"拉勐精神"在新时代被赋予了新的内涵。近年来当地政府将"拉勐精神"提炼为"忠诚、团结、进步、和谐"的精神。在班箐村,不仅建立了拉勐纪念碑,而且"忠诚、团结、进步、和谐"8个字以标语的形式竖立在纪念碑的后方。当地政府大力弘扬被赋予新的时代内涵的

---

① 王德强、袁智中、陈卫东:《亲历与见证:民族团结誓词碑口述实录》,社会科学文献出版社2018年版,第86页。
② 王德强、袁智中、陈卫东:《亲历与见证:民族团结誓词碑口述实录》,社会科学文献出版社2018年版,第70页。
③ 王德强、袁智中、陈卫东:《亲历与见证:民族团结誓词碑口述实录》,社会科学文献出版社2018年版,第70页。

拉勐精神，是当地铸牢中华民族共同体意识的宝贵内生文化资源。

此外，从各地的民歌也可以鲜活地体现传统价值资源被赋予了丰富的铸牢中华民族共同体意识的内涵。从五十多年前的歌曲《阿佤人民唱新歌》到今天的音乐剧《阿佤人民再唱新歌》；从各地民族团结进步创建的歌曲，如西双版纳傣族自治州的《石榴籽籽心连心》，丽江市的《团结花开丽江美》等，在生动展现了"中华民族一家亲"的浓浓景象的同时，也成为铸牢中华民族共同体意识的重要价值载体。"内生文化资源作用发挥的关键就是要进行现代转化。也就是不断注入新的时代内涵与现代表现形式。"① 传统价值资源在政治现代化进程中不断被注入新的时代内涵，与现代社会相协调、与当代文化相适应的同时，被激发出新的生机与活力。

---

① 廖林燕：《国家在场与认同转换——铸牢中华民族共同体意识下普洱澜沧拜年仪式现代转化分析》，《云南民族大学学报》（哲学社会科学版）2022 年第 2 期。

第四章

古为今用：现代转化的优秀传统治理资源助力乡村振兴的效能

在逐一分析传统治理资源"何以转"与"如何转"之后，接下来要重点探讨"转的效能"，即经创造性转化的优秀传统治理资源是如何助力乡村振兴的。从本质上看，乡村振兴旨在建立一种现代乡村文明，实现从传统乡村文明向现代乡村文明转型和重建乡村文明关系的现代秩序。而这场深刻的文明转型，不仅是一个现代乡村文明的"新生"过程，同时也是一个传统乡村文明的"再生"过程。其中，通过对传统乡村文明的"再生"，"借助它们来实现社会动员和整合，从而最终导致现代化"。① 在这样的学术观照下，经创造性转化的优秀传统治理资源，正是通过"文明性再塑"与"现代性转换"，从而成为因地制宜地推进"乡村全面振兴的一个推动力"。其中，传统组织资源作为"基层治理的协同力"、传统习俗资源作为"政治社会化的内生力"、传统价值资源作为"传播主流价值的凝聚力"，分别助力乡村振兴。

第一节 乡村全面振兴的推动力：优秀传统治理资源创造性转化的效能

作为因地制宜推进乡村全面振兴的一个重要抓手，优秀传统治理资源不仅是"产业振兴"的稀缺发展资源与"生态振兴"不可忽视的内生

---

① ［美］塞缪尔·P. 亨廷顿：《变化社会中的政治秩序》，王冠华、刘为等译，上海人民出版社2015年版，第2页。

文化资源,而且也是"文化振兴"的重要传统社会资本,更是"治理有效"的宝贵文化戍边资源与"铸牢中华民族共同体意识"的重要内生性载体。

一 产业振兴:通过文化传承助力乡村特色文化产业发展

乡村振兴就是要"按照产业兴旺、生态宜居、乡风文明、治理有效、生活富裕的总要求"①,从而建立全新的现代乡村文明。其中,发展产业,实现共同富裕,是少数民族乡村振兴的第一要务。马克思主义认为,生产力是一切社会发展的最终决定力量。② 对于发展起点低、基础弱、瓶颈多的少数民族乡村来说,少数民族乡村振兴的关键,就是要在受明显地理环境制约与生态条件制约下因地制宜地探索出一条适合本地区实际的特色产业。在国家大力打造文化产业特色村的形势下,"形成特色资源保护与村庄发展的良性互促机制"③ 的乡村振兴要求下,优秀传统治理资源作为传统文化的重要组成部分,不仅是社会发展的重要动力,也是促进地方经济发展的宝贵资源。

由于优秀传统治理资源作为传统文化的重要组成部分,触及一个民族最核心的精神追求与文化内核,恰是深入推进地方经济发展的重要发展资源。尤其鉴于一些边疆少数民族前期旅游开发更多借助于服饰文化、建筑文化、歌舞文化、饮食文化等传统文化形态,同时鉴于一些文化形态如民俗表演与原生文化形态相差甚远甚至失真的情况下,这也由此凸显了:包括传统民风习俗、传统文化精英、传统社会组织、传统社会规范等在内的优秀传统治理资源的经济价值更为显著突出。在"我国社会主要矛盾已经转化为人民日益增长的美好生活需要和不平衡不充分的发展之间的矛盾"④ 的情况下,这些优秀传统治理资源在经过创造性转化后不仅有助于文化生活的丰富、精神需求的深层次满足,而且也为边疆少

---

① 习近平:《决胜全面建成小康社会 夺取新时代中国特色社会主义伟大胜利——在中国共产党第十九次全国代表大会上的报告》,人民出版社2017年版,第32页。
② 廖林燕:《应加快边疆民族地区乡村的振兴》,《社会科学报》2017年11月9日第2版。
③ 《乡村振兴战略规划(2018—2022年)》,《人民日报》2018年9月27日第1版。
④ 习近平:《决胜全面建成小康社会 夺取新时代中国特色社会主义伟大胜利——在中国共产党第十九次全国代表大会上的报告》,人民出版社2017年版,第11页。

数民族乡村文化产业的发展提供了新的增长点。

　　课题组对云南"直过民族"传统治理资源的调研,无论是对基诺族、拉祜族,还是佤族、布朗族的调查无不显示:"直过"民族将反映远古文化形态具有活化石意义的宝贵文化遗产融入乡村产业发展之后,这为"直过民族"乡村文化产业的发展、文旅融合注入了全新的活力与动能。特别是这些民间头人自幼便在原始社会的遗风中成长,深谙从历史迁徙、衣食住行、婚丧嫁娶、节日习俗、宗教信仰到古理古规等各种文化传统,他们独特的成长经历及所承载的极具历史底蕴冲击力与震撼力的传统文化资源,极大地推动了民族文化产业发展以及文化、旅游与其他产业的深度融合。特别是"逆城市化"现象,人们对乡愁、乡情、乡风的追寻,以及具有活化石意义的宝贵文化遗产的视觉冲击力与人文价值,加之良好的自然生态康养,这些都悄然推动了"直过民族"乡村旅游业"热"。人们不再"背井离乡",而是在家门口将传统的民族民居打造为"特色"民宿。正是在这个过程中,传统治理资源对于乡村振兴有了全新的价值意蕴,不仅留住了历史、重构了秩序,而且记住了乡愁、带动了经济、焕发了生机。诸如,笔者在基诺族看到的"特懋克"节,在拉祜族看到的"请年神",在佤族看到的"拉木鼓",当人们敲响那通天的神器——木鼓的时候,当人们朝着木鼓呐喊的时候,如此等等,这些对于反映人类社会形态的多样性具有活化石意义的传统文化遗迹,极大地推动了乡村旅游业的发展,且在旅游业的发展中使古朴的传统村寨重焕生机、获得新生。正是旅游业的发展,在传统农耕文明的基础上促进了乡村经济结构的转型与现代文明的植入,使传统的人与土地的关系正在转变为多样化的人与土地的关系。千百年来,边疆地区的少数民族群众都是在一个相对封闭的地理环境中,日出而作、日落而息,靠山吃山,在自己的小天地里过着自给自足的生活。[①] 一家老小蜗居在有限的土地上,通过日复一日、年复一年的重复生产,进行粗放的农耕劳作或游牧活动。[②] 如今,依托传统文化资源对旅游业的发展所得来的:人口的流动、不同文化的交流、城乡的融合、互联网信息技术等现代文明形态都对传统乡村

---

　　① 廖林燕:《应加快边疆民族地区乡村的振兴》,《社会科学报》2017年11月9日第2版。
　　② 廖林燕:《应加快边疆民族地区乡村的振兴》,《社会科学报》2017年11月9日第2版。

文明进行了文明性再塑，不仅塑造了新的乡村产业，也塑造了一个全新的乡村精神面貌。人们在市场经济浪潮中逐渐增强商品意识与竞争意识，表现出更多的创造力与拼搏劲头；而且，随着不同文化之间、不同民族之间的交往交流的深入，这也为少数民族乡村发展带来了无限生机。"正如唯物主义所指出的：人们的社会意识和思想观念无不来源于社会实践，其中最根本的影响就源于特定的生产方式。"① 边疆少数民族乡村文化产业的发展在不断改造着人们的客观世界，也在改造着人们的主观世界，② 并由此塑造了一个新的乡村形态、新的乡村格局与新的乡村面貌。

二 文化振兴：通过文化传承助力乡村文化生态发展

实现乡风文明，推动物质文明与精神文明的协调发展，是少数民族乡村振兴的本质要求。③ "乡村振兴的核心在于促进人的全面发展，也就是使人'过得更好'、而且'过得更有意义'。"④ 由于发展产业是少数民族乡村振兴的必经之路，而随着产业的大力发展，随着人们不断投入到市场经济的浪潮中，人们的商品意识、竞争意识、逐利意识都将逐步增强；然而，在这一发展进程中，正如闵丽所指出的，"由于科学技术、市场经济、科层组织等要素构成的现代性社会，难以自然分蘖出一套自我约束、自我修复的道德观念体系"⑤，因此，若任由市场经济的发展，传统伦理道德必将不断式微甚至逐步解构。这些现实困境，客观上也将少数民族乡村加快发展进程中如何促进乡村的全面协调发展内在地凸显出来。⑥ 而传统伦理道德的式微、乡村物质文明与精神文明发展的失衡，不仅可能使乡村经济振兴难以为继，而且也直接影响到人们对美好生活的向往与期待。根据马斯洛的需要层次理论，当人们低层次的物质需求

---

① 廖林燕：《推进乡村振兴战略，边疆民族地区是难点，也是重点》，《中国民族报》2017年11月3日第8版。
② 廖林燕：《应加快边疆民族地区乡村的振兴》，《社会科学报》2017年11月9日第2版。
③ 廖林燕：《应加快边疆民族地区乡村的振兴》，《社会科学报》2017年11月9日第2版。
④ 廖林燕：《应加快边疆民族地区乡村的振兴》，《社会科学报》2017年11月9日第2版。
⑤ 闵丽：《论宗教与中国现代性社会建构的兼容性》，《世界宗教研究》2017年第2期。
⑥ 廖林燕：《乡村振兴进程中"直过"民族传统社会组织的创造性转化研究》，《西南民族大学学报》（人文社科版）2018年第10期。

得到满足之后,高层次的精神需求必将随之增长。① 面对这样的发展困境与发展需求,少数民族优秀传统治理资源在创造性转化之后,通过伦理道德约束力,恰有助于缓解乡村加快发展到一定程度后所出现的一些不协调或不平衡问题,进而推动乡村经济振兴与文化振兴的良性互促。②

纵观全球现代化的发展模式,一般都经历了物质文明的全面提升—传统社会资本的不断解构—艰难的社会资本重构这一过程。也就是,从现代化快速推进进程中侧重追求经济效益从而导致的物质文明与精神文明的不协调发展阶段,到现代化中后期力图追求两者的全面协调发展阶段。从西方式现代化国家的实践看,随着市场化与现代化的加快推进,这时人们的利益意识、逐利意识必将逐步觉醒并日趋旺盛,在这一发展进程中,片面追求经济效益导致这些国家普遍出现"社会价值的大断裂"③"社会资本虚弱期"④。福山对此作了深入的阐述:"英美两国在18世纪末至19世纪初的社会失序,可以直接追因于所谓的第一次工业革命带来的破坏效应,蒸汽动力和机械化在纺织、铁路等领域催生出新的工业。100年间里,完成了从农业社会向城市工业社会的转型,所有积累形成的带有农业或乡村社会特征的社会规范和风俗习惯,都被工厂和都市的节奏所取代"⑤;工业时代破坏了人类社会经过数百年时间建立起来的"一套为某一群体成员共享并能使其形成合作的非正式的价值和规范"⑥的"社会资本";而随着社会价值的断裂、社会资本的破坏,这不仅不利于经济

---

① 廖林燕:《乡村振兴视域下边疆民族地区乡村治理机制创新研究》,《西北民族大学学报》(哲学社会科学版)2018年第1期。
② 廖林燕:《乡村振兴进程中"直过"民族传统社会组织的创造性转化研究》,《西南民族大学学报》(人文社科版)2018年第10期。
③ [美]弗朗西斯·福山:《大断裂:人类本性与社会秩序的重建》,唐磊译,中国社会科学出版社2015年版,第9页。
④ [美]弗朗西斯·福山:《大断裂:人类本性与社会秩序的重建》,唐磊译,中国社会科学出版社2015年版,第252页。
⑤ [美]弗朗西斯·福山:《大断裂:人类本性与社会秩序的重建》,唐磊译,中国社会科学出版社2015年版,第12页。
⑥ [美]弗朗西斯·福山:《大断裂:人类本性与社会秩序的重建》,唐磊译,中国社会科学出版社2015年版,第21页。

的持续健康发展，也不利于政治文明的发展并迟滞政治发展的进程①；而且，伦理道德秩序的衰败、人们精神家园的渐行渐远，这些也直接影响到人们对美好生活的向往与期待。因此，在工业化巩固提升阶段，这些国家又普遍出现了"在变局中重建规范"②的强烈诉求。对此，福山曾这样指出："某一历史时期运转良好的社会规范如果遭到技术和经济发展的破坏，社会就不得不努力挽回败势，以期在变局中重建规范。"③而，若待传统社会资本日渐式微甚至枯竭时再进行重构以满足人们日益增长的精神需求与社会协调发展需要，由于诸多优秀传统社会资本为不可再生资源，这时，传统社会资本的重构无疑要投入更多的成本且未必尽如人意。正如福山指出的，"社会重新创造社会资本的过程不仅复杂而且往往艰难"，"途径则是商讨、争辩、文化争论甚至是文化战争"。④

西方式现代化模式对于我国少数民族乡村振兴有重要启示：必须在乡村振兴进程中妥善处理好乡村经济振兴与文化振兴的全面协调发展，同时发挥好市场经济与伦理道德这两个动力，以促进物质文明与精神文明的协调发展，从而不断满足群众日益增长的美好生活需要。⑤这不仅是乡村振兴的本质要求，也是中国式现代化的必然要求。

"中国式现代化是物质文明和精神文明相协调的现代化。"⑥而中华优

---

① 福山指出："社会资本带来的好处远远超出经济领域。它对缔造一个健康的公民社会（存在于家庭和国家之间的、属于群体和社区的领域）至关重要。""社会资本使一个复杂社会中的不同群体得以团结在一起，捍卫他们的共同利益，否则这些利益就可能为一个强大的政府所罔顾。"见《大断裂：人类本性与社会秩序的重建》，第22—23页。
② ［美］弗朗西斯·福山：《大断裂：人类本性与社会秩序的重建》，唐磊译，中国社会科学出版社2015年版，第16页。
③ ［美］弗朗西斯·福山：《大断裂：人类本性与社会秩序的重建》，唐磊译，中国社会科学出版社2015年版，第16页。
④ ［美］弗朗西斯·福山：《大断裂：人类本性与社会秩序的重建》，唐磊译，中国社会科学出版社2015年版，第252页。
⑤ 参见廖林燕《乡村振兴进程中"直过"民族传统社会组织的创造性转化研究》，《西南民族大学学报》2018年第10期；廖林燕：《应加快边疆民族地区乡村的振兴》，《社会科学报》2017年11月9日第2版。
⑥ 习近平：《高举中国特色社会主义伟大旗帜　为全面建设社会主义现代化国家而团结奋斗——在中国共产党第二十次全国代表大会上的报告》，人民出版社2022年版，第22页。

秀传统文化,不仅"是中国式现代化的深厚底蕴"①,也是突出优势与宝贵内生文化资源。"中华优秀传统文化源远流长、博大精深,是中华文明的智慧结晶。"② 正如中国现代化理论之父罗荣渠这样提出:"随着中国现代化经济向高处起飞,冲突和矛盾将激增。因此,中国的现代化愈是向前进展,可能就要越多地回过头来对中国的历史传统进行再认识。"③ 其中,少数民族积淀深厚的这些优秀传统治理资源,其所蕴涵的诸多富有永恒魅力、具有当代价值的优秀人文精神与教化思想,正是一种宝贵的道德约束机制与行为纠偏机制,"可以为道德建设提供有益启发"④,促进现代化进程中经济振兴与文化振兴的互促。

中国自古以来就十分重视道德的作用,费孝通在《乡土中国》中便说到维系乡土社会秩序的重要因素就是道德。"各民族都是富有道德感和道德传统的民族,都喜欢并善于用道德这一特殊的社会意识形态来协调或规范人们的言论与行动。"⑤ 民族地区有着灿烂的优秀传统治理资源,其独特的德治功能,"不论过去还是现在,都有其永不褪色的价值"⑥。纵观少数民族优秀传统治理资源,主要由制度文化与精神文化这两部分组成。其中,以公共仪式、礼仪礼节、宗教信仰、象征符号等为表现形式的传统习俗,积淀着各民族最深沉的精神追求,蕴涵着尊老爱幼、诚实守信、见贤思齐、守望相助、向上向善的传统美德,是教化乡民、淳化民风、增进和谐的宝贵文化遗产,不仅是乡村治理的宝贵治理规范,也是涵养社会主义核心价值观的重要源泉;另外,作为一种重要制度文化的传统文化精英,对于少数民族传统文化的传承发展与伦理道德建设发挥着重要作用,是乡村文化生态发展的积极推进者。不仅是传统文化中

---

① 廖林燕:《中国式现代国家建构视阈下云南"民族团结誓词碑"精神分析》,《云南民族大学学报》(哲学社会科学版)2023年第1期。
② 习近平:《高举中国特色社会主义伟大旗帜 为全面建设社会主义现代化国家而团结奋斗——在中国共产党第二十次全国代表大会上的报告》,人民出版社2022年版,第18页。
③ 罗荣渠:《现代化新论》,华东师范大学出版社2013年版,第308页。
④ 习近平:《在纪念孔子诞辰2565周年国际学术研讨会暨国际儒学联合会第五届会员大会开幕会上的讲话》,《人民日报》2014年9月25日第2版。
⑤ 熊坤新:《中国民族伦理学研究概述》,《黑龙江民族丛刊》2003年第2期。
⑥ 《习近平在2014年文艺工作座谈会上的讲话》,中国政府网:http://www.gov.cn/xinwen/2015-10/14/content_2946979.htm,2014-10-15。

最为核心的精神文化的重要承载者、守护者与弘扬者,而且还是社会主义核心价值观的涵养者与精神文明建设的推动者,在乡村公序良俗、孝老爱亲、崇德向善、文以化人等方面发挥着积极的协同作用。在经过深入的创造性转化之后,无论是制度文化内容,还是精神文化内容,都有助于助推一种明德守法的良好乡风家风,从而缓解农业农村现代化与市场化加快发展到一定程度后所出现的一些不协调或不平衡问题,进而促进乡村的全面协调发展。①

如果说现代工业文明按照工具理性所创造的新世界使人们逐渐从各种禁锢中摆脱出来,使人们的个性逐渐得到张扬,并获得了越来越多的自由,但又如马克思所说的"自由得一无所有"②,那么,这些作为传统文化内核的优秀传统治理资源,则通过从生到死的每个重要阶段的周而复始的道德教化与洗礼,在经年累月中塑造着人们应该如何为人处世的思维定式,并使人成长为他应该做的人。正是传统治理资源的道德教化与伦理熏陶,在不同程度上助推着少数民族乡村相对和谐的精神家园,助力乡村经济振兴与文化振兴的良性互促。

三 生态振兴:通过习惯法助力乡村绿色生态空间涵养

"乡村振兴,生态宜居是关键。"③ 乡村振兴不仅要推进乡村的产业振兴,促进农业农村的现代化,还要提升乡村的文明程度,实现乡村的和谐稳定与发展活力,而且,还要促进乡村的良好生态发展。④ 乡村振兴指向的是乡村整体性文明重塑,包括"乡村的物质文明、政治文明、精神文明、社会文明、生态文明都得到全面提升"⑤。其中,唯有实现经济发展与生态发展的统一,方能推动乡村的永续协调发展。"中国式现代化是人与自然和谐共生的现代化。"⑥ "保护环境就是保护生产力,改善环境就

---

① 廖林燕:《乡村振兴进程中"直过"民族传统社会组织的创造性转化研究》,《西南民族大学学报》(人文社科版)2018年第10期。
② 马克思:《资本论》第1卷,人民出版社1975年版,第192页。
③ 《乡村振兴战略规划(2018—2022年)》,《人民日报》2018年9月27日第1版。
④ 廖林燕:《应加快边疆民族地区乡村的振兴》,《社会科学报》2017年11月9日第2版。
⑤ 廖林燕:《应加快边疆民族地区乡村的振兴》,《社会科学报》2017年11月9日第2版。
⑥ 习近平:《高举中国特色社会主义伟大旗帜 为全面建设社会主义现代化国家而团结奋斗——在中国共产党第二十次全国代表大会上的报告》,人民出版社2022年版,第23页。

是发展生产力。"①

"自人类进入工业社会以来，人类在改造自然的过程中也带来了对自然的过度破坏，带来了资源的枯竭、环境的污染、生态的失衡，这些都是对人类生存条件的极大破坏。人类发展活动规律表明，人类必须尊重必然、顺应自然，并且保护自然，否则早晚会遭到自然的报复。只有实现人与自然的和谐共生，努力建设美丽中国，才能实现中华民族的永续发展。"②"我国边疆九省区地处东北平原、内蒙古高原、黄土高原、青藏高原、西南丘陵山地，辖区内森林、草原、湿地、高山、大川、沙漠等生态系统分布密集，是我国'两屏三带'生态安全格局的重要组成部分。然而，由于历史和现实的经济发展方式等原因，我国边疆地区生态环境整体比较脆弱，尤其是优等森林、灌丛、草地生态系统面积比例还比较低，而且生态系统退化的趋势也比较突出。"③ "绿水青山就是金山银山。"深入推动少数民族乡村生态的振兴，不仅是乡村振兴的重要内容，也是为全国生态文明建设提供绿色资源储备的必然要求与中国式现代化的必然要求，而且，还有助于服务与促进乡村经济振兴。由于特殊的地理环境在客观上造就了山清水秀的田园风光与神奇独特的人文景观，因此依托绿色空间的生态涵养与休闲观光也有助于拉动少数民族乡村旅游业的发展。

在生态振兴方面，国家不断通过各种法律法规、民族自治地方通过各种单行条例等发挥立法保护生态环境作用，也通过基层党组织不断推进乡村绿色发展方式与统筹山水林田湖草系统治理，除此之外，传统治理资源的协同作用也不容小觑。由于历史上少数民族在世代繁衍于山峦之中的生产生活环境中深受"万物有灵"世界观的影响，进而形成的一个重要自然崇拜对象就是山神与树神，并围绕这一自然崇拜制定了相关的习惯法。少数民族习惯法是民族地方生态环境治理的重要本土性资源，蕴含着长期生产生活实践中所形成的善待自然、尊重自然、与自然和谐

---

① 习近平:《在省部级主要领导干部学习贯彻党的十八届五中全会精神专题研讨班上的讲话》,《人民日报》2016年5月10日第2版。
② 廖林燕:《应加快边疆民族地区乡村的振兴》,《社会科学报》2017年11月9日第2版。
③ 廖林燕:《应加快边疆民族地区乡村的振兴》,《社会科学报》2017年11月9日第2版。

相处的生态道德伦理观,其所体现的生态理念与我国当前乡村振兴战略的生态文明建设相一致。少数民族习惯法中蕴含的生态伦理思想,集精神、道德、宗教为一体,强调对大自然的崇拜、敬畏和保护,在长期的发展演变中已渗透到村民的日常生活中,为民族成员所信仰,内心认可且普遍遵守,使村民形成一种良好的生态环保意识和观念,成为涵养少数民族生态环保意识的一个重要源泉,对我国生态保护具有重要作用。例如,"佤、景颇、独龙、怒、基诺等民族曾采取轮耕和种水冬瓜树等方法恢复生态;纳西、哈尼、拉祜、彝等民族中至今仍存在着神山、神林、神树的崇拜与禁忌,有效地保护了山林生态;基诺、白、彝、傣等民族中都存在有关保护生态环境的习惯法"[1]。如凡山神附近的山峦(又称"神山")与树神附近的山峦,都禁止砍伐。这样的习惯法在客观上有效保护了特定区域的生态环境,对实现乡村生态振兴具有积极的时代价值,以独特的心理威慑力与社会舆论压力,有效促进了人与自然的和谐共生。

以笔者调研的云南楚雄彝族自治州南华县五街镇咪黑们彝族村为例,在绵亘千年的历史岁月中,彝族先民曾以自己的独特智慧创造了一整套与当地自然环境相融和谐的生态文化,"封山碑"便是其中一种重要载体。在当地,最为原始的封山碑是彝族先祖于清朝所立的一块石碑,此古老封山碑为当地一般石头所刻,高约40厘米,宽约24厘米,厚约8厘米,上面刻有古时护林公约的碑文。由于年代久远,所刻字迹早已模糊。2005年,当地村民仿照此碑进行了重建。碑文共计76个字,其中碑头刻有5个字,从左至右字为:"拾玖年三月"。正文共计71个字,全文无标点符号,碑文如下:

> 从左至右所刻字为:"此封山树木今因封到我美(注:'我美'两字为彝语,意为山头)青龙山(注:这座山的名称)东至齐多衣树地退(注:应是埂)受(注:应是深)箐南至齐路西至齐北至齐来(注:应是夹)地老树不行侃(注:应是坎)合村商议反(注:应是罚)银五两米三斗酒乙(注:应是一)水酒乙(注:应是一)

---

[1] 杨士杰:《论云南少数民族的生产方式与生态保护》,《云南民族大学学报》(哲学社会科学版)2006年第5期。

平(注:应是瓶)盐乙(注:应是一)斤公奉周反(注:应是罚)羊乙(注:应是一)二十斤。"

作为一种重要的习惯法,此封山碑至今依然以一种"准法规范"的方式,对该区域内的自然生态保护起着积极的推动作用。

四 治理有效:通过文化戍边助力强边固防

少数民族乡村振兴的推进,除了要大力推进产业振兴与文化振兴,还要为其加快发展创造一个安全的社会环境。由于少数民族主要聚居在边疆地区,而边疆地区的独特地缘环境特点、复杂的民族宗教问题以及特有的国防意义,使边疆地区一直是境外势力进行思想、文化与宗教渗透,侵蚀国民认同的重点区域。尤其是随着中国的崛起,传统地缘政治格局的既得利益者担心崛起的中国会挑战到既有的国际政治秩序,更是不遗余力地对中国进行遏制、分化与渗透。[①] 其中,利用跨界民族问题,通过思想、文化与宗教渗透,不断削弱、侵蚀国民的国家认同则成为一种重要手段。[②] 而分布在边境沿线的乡村,又首当其冲地成为敌对势力进行思想、文化与宗教渗透的重点。特别是那些传统文化不断解构的边境乡村,所面临的文化安全问题往往要更为突出。[③] 正如萨缪尔·亨廷顿所言,境外意识形态渗透对一个传统社会的稳定而言,远比军事力量入侵的威力更强、危害更大、范围更广。[④] 这也在客观上呼唤重塑我国边境乡村文化生态,大力推进文化戍边。文化戍边,不仅要充分发挥党委和政府的主导作用,也要积极调动与整合固边戍边的各种文化资源的作用。其中,不仅要用中华文化进行思想整合以实现主流意识形态在边境乡村的社会化,也要把作为传统文化重要组成部分的少数民族优秀传统文化

---

① 廖林燕:《民族国家视域下我国跨界民族的国家认同研究》,《西南边疆民族研究》2017年第2期。

② 廖林燕:《民族国家视域下我国跨界民族的国家认同研究》,《西南边疆民族研究》2017年第2期。

③ 廖林燕:《经久不衰的"拉祜理":南段拉祜西边境安全治理的传统文化机制研究》,《西北民族大学学报》(哲学社会科学版)2019年第5期。

④ [美]尼克松:《1999年:不战而胜》,世界知识出版社1989年版,第32页。

有效传承发展起来。① 其中，经创造性转化的少数民族优秀传统治理资源，不仅有助于有效抵御西方文化的侵蚀与各种宗教渗透活动，也有助于强化边民的边境认同与守土固边意识。

（一）通过文化戍边抵御西方文化渗透

由于边疆地区通常是少数民族的主要聚居地，蕴藏着十分丰富的传统治理资源。这些传统文化资源不仅有重要的产业开发价值，也有重要的戍边价值。在创造性转化之后，恰是抵御西方文化渗透、维护国家文化安全的宝贵文化遗产与天然的文化渗透抵御屏障。

这些经创造性转化的少数民族优秀传统治理资源，往往通过对人们文化生活的极大丰富与传统价值观的有效传承，从而发挥文化戍边作用。诸如，以仪式、礼节、象征符号等为表现形式的传统习俗，犹如一张大网，将生活在这张大网中的每一个人持续不断地进行社会化，并使传统脉流中勤劳友善、孝老爱亲、俭约自守、礼义廉耻、诚实守信的传统美德与平等、团结、和谐的人文精神得到有效传承。而有效传承的传统价值观在不断涵养社会主义核心价值观与丰富乡村文化生活的同时，也具有积极的文化戍边功能。② 特别是有力抵御了西方资本主义腐朽思想观念的侵蚀与浸染，从而为边疆文化安全巩固提供了积极的思想文化基础。如，徐黎丽等对西北跨国民族文化的研究也表明，西北跨国民族文化在跨国民族安全和平戍边中也发挥着一定的功能；③ 笔者调研的云南"拉祜理"也同样发挥了积极的文化戍边功能，"经创造性转化的拉祜理通过对拉祜西人文化生活的极大丰富与传统价值观的有效传承，从而有效抵御了西方腐朽文化的侵蚀与宗教渗透活动"。④

此外，作为重要制度文化的传统文化精英组成的传统社会组织，对于少数民族传统文化传承发展也发挥着一定作用。不仅是传统文化中最

---

① 廖林燕：《经久不衰的"拉祜理"：南段拉祜西边境安全治理的传统文化机制研究》，《西北民族大学学报》（哲学社会科学版）2019年第5期。
② 廖林燕：《经久不衰的"拉祜理"：南段拉祜西边境安全治理的传统文化机制研究》，《西北民族大学学报》（哲学社会科学版）2019年第5期。
③ 徐黎丽、唐淑娴：《论西北跨国民族文化体系的戍边作用》，《思想战线》2014年第4期。
④ 廖林燕：《经久不衰的"拉祜理"：南段拉祜西边境安全治理的传统文化机制研究》，《西北民族大学学报》（哲学社会科学版）2019年第5期。

为核心的精神文化的重要承载者、守护者与弘扬者,而且还是社会主义核心价值观的涵养者与精神文明建设的积极助推者。正是依托传统文化的大力传承与发展,传统社会组织在客观上也发挥着文化戍边的积极助推作用。

(二) 通过文化传承强化守土固边意识

少数民族优秀传统治理资源的文化戍边作用,除体现在抵御宗教渗透,还体现在强化边民的守土固边意识方面。作为一种重要制度文化与精神文化的优秀传统治理资源,不仅是乡村特色文化产业发展的稀缺资源,以及乡村文化生态发展的宝贵资源,而且在无形之中也是夯实边境认同、强化边民守土固边意识的重要精神支柱。

在我国长达2.2万公里的陆地边境线上,边民之间因交流互市、探亲访友等自然形成的边境小道不计其数,且边境沿线往往山高谷深丛林密布从而使越境通道隐蔽性极强,加之复杂交错的跨界民族分布,以及境外因素的影响等,这些管理盲区、管理漏洞与特殊的地缘环境使边境安全防御难度极大。有效应对与治理这些非传统安全问题,在呼唤优化固边稳边控边的体制机制的同时,也呼唤最大程度地集聚与夯实边民的力量。"军防有限,民防无限。"无论是战争抑或和平年代,边民都是稳边固边的重要依靠力量与基础性力量。这不仅是因为边境村寨以及边民的驻守是我国主权的象征,是维护我国边境领土安全的基础性力量,[1] 而且边境治理的各种"机制都依托于边境的村寨和生活于边境地区的边民"[2]。而边民力量的集聚与夯实,最核心的又要夯实边民对边境的归属感与认同感。[3] 脱贫攻坚与乡村振兴战略深入实施后,边民的守土固边意识呈强化之势,但也应看到,一些地区因贫困地理环境的空间分布特征明显,一些边民基于内地更好的生存发展空间而选择离土离乡。纵观边境沿线,但凡传统文化保护传承较好者,在同等经济条件下,人们的守土固边意识一般要更强。这在一定程度上基于传统文化具有很强的地域性特征。

---

[1] 廖林燕:《经久不衰的"拉祜理":南段拉祜西边境安全治理的传统文化机制研究》,《西北民族大学学报》(哲学社会科学版) 2019 年第 5 期。

[2] 周平:《陆地边疆:国家发展的新增长极》,《新视野》2017 年第 5 期。

[3] 廖林燕:《经久不衰的"拉祜理":南段拉祜西边境安全治理的传统文化机制研究》,《西北民族大学学报》(哲学社会科学版) 2019 年第 5 期。

由于包括传统治理资源在内的传统文化总是在特定地理空间中繁衍与创造的，并在不断适应地理环境的过程中逐渐发展的，而在对生成于特定地理环境的文化体系的代代相传中以及由此形成的特有生活方式影响下，反过来也在经年累月间强化了人们对繁衍这片文化热土的认同与乡愁记忆。正是基于对文化热土的认同与乡愁记忆，这在相当程度上是支撑人们生生不息地生产生活于边境沿线抵边居住的一个重要精神力量所在。正是从这个意义上看，少数民族传统文化，在相当程度上是使边民积极守土固边的一个独特文化内驱力与精神支柱所在。

诸如笔者对中缅边境拉祜西人的调研充分显示，助推拉祜西边境地区安全秩序的重要原因之一，就在于拉祜西人悠远深沉的村寨情节以及边境情节，而这些情节很大程度又在于"拉祜理"的推动。由于拉祜理与厄莎崇拜的结合，拉祜西人至今依然对地缘共同体有着深厚的认同。这种认同不仅反映在对村寨共同体的认同，而且由于拉祜西人对拉祜理文化存在空间场域的认同，也进一步强化着拉祜西人对边境区域的归属感与认同心理。正是由于根深蒂固的村寨情节以及对边境区域生存空间的认同与归属心理，因此，拉祜西外出打工的人极少，他们至今依然聚居在这片尽管自然地理条件恶劣，但在他们心中却是拉祜神鼓诞生与敲响的神圣故土，也是拉祜理文化传承发展的神圣故地。正是由于对边境自然而然的情感与归属感，这为拉祜西人安心守边固边奠定了重要的心理基础或者说"心理边防线"。因此，当拉祜西人依循着祖祖辈辈代代相传的拉祜理组织建构他们的公共生活的同时，他们也俨然成为中缅边境线上守边固边的一群忠诚卫士。[①]

第二节 基层治理的协同力：优秀传统组织资源创造性转化的效能

建设和谐乡村是乡村振兴的基本内涵，而和谐乡村建设需要通过有

---

① 廖林燕：《经久不衰的"拉祜理"：南段拉祜西边境安全治理的传统文化机制研究》，《西北民族大学学报》（哲学社会科学版）2019年第5期。

效的治理来实现。"乡村振兴，治理有效是基础。"① 乡村振兴本质上就是一场深刻的"文明转型"②，而文明转型中诸如文明冲突问题、利益分化问题、社会身份的"迭代转移"问题等，必然呼唤通过乡村治理重建现代乡村秩序。在少数民族乡村振兴中，文明转型问题还与边疆地区的地缘性问题、非传统安全问题相交织，更是呼唤创新少数民族乡村治理的机制。特别是在工业化、信息化与市场化加快推进的时代背景下，这一方面给地处国家边缘性地带、一度生活相对封闭的边疆少数民族乡村带来了前所未有的生机与活力；另一方面，急剧的社会变迁，以及边疆地区独特的地缘环境、民族宗教问题、"一带一路"推动全面开放的新格局等，也给少数民族乡村社会秩序的维系带来了前所未有的挑战。边疆少数民族乡村不仅面临一般的社会治安问题，也面临少数民族乡村特有的社会公共问题，如民族问题、宗教问题，还面临独特地缘环境下全方位开放合作所带来的错综复杂的乡村安全问题，如，毒品问题、艾滋病问题、赌博问题、走私问题、跨国犯罪问题、非法越境问题、贩卖人口问题等非传统安全问题比较突出。

  在急剧的社会变迁与独特的地缘环境下，这些日渐凸显的乡村安全问题，使少数民族乡村的管控与治理难度更大。为有效应对少数民族乡村非传统安全问题的侵扰，确保边疆巩固与边境安全，根本上还是在于创新少数民族乡村治理的机制，其中，最根本的就是要"坚持党对基层治理的全面领导，把党的领导贯穿基层治理全过程、各方面"③。在党建引领下，在村党组织领导下的村民自治制度基础上，基于乡村治理人才不同程度的流失现状，还要不断优化治理结构，特别是创新民间力量积极协同的治理体系，"建设人人有责、人人尽责、人人享有的社会治理共同体"④。而经创造性转化的少数民族传统社会组织，作为乡村内生性的

---

  ① 《乡村振兴战略规划（2018—2022 年）》，《人民日报》2018 年 9 月 27 日第 1 版。
  ② 胡惠林：《乡村文化治理：乡村振兴中的治理文明变革》，《福建论坛》（人文社会科学版）2021 年第 10 期。
  ③ 《中共中央 国务院关于加强基层治理体系和治理能力现代化建设的意见》，《人民日报》2021 年 7 月 12 日第 1 版。
  ④ 习近平：《高举中国特色社会主义伟大旗帜 为全面建设社会主义现代化国家而团结奋斗——在中国共产党第二十次全国代表大会上的报告》，人民出版社 2022 年版，第 54 页。

民间组织,恰是基层治理的积极协同力量,不仅是乡村治理的积极协同力量,也是合力治边的重要民间力量。

一 乡村治理:传统社会组织是乡村治理的积极协同力量

乡村治理是国家治理体系的重要组成部分,也是实现乡村振兴的基石。在特定历史发展进程中产生且发挥治理功能的传统社会组织,仍然作为乡村治理的一种积极协同力量对乡村振兴发挥作用。"传统社会组织通过对乡村的协同治理,激发乡村振兴的内生动力,并为乡村振兴提供稳定和谐的发展环境。"① 由于头人、长老、寨老等组成的传统社会组织,深谙本民族历史迁徙、婚丧嫁娶、节日习俗、信仰准则到伦理规约等各种文化传统,是伦理道德的教化者、传统习俗的传承者、公共仪式的组织者、传统习惯法的实施者。他们主要通过德法结合的治理方式,"以德治滋养法治、涵养自治"②,在基层党组织的领导下,与村民自治组织相互配合,参与乡村协同共治。

(一) 通过道德教化淳化乡风民风

乡村文明转型问题与边疆地区的地缘性问题、非传统安全问题相交织,迫切呼唤创新少数民族乡村治理的机制。其中,长老组织、寨老组织和头人组织等传统社会组织正是作为德治的重要主体发挥作用的。③ 体现在其协同治理的规范——公共仪式、礼仪礼节、象征符号等传统习俗,蕴涵着丰富的伦理道德特点,特别是蕴涵着尊老爱幼、诚实守信、见贤思齐、守望相助、向上向善、团结互助等传统美德,是教化乡民、淳化民风、增进和谐的宝贵文化遗产。传统社会组织正是通过这些民风习俗以及言传身教,将生活在这张习俗文化大网中的每一个人持续不断地进行道德的教化、伦理的熏陶与行为的规范,在基层党组织的领导下,与村民自治组织相互配合,共同推动少数民族乡村的公序良俗。

诸如,前文提到的"洗手礼""火塘座次礼""佤族祖先礼""宾弄

---

① 廖林燕:《乡村振兴进程中"直过"民族传统社会组织的创造性转化研究》,《西南民族大学学报》(人文社科版)2018年第10期。
② 《乡村振兴战略规划(2018—2022年)》,《人民日报》2018年9月27日第1版。
③ 廖林燕:《乡村振兴进程中"直过"民族传统社会组织的创造性转化研究》,《西南民族大学学报》(人文社科版)2018年第10期。

赛嗨"互助习俗；再如，佤族刚分家的儿子建房式样"耳不高过角"的传统习俗。即刚分家的儿子不能建盖干栏式楼房，只能建盖四壁落地房，住满三年的四壁落地房后方可建盖楼房等。除了这些习俗外，少数民族的各种岁时节庆，如围绕循环往复的年节所举行的"时节礼仪"，围绕人一生中的转折点，所举行出生礼、成丁礼这些"通过礼仪"等重大公共活动，通过这些岁时节庆，在传承传统文化的同时，也常常通过歌曲、舞蹈、仪式等形式，或融入某种象征符号，从而实现伦理道德的灌输、延续与整合。如基诺族，但凡一些重要公共仪式都要唱"古歌"，古歌在相当程度上成为仪式的一个重要标志。其中，结婚礼要唱"结婚歌"，上新房礼要唱"新房歌"，"特懋克"节要唱"外交歌"，等等。这些歌曲都承载着基诺族传统文化中最核心的文化元素，通过卓巴领唱的集体宣唱形式，从而传达社会的伦理规约、礼义廉耻等行为规范。正如笔者调研时一位基诺族长老这样说道：基诺人正是在唱古歌和听古歌的过程中，"在听里面学做人的道理""在听里面学怎么孝敬老人""在听里面学怎么为人处世"等。对此，人类学者马林诺夫斯基对于传统习俗的教化意义作了这样的揭示："宗教信仰及仪式使人生重要举动和社会契约公开化、传统标准化，并且加以超自然的裁认，于是增强了人类团结中的维系力。""不仅是为着非个人的仪式，而且是为着促进彼此的利益和保证彼此的责任，而唤起公共行动。"①

正是在传统社会组织道德教化下协同促进的尊老爱幼、互帮互助、团结和谐的良好乡风民风，每当笔者置身于澜沧拉祜族寨子、置身于沧源、西盟佤族寨子以及独龙江峡谷的独龙族乡村，总能找到一种返璞归真的感觉，一种发自内心的温暖总会油然而生。② 一方面，脱贫攻坚取得了伟大的历史性胜利之后，人们的生活水平已然实现了从刀耕火种的生活方式向全面小康的历史性飞跃；另一方面，这些地方尊老爱幼、长幼有序、邻里和睦、与人为善、诚实守信等淳朴和谐的乡风家风蔚然成风。在边境地区不断遭受毒品问题、走私问题、非法宗教活动问题侵袭的边

---

① ［英］马林诺夫斯基：《文化论》，费孝通译，华夏出版社2002年版，第85、86页。
② 廖林燕：《乡村振兴进程中"直过"民族传统社会组织的创造性转化研究》，《西南民族大学学报》（人文社科版）2018年第10期。

境社会环境下,笔者调研的这些寨子没人吸毒、更看不到盗窃、乱伦等不良社会活动;而且,寨中家家都不上锁,即便到了晚上睡觉时分也仍然不反锁。对于淳朴乡风民风的形成,村民们一致回答的一个原因之一,就是因为"老人教的好"。这里的老人主要是长老、寨老或头人等。①

此外,笔者对永宁泸沽湖的摩梭人的调研也有同感。只是由于母系社会遗风仍在不同程度上存在,这里呈现的和谐又是另一番景象。由于尊老爱幼,"摩梭文化把老、弱、病、残、幼皆视为上天派来的使者"②,加之世系普遍地以女性为本位,"这里的女人虽然从早到晚操劳不休,但是她们的心境却是非常的愉快,故而这里根本不存在主流社会中非常棘手的家庭矛盾,没有婆媳纠纷,没有妯娌之间的吵闹,也没有姑嫂之间的争执,加上成员之间的相互礼让,以及对老弱幼的特别关爱,一切融洽、和谐的如同平静、安宁的泸沽湖水面一般"③。

(二) 通过民风习俗助力村寨团结

除了淳化乡风民风,传统社会组织中的协同治理功能还体现在社会凝聚与社会团结方面。这同样是通过民风习俗实现的。谈到"传统"的功能,埃里克·霍布斯鲍姆曾这样归纳:一是使各个真实的或虚假的共同体的社会凝聚力或成员资格得到确认或象征化;二是使制度、身份或是权利关系得以确立或合法化;三是使信仰、价值体系和行为准则得到灌输和社会化。④ 作为协同治理者,传统社会组织在基层党组织的领导下,依托这些已积淀为传统的习俗,建构与确立某种社会价值,在规范社会关系的同时,也强化团结凝聚的纽带。

一是通过象征符号强化团结凝聚。其中,作为村寨地缘的重要象征就是:寨桩、神林、寨门、寨栅、寨神等。通过这些文化符号,对地域社会进行有效整合。其中,寨桩被视为村寨的心脏,是村寨的物化中心,也是村寨认同的重要象征载体。

---

① 廖林燕:《乡村振兴进程中"直过"民族传统社会组织的创造性转化研究》,《西南民族大学学报》(人文社科版) 2018 年第 10 期。

② 廖林燕:《政治人类学》,中国社会科学出版社 2018 年版,第 113 页。

③ 廖林燕:《政治人类学》,中国社会科学出版社 2018 年版,第 115 页。

④ 参见 [英] E. 霍布斯鲍姆、T. 兰格《传统的发明》,顾杭、庞冠群译,译林出版社 2004 年版,第 11—12 页。

二是通过公共仪式强化团结凝聚。公共仪式常通过仪式氛围的"去结构化"以及特有的文化象征,从而在强化团结的纽带、实现思想的融合方面发挥积极的促进意义。正如涂尔干指出的,"这全部仪典的惟一目的,就是要唤醒某些观念和情感,把现在归为过去,把个体归为群体……这进一步证明,已经集合起来的群体的心理状态,恰恰构成了我们称之为仪式心态的唯一稳定牢固的基础"①。如,拉祜族、佤族、布朗族等"直过民族",每逢重要节庆时节中都要举行的祭寨心仪式(又称祭寨桩仪式);逢岁时节庆由每家每户准备一道菜之后齐聚在寨神柱下大家一起分享的"团结饭"习俗;具有团结象征意义的,特别是代表全寨人团结一心、小手拉大手意义的,由各家各户的蜡条与白线共同结在一起的长蜡烛条象征符号,等等,这些都是传统社会组织通过民风习俗协同促进村寨团结的生动案例。

(三)通过习惯法促进公序良俗

除了德治之外,传统社会组织中的协同治理功能还体现在法治方面,主要是通过习惯法以一种独特的心理威慑力与舆论压力推进明德守法的乡风家风。

少数民族习惯法经创造性转化之后,主要作为村规民约的重要组成部分。"在传统习俗基础上形成并脱颖而出的民族习惯法,既是少数民族人民对长期以来生产生活实践的经验总结,又是国家认可的独立于国家制定法之外的法律规范,更是民族地区少数民族群众行为规范和社会生活规则的体现。"② 传统习惯法是一定村寨范围内约定俗成的习惯法规,服从于国家法,同时,又以其在熟人社会中所具有的独特心理威慑力与社会舆论压力,起到辅助国家法的作用。与一般的传统习俗相比,习惯法主要以一种"法的约束力",通过对社会治安、社会交往、伦理秩序等方面的规制与约束,从而成为震慑犯罪、鼓励良善、促进公序良俗的辅助工具,助力现代乡风文明,涵养社会主义核心价值观。

诸如,拉祜族的"拉祜理"、佤族的"阿佤理"、侗族的"款条"、

---

① [法]爱弥儿·涂尔干:《宗教生活的基本形式》,梁东、汲喆译,上海人民出版社1999年版,第498—499页。

② 宋才发:《民族习惯法与国家法的冲突及调适》,《社会科学家》2020年第1期。

苗族的"苗例"、瑶族的"石碑律"、布依族的"寨约"等，一些已逐渐融入了村规民约之中，一些仍然以传统文化的形式助推乡村法治建设。例如，至今部分佤族仍保留着"洗寨子"的习惯法。洗寨子曾是流行于佤族地区的对违反男女关系行为的一种处罚。按照佤族传统习俗，青年男女有恋爱的权利，但是在正式举行婚礼之前是禁止未婚先孕的。以 W 村洗寨子仪式为例，2018 年 8 月村里一位姑娘未婚先孕，违反了佤族的习惯法"阿佤理"。当事人将未婚先孕一事向家中长辈坦白，家里人知晓后马上带着孩子到头人家里说明情况。当天晚上，头人商议此事，让怀孕的当事人"洗寨子"。[①] 进入现代社会以后，尽管"洗寨子"至今仍在部分佤寨保留着，但处罚形式经过现代转化之后，更多是由当事人杀一头猪，请全寨人一起吃顿饭，以这样一种形式达到社会约束与教化的效果。

在少数民族地区，正是在国家的根本大法基础上，进一步融合习惯法的辅助性作用，通过这样一种熟人社会的舆论压力与传统的习俗力量共同促进公序良俗。"在法治现代化的进程中，去芜存菁的继承中国传统的法律秩序，有助于我们对现代化的社会主义法治建设的方向和目标的验证。中国传统的法律秩序，具有现代法律秩序的一般特征，作为一个成熟的、属于中国本土的法律秩序，其对中国建设现代化的法律秩序在人情、本土社会的接受程度上都有一定的指导意义，尤其是内涵中尚可为现今的核心价值理念所认可的部分，更是能够对我国的法治现代化起到促进的作用。"[②]

（四）通过纠纷调解助推乡村和谐

现代性意味着稳定，而现代化必然带来不稳定。随着边疆地区开发开放所带来的利益分化的加剧、社会流动的普遍、各种思想的相互激荡，如何及时、有效地协调利益冲突与矛盾，创新纠纷调解机制，是为乡村振兴提供稳定和谐的发展环境的必然要求。除"司法调解""人民调解委

---

① 参见宋连婷《乡村振兴进程中佤族寨老组织的协同治理功能研究——以云南沧源县 W 村为例》，硕士学位论文，云南大学，2019 年。
② 金俭、李祎恒：《论法治现代化视野下的中国传统法律秩序》，《法学论坛》2010 年第 1 期。

员会"等正式调解方式外,传统社会组织也以一种非正式的传统调解方式发挥协同作用。传统习俗调解的方式,不仅在调解夫妻矛盾、家庭矛盾、村民纠纷上发挥一定的协同作用,甚至也参与调解涉邻国边境的民事纠纷。

其中,边境少数民族离婚率之所以比较低的一个重要原因,是由于非正式的传统调解机制的提前介入。在云南"直过"民族男女恋爱或婚姻中出现矛盾或欲离婚者,其中一个必要程序就是请老人、头人等进行民间调解。届时由男女双方先说明缘由,然后老人、头人等积极斡旋、调解、劝和。由于头人在当地德高望重,又有着丰富的调解经验,且熟谙传统文化。其中少数民族传统文化中的一个重要内容就是将婚姻比作天地之和,讲求"家和万事兴",往往用古礼古规进行道德教化,因此,在头人等的介入以后,往往以劝和者居多。

不仅在寨内的部分纠纷上参与协同,而且也有参与跨境民事纠纷的协同调解。课题组2018年在对澜沧县边境调研时便看到了一起卡些头人"协同处理邻国过牧纠纷"事件。"2018年的4月与6月,邻国X乡布朗族人的牛越过国境线来到N村吃了N村某村民家的土豆、玉米苗和杉树苗。N村村民上门与卡些说明了经济损失情况后,卡些随即和其他的卡些成员说明情况,并及时由卡些联系了邻国X乡布朗族的头人,说明我方某村民的经济损失,并经由N村'卡些组织'的全体成员与邻国X乡的布朗族头人组织协商解决并赔偿经济损失。"① 虽然头人等参与协调调解范围是有限的,但其传统文化调解的独特形式的确在一定程度上助推了现代乡风文明与边境乡村和谐。

(五)通过教化引导激发乡村振兴内生动力

传统社会组织作为一种内生性组织在乡村治理中的协同作用,还体现在通过风俗习惯、道德教化、习惯法这种德法结合的方式,激发乡村振兴的内生动力。少数民族乡村振兴的推进,一定要将"输血式"发展与"造血式"发展充分结合起来,将扶贫与扶志充分结合起来。除了要加大政策支持与资源投入外,也要充分调动自我发展的内生动力。如果

---

① 莫志敏:《边境安全治理视域下"拉祜理"的创造性转化研究》,硕士学位论文,云南大学,2020年。

说地理环境的受限及产业发展的滞后,是少数民族经济社会发展相对滞后的客观原因,那么,思想观念的滞后与内生动力的不足,则是更深层次的主观原因。表现在:一是思想观念未能紧跟农业现代化的步伐。受千百年来形成的靠山吃山的生产方式或低水平的农耕生产方式的影响,一些群众不愿或不敢开辟新的生产领域。二是扩大再生产意识淡薄。尽管一些民族已开发出某些优势产业,但受平均主义或积累意识淡薄的影响,一些群众理财意识不够,加之管理不精细、技术不到位及交通成本高等原因,从而制约了现代农业的转型升级。三是自我发展动力不足。部分群众的"福利依赖"心理或"等靠要"思想对其自我发展形成掣肘。正是在这样的发展困境下,如何运用得当的方法塑造与农业现代化进程相适应的新思想与新境界,从而激发起自我发展的强大内生动力,成为少数民族乡村振兴的重要突破口。

少数民族乡村振兴内生动力的激发,必须充分发挥基层党组织在"领导基层治理、团结动员群众、推动改革发展中的坚强战斗堡垒"[1] 作用,与此同时,民间头人的内部引导也不容忽视且十分必要。正如 N. 艾森斯达德(S. N. Einstadt)所指出的,"传统性和现代性并非此消彼长的两个对立物,……问题不是去消灭它们,而是借助它们来实现社会动员和整合,从而最终导致现代化"[2]。这对于少数民族乡村振兴的实施同样如此。以拉祜族为例,"头人们至今依然是通过'茅草粘鸡蛋'的方式产生的,而且当选的头人往往被视为拉祜西心中最高的神——'厄莎'神(即老天爷)的使者"[3],而且这些被视为使者的民间头人其核心角色就是"教理",即传授拉祜理。如在每月四天的休息日以及一些重要祭祀与公共仪式当中,头人都要传授基本的伦理价值观与生活态度,并反复强调,"现在政策好,多听党的政策,不能懒,不吃苦的人没有"。民间头人的道德教化作用不单见于拉祜族,在佤族、基诺族等"直过"民族中

---

[1] 习近平:《决胜全面建成小康社会 夺取新时代中国特色社会主义伟大胜利——在中国共产党第十九次全国代表大会上的报告》,人民出版社2017年版,第65页。

[2] [美]塞缪尔·P. 亨廷顿:《变化社会中的政治秩序》,王冠华、刘为等译,上海人民出版社2015年版,第2页。

[3] 廖林燕:《乡村振兴进程中"直过"民族传统社会组织的创造性转化研究》,《西南民族大学学报》(人文社科版)2018年第10期。

也普遍存在。尽管范围有限、各地的程度不一，但传统文化的"德法结合"方式，的确在乡村振兴的内生动力激发方面发挥着一定的助推作用。

二 边疆治理：传统社会组织是合力治边的重要民间力量

少数民族乡村振兴的推进，除"建设好美丽家园"外，还要"守护好神圣国土"。"中国的民族分布和地理生态格局之间具有高度的一致性——边疆地区往往又是少数民族聚居区域，因此有关民族现象和民族问题的研究就往往会涉及边疆治理的讨论。"① 在边疆这一国家疆域的边缘性地理空间，少数民族乡村文明转型问题与边疆地区的地缘性问题、非传统安全问题相交织，迫切呼唤加强和创新边疆治理。边疆治理是国家治理的重要组成部分。"运用国家权力，动员社会其他组织，调动国家和社会的资源，处理边疆问题，就是通常所说的边疆治理。从本质上看，边疆治理是一个运用国家权力并动员社会力量解决边疆问题的过程。"② 边疆少数民族乡村治理是边疆治理的重要部分。可以想见，随着少数民族乡村振兴进程的加快推进，尤其是随着边境地区的全方位开发开放所带来的边民的普遍跨国流动，各种非传统安全问题在少数民族乡村将日渐突出。不仅边境沿线复杂的文化环境与特有的国防意义使其首当其冲地成为敌对势力妄图进行社会渗透的重点；而且，由于边境线长、越境通道多，少数民族乡村也常面临毒品问题、艾滋病问题、跨国犯罪等非传统安全问题的威胁。在这样的发展进程中，少数民族乡村社会安全的维系，迫切需要在党委领导、政府负责下，坚持社会协同，打造党政军警民合力强边固防的"边疆社会治理共同体"。其中，传统社会组织正是治理共同体中的一个积极协同力量与合力治边的重要民间力量，特别是在一些固边安边的薄弱地带或盲区，民间力量的协同作用不容小觑。

与其他治理主体相比，传统社会组织主要通过习惯法的力量实现少数民族乡村安全协同治理。经现代转化后，以村规民约形式表现的传统

---

① 孙保全、赵健杉：《"边疆治理"概念的形成与发展》，《广西民族大学学报》（哲学社会科学版）2017年第3期。

② 周平：《我国的边疆治理研究》，《学术探索》2008年第2期。

习惯法,被视为一种"准法规范"①,主要以一种善恶褒贬的形式进行社会控制、社会约束或社会规范,通常以其在熟人社会中所具有的独特心理威慑力与社会舆论压力,成为少数民族乡村社会安全治理的一种辅助工具。

一是习惯法往往以一种相沿成习的"传统"的力量,为少数民族乡村安全治理提供辅助性支持。谈到"传统"的力量,我国著名学者费孝通曾这样指出:像这一类传统,不必知之,只要照办,生活就能得到保障,自然会产生价值。我们说"灵验",就是说一种不可知的魔力在其中,依照着做就有幸福,不依照就会出毛病。于是人们对于传统有了敬畏之感。② 从少数民族的历史看,这些在"传统观念""传统文化"基础上生成的习惯法,是在少数民族千百年的生产生活中逐渐形成的、代代相传,逐渐积淀为一种深厚的"传统"。这些习惯法往往以一种类似费孝通所谓的"魔力",在不知不觉中规制着人们的行为举止,需要共同遵循的行为规范在习惯法的规约下悄然内化为人们生活中的一种"自觉"意识,并世代相传。

诸如,笔者近几年持续跟踪调研的拉祜族寨子,以其独特的"拉祜理"为创新少数民族乡村安全治理方式注入了新动能。"分布于中国西南边陲的拉祜西先民在不断迁徙的历史进程中、在世代繁衍于山峦之中的自然地理环境下,以及在厄莎崇拜的独特精神世界下所创造的独特传统文化,就是'拉祜理'文化。"③ 其中,习惯法是拉祜理的重要组成部分,在明德守法氛围方面发挥着积极的助推作用。"尽管这些习惯法独立于国家制定法之外,但其已相沿成习,并积淀为一种传统,且与厄莎崇拜相结合,同时经由政府引导不断被赋予新的时代内涵之后,从而成为拉祜西边境地区震慑犯罪、鼓励良善、维系治安的一种重要辅助工具。正是在卡些组织的协同与习惯法的规约下,这些坐落于中缅边境线上、掩映在群山苍翠之间的拉祜西寨子至今无人吸毒、无人赌博、家家夜不

---

① 吴大华、潘志成、王飞:《中国少数民族习惯法通论》,知识产权出版社2014年版,第46页。

② 费孝通:《乡土中国 生育制度》,北京大学出版社1998年版,第51页。

③ 廖林燕:《经久不衰的"拉祜理":南段拉祜西边境安全治理的传统文化机制研究》,《西北民族大学学报》(哲学社会科学版)2019年第5期。

闭户且从未发生过盗取案,且至今尚未有刑事案件发生,而如此安宁与和谐的乡村秩序,也在不同程度上涵养、净化或助推拉祜西边境良好的社会安全秩序。"①

笔者对中缅边境佤族传统文化的田野调查同样显示,正是在"阿佤理"、寨老组织等佤族传统文化的协同助推作用下,"在不断遭受毒品、走私、艾滋病等问题侵袭的边境社会环境下,这个佤族村寨至今没有人吸毒、更看不到盗窃等不良社会风尚"。② 这些案例共同凸显了少数民族习惯法在乡村安全治理上的辅助性作用。

二是习惯法以一种村规民约的形式,助力少数民族乡村安全治理。一方面,村规民约以国家法为根本遵循,同时又结合本村的实际情况进行具体化。往往通过对本区域非传统安全问题等的具体规定,从而淳化乡风民风,助推边境安全与和谐。"村规民约将国家法律政策笼统的语言具体化,使之与个体村庄不同情况相适应,在一定程度上填补了国家立法的空缺,实现了在乡村治理中的制度具体化。"③ 另一方面,村规民约既是推进传统习俗不断转化、与时代相适应的重要手段,本身也规约了传统习俗创新性发展的内容,而且,还有一些新的行为规范也在经年累月的时间浸润中悄然转化为一种民风习俗。"村规民约以发挥对民众进行道德教化的基本功能为特征,使礼法规范转化为民间风俗习惯,从而在乡村社会形成稳定延续的道德认同,达到规范社会行为、实现乡村和谐稳定的目的。"④

诸如,笔者2021年12月对西双版纳勐遮镇曼恩村曼拉傣族村民小组的调研发现,该村村规民约对于移风易俗、明德守法、公序良俗的推动作用比较显著。曼拉村是一个现代化边境小康村,2019年荣获"县级文明村""州级规范化建设示范党支部",2020年荣获"州级文明村"。改

---

① 廖林燕:《经久不衰的"拉祜理":南段拉祜西边境安全治理的传统文化机制研究》,《西北民族大学学报》(哲学社会科学版)2019年第5期。
② 廖林燕:《建设全面小康,应激发边远民族地区农村内生动力》,《中国民族报》2017年9月15日第8版。
③ 姚保松、周昊文:《乡村振兴视域下村规民约的困境及出路探析》,《学习论坛》2019年第3期。
④ 高艳芳、黄永林:《论村规民约的德治功能及其当代价值——以建立"三治结合"的乡村治理体系为视角》,《社会主义研究》2019年第2期。

革开放以后，曼拉村逐渐富起来，但"亲情淡了，交流少了，人心散了"。为此，曼拉村分别于2016年、2019年、2020年三次修订《村规民约》，制定了"曼拉十条"村训。具体为：

> 爱国家、爱集体，遵纪守法好村民。
> 敬老人、爱子女，一辈做给一辈看。
> 重教育、富脑袋，义务教育不懈怠。
> 务正业、勤劳动，共同致富奔小康。
> 喜丧事、从简办，厚养薄葬是真孝。
> 守村规、勿扰民，新风新貌齐塑造。
> 黄赌毒、共抵制，和谐家园我来建。
> 护生态、美环境，美丽宜居人人夸。
> 男和女、老和少，村容护养齐参与。
> 听党话、感党恩，建设美好曼拉村。

在村训的基础上，曼拉村还制定九条村规民约，涵盖公德民俗、生态保护、土地管理、文明建设、婚姻家庭等内容，都是对传统习惯法的创新性发展。其中，涉及边境安全的有：

第四条　严禁村民吸毒贩毒。村小组干部及护村队，可随时对村民进行尿液检测；出现阳性的村民，除村委会和公安机关处罚外，每人缴纳5000元违约金，承担所有尿检板费用和尿检人员误工费（每人每天80元）。严禁村民买卖黑彩，一经发现，每人缴纳1000元违约金。严禁村民参与赌博，一经发现，每人缴纳500元违约金。

第五条　禁止村民偷越国（边）境，组织、运送他人偷越国（边）境活动，以及走私运输贩卖货物谋取私利，一经发现，每人每次缴纳2000元违约金。禁止村民用手机发布反党反国家反社会信息，以及侵犯他人隐私的言论，如有发现，移交公安机关。

在党建引领下，在村规民约的规制下，曾经深受边境非传统安全问题侵扰的曼拉村，如今已成为西双版纳州民族团结全面进步、毒品危害有效整治、社会治理全面夯实的优秀示范村。

第三节 政治社会化的内生力：优秀传统习俗资源创造性转化的效能

"乡村振兴，乡风文明是保障。"① 乡村振兴，本质上就是建立一种现代乡村文明。而传统习俗经不断的转化创新后，恰是对传统乡村文明进行文明性再塑的一个重要载体。少数民族传统习俗是植根于少数民族特定生产生活方式与特定自然地理环境之中，经世代相传以及不断融合与改造，所形成的具有稳定性的社会风俗和行为习惯，表现为各种民俗仪式、礼仪礼节和岁时节庆等。这些传统习俗是少数民族优秀传统治理资源的重要组成部分，在现代转化后，往往蕴涵着许多富有永恒魅力与具有当代价值的优秀人文精神与伦理道德思想。特别是以政治社会化的内生力，从空间性维度、公共性维度、共同性维度与认同性维度这四个方面，成为涵养社会主义核心价值观、铸牢中华民族共同体意识、推动乡村现代文明的宝贵文化资源。

一 空间性维度：道德教化的具象化场域

少数民族传统习俗是各民族在历史积淀中形成的共同认可和遵循的风俗习惯，通常在特定空间场域内展开，这一空间也被赋予了某种特殊的象征意义，而习俗活动正是依附于固定的空间产生社会化作用，往往"通过图像、音乐、标语、话语、鼓掌、欢呼等象征符号的集聚，营造一种'感染域'与'情绪场'，使直接在场与间接在场的参与者获得一种心理体验，并在特定性的场域中，通过赋予→再造→共享→延展的完整流程实现观念的生产与再生产"②。这种通过一定具象化的形式向人们传递某种价值观念、培养共同遵守的行为模式的过程，就是道德教化的过程。因此，少数民族传统习俗经创造性转化所形成的活动空间也就为道德教化提供了一个重要的具象化场域。

---

① 《乡村振兴战略规划（2018—2022 年）》，《人民日报》2018 年 9 月 27 日第 1 版。
② 曾楠、张云皓：《政治仪式：国家认同建构的象征维度——以庆祝中华人民共和国成立70 周年大会为考察对象》，《云南民族大学学报》（哲学社会科学版）2020 年第 6 期。

一是通过空间场域实现政治社会化。少数民族传统习俗活动通常是在特定的空间内展开的,依附于特定的空间而产生作用。通过营造一种"感染域"与"情绪场",使直接在场与间接在场的参与者被熏陶感染,从而在心理上形成一种情感共鸣,这种情感会在这个特定的场域内不断被强化。少数民族开展的传统习俗活动,正是将其所蕴含的信仰、价值和行为准则通过公共场域赋予参与者,从而营造一种团结和谐的氛围,实现个体的社会化。云南澜沧县各民族的拜年仪式,不仅为拜年仪式的举行提供了一个空间场域——葫芦广场,而且通过"同心共筑中国梦""坚定不移跟党走"等标语口号,营造了一个特定的氛围场域,还通过向党和政府以民族礼节的独特形式拜年,从而进行认同空间的演绎。通过特定空间场域的营造、演绎与感染,将仪式所蕴含的对党和国家的感恩、认同与拥戴以民族文化的形式生动诠释出来并共享给参与者,通过仪式氛围从而实现政治社会化。

二是通过具象化的文化符号实现政治社会化。格尔兹在《文化的解释》中指出:"文化是一种通过符号在历史上代代相传的意义模式,它将传承的观念表现于象征形式之中。通过文化的符号体系,人与人得以相互沟通、绵延传续,并发展出对人生的知识及生命的态度。"[①] 少数民族传统习俗不仅有着特定的时间性与空间性,而且还有特定的象征性,这种象征性往往蕴涵在丰富的象征符号当中。少数民族传统习俗,正是通过这些可听、可见、可感、可触摸的具象化的象征符号与文化载体,将习俗资源中所蕴含的抽象的象征意义与价值观念表达出来,灌输、传递给个体,从而实现政治社会化。在这个意义上,人类的传统习俗就是不断创造意义、表达意义,同时,也是不断利用意义、规定意义、又被意义所规约的一个过程。如,各民族的祭祖扫墓习俗,以一种象征的方式,将孝道、伦理等价值观念融入祭祖仪式全过程,使参与者潜移默化得到道德教化;再如,在拉祜族传统习俗中,"诸如年节'扩'节、播种节、新米节等传统节日,'做礼''洗手''拴线'等民间礼节,祭寨心、祭年神、祭寨神、祭家神等'时节礼仪',以及诸如出生礼、成丁礼、婚

[①] [美] 克利福德·格尔兹:《文化的解释》,纳日碧力戈等译,上海人民出版社1999年版,第89页。

礼、葬礼等'通过礼仪'，这些不仅是拉祜理的重要具象化形式，也是拉祜西社会价值得以灌输、共享与延续的重要文化载体"①。再如，傣族泼水节中，"'水'的嬉戏是人们无拘无束释放自己愉悦情感的方式，是人们凝聚、团结、释怀、缓解矛盾与冲突的方式，是人们共享其水一样民族特性和文化内涵的方式"②。

二 公共性维度：使信仰、价值和行为准则得以灌输、共享和社会化

"所谓的公共性，是指自我在确认自己的过程中所体现出的为他的属性。"③ 公共性包含着最广泛的公开性与彼此联系的共同性。④ 由于人总是作为一种"类存在物"，因此，公共性体现了人类社会生活的本质属性。少数民族传统习俗，具有鲜明的公共性特征。少数民族传统习俗通常具有特殊的含义，并以特定的方式、规范的程序、固定的时间和地点等公共生活的形式将这种意义呈现出来，使民众通过视觉、听觉直观地感受到习俗本身及其背后深层次的内涵。从这个意义上讲，少数民族传统习俗通过公共生活的方式，有效地将其所蕴含的某种信仰、价值和行为准则灌输、共享给社会成员，从而实现个体的社会化。

一是通过公共生活实现政治社会化。少数民族传统习俗具有鲜明的公共性特征。当个体在习俗的公共空间中，会受价值传递与社会化的影响，唤醒某些观念和情感，形成共同的心理空间；有些欢庆活动还会受所营造的"共情"氛围的影响，"将人带至情感交融的欢腾状态，这种欢腾跨越了现实社会关系的拘束，使人能在喊声、歌声、音乐声，乃至于一些暴烈的舞蹈和动作中强烈地感受到情感和思想的共有和共享，同时

---

① 廖林燕：《经久不衰的"拉祜理"：南段拉祜西边境安全治理的传统文化机制研究》，《西北民族大学学报》（哲学社会科学版）2019 年第 5 期。
② 赵煜：《节庆社会：在结构与"去结构"中思考——以云南少数民族节庆为例》，《贵族民族研究》2013 年第 1 期。
③ 郭湛主编：《社会公共性研究》，人民出版社 2009 年版，第 69—70 页。
④ ［美］汉娜·阿伦特：《公共领域和私人领域》，王辉、陈艳谷《文化与文化公共性》，生活·读书·新知三联书店 2005 年版，第 81—83 页。

唤起了群体共同的情感和情意"①。这样共同的心理与情感的共融有助于形成强大的凝聚力和向心力，达到道德教化、价值引导与行为规范的作用。如澜沧县各民族拜年仪式，在各民族共生共融的历史传统上，仪式呈现出包容和扩散之势，成为了各民族超越自我的界限而展开的族际互动公共空间，而且各族人民还主动给政府拜年，从而将仪式的公共空间进一步扩大。当各族人民在葫芦广场内集聚，通过公共空间的感染欲与情绪场，为观念的生产与再生产、道德的教化提供了一个具象化场域；而且，通过共同的欢庆，使参与者形成更深刻的共同情感体验。特别是各民族齐聚一堂、共乐共舞，在生动展现"你中有我，我中有你""你的根连着我的根"的共同价值观念的同时，也通过具象化的方式实现团结凝聚的共同体意识的灌输、延续与建构。

二是通过公共生活将意义赋予公开化。少数民族传统习俗积淀着各民族的精神追求，蕴涵着尊老爱幼、团结相助、向上向善等传统美德。正是通过共同参与的公共活动，将意义赋予公开化，将信仰、价值和行为准则公开化。经过传统习俗的世代相传，不断的社会化与文化浸润，"成为规范人们的行为、语言和心理的一种基本力量"②，从而强化团结的纽带、规范某种社会关系、形塑某种共同遵守的行为模式。正是在这个过程中，经创造性转化的传统习俗，成为政治社会化的重要内生力，是涵养社会主义核心价值观的一个重要源泉，也是现代乡风文明建设的重要内生性资源。

三 共同性维度：强化共同体理念

共同性是我国各民族数千年交往交流交融走向一体的结晶，是中华民族共同体的基本内涵，也是传统习俗的实践逻辑与内在遵循。在我国各民族共生共融的传统、"大杂居，小聚居"的分布格局、嵌入式的生活、血脉相连相融的环境影响下，少数民族传统习俗在传承传统文化的同时，其实践形态也在不断丰富与发展，体现在公共展演中常常是各民

---

① 赵煜：《节庆社会：在结构与"去结构"中思考——以云南少数民族节庆为例》，《贵族民族研究》2013年第1期。
② 钟敬文主编：《民俗学概论》，上海文艺出版社1998年版，第1页。

族共同参与，且各民族文化元素相互影响与交融，生动展现了"中华民族一家亲"的浓浓氛围。因此，传统习俗在漫长的历史发展进程中在赋予传递共同价值、增强集体情感的同时，也"被赋予丰富的中华民族共同体意识的内涵"①，并构成铸牢中华民族共同体意识的重要"文化纽带"②，是"铸牢中华民族共同体意识的重要黏合剂与催化剂"③。常常从情感黏合剂、具象化载体等多维度，共同塑造民众对于中华民族共同体的感知、认同与信仰。

（一）情感黏合剂：促进各民族交往交流交融

少数民族传统习俗总是在不断传承发展并表现出以下发展趋势：

一是广泛性。少数民族传统习俗活动的开展，不再是单一民族的活动，往往是多民族共同参与、共同欢庆，形成了多民族向心集聚的广泛性特征。广西"壮族三月三"节庆活动，已成为跨民族、跨地区的一个节庆盛典。"包容性和开放性不断增强，朝着跨民族、跨地区的方向发展，不仅广西区内各民族共同过节，每年全国各地甚至国外都有人来广西参与'壮族三月三'活动。"④ 再如，蒙古族历史悠久的节日"那达慕"，也在各民族交流互嵌下由单一民族活动发展为各民族共同参与的节庆，"不仅是蒙古族的聚会，而是融入了所在地区的多个民族成员，成为新时期民族文化的展现形式"⑤。还有许多这样的节庆，如傣族的泼水节、佤族的"摸你黑"、侗族的"赶歌坪"、西南少数民族的火把节等，都是多民族共同狂欢。

二是文化共生性。既体现在不同民族文化相互借鉴与影响，也体现在民族文化的深度交融下，民族习俗向着多民族文化共生的共同节日发展。火把节，在各民族文化的深度交流交融下，已成为西南边疆各民族

---

① 廖林燕：《国家在场与认同转换——铸牢中华民族共同体意识下普洱澜沧拜年仪式现代转化分析》，《云南民族大学学报》（哲学社会科学版）2022年第2期。
② 廖林燕：《国家在场与认同转换——铸牢中华民族共同体意识下普洱澜沧拜年仪式现代转化分析》，《云南民族大学学报》（哲学社会科学版）2022年第2期。
③ 廖林燕：《国家在场与认同转换——铸牢中华民族共同体意识下普洱澜沧拜年仪式现代转化分析》，《云南民族大学学报》（哲学社会科学版）2022年第2期。
④ 王玥、龚丽娟：《广西"壮族三月三"的当代实践及交融范式发展研究》，《广西民族研究》2021年第5期。
⑤ 巴义尔：《那达慕：民族文化的盛会》，《中国民族报》2020年7月24日第8版。

的共同节日;"壮族三月三","不仅是壮族重要的传统节日,也是汉、瑶、苗、侗、仡佬、毛南等世居民族重要的传统习惯节日","既有壮族山歌、壮锦、绣球等壮族文化的展示,又有其他各少数民族文化的展演,体现了壮族文化与其他少数民族文化的各美其美、美人之美、美美与共"①;澜沧县的拜年仪式同样如此,已成为各民族的共同习俗,在葫芦广场上"不同的民族服饰交相辉映,不同的文化元素互融互鉴,不同的民族歌舞百花齐放、各美其美、美美与共,生动诠释着对伟大祖国的认同与中华民族一家亲内涵"②。

在经年累月的守望相助与社会嵌入环境下,传统习俗所具有的各民族共同欢庆的广泛性、开放性与文化共生性等公共空间形态,以及各民族情感上一片欢腾、文化上心理上深度交融的心理空间形态,无疑是促进各族群众进一步凝心聚力、精神相依、团结奋进的强大精神纽带。"能够表达团结感的最好方式便是一同参与象征性活动。"③"通过庆典、习俗和符号的形式,一个共同体的所有成员都加入了整个共同体的生命、情感和美德之中。"④ 不同文化的交相辉映、情感上心理上的深度交融,不仅深刻诠释了"我们灿烂的文化是各民族共同创造的",也促进了心理空间的凝聚与整合,使紧密团结的意识得以共生,促进"各民族在理想、信念、情感、文化上的团结统一,守望相助、手足情深"⑤,深化人们的中华民族共同体理念。

(二)具象化载体:强化各民族的中华民族共同体理念

随着少数民族传统习俗所表现的各民族共同欢庆的广泛性、开放性与文化共生性等发展趋势,少数民族传统习俗不仅是中华民族共同体意

---

① 王玥、龚丽娟:《广西"壮族三月三"的当代实践及交融范式发展研究》,《广西民族研究》2021年第5期。
② 廖林燕:《国家在场与认同转换——铸牢中华民族共同体意识下普洱澜沧拜年仪式现代转化分析》,《云南民族大学学报》(哲学社会科学版)2022年第2期。
③ [美]大卫·科泽:《仪式、政治与权力》,王海洲译,江苏人民出版社2015年版,第71页。
④ [英]安东尼·史密斯:《民族认同》,王娟译,译林出版社2018年版,第97页。
⑤ 《以铸牢中华民族共同体意识为主线 推动新时代党的民族工作高质量发展》,《人民日报》2021年8月29日第1版。

识的情感黏合剂，也是中华民族共同体意识的具象化载体。① 正如维克多·特纳指出的：象征符号"使不能直接被感受到的信仰、观念、价值、情感和精神气质变得可见、可听、可触摸"②。由于各民族的交往交流，少数民族习俗活动所营造的浓浓的中华民族一家亲氛围，显然有助于赋予中华民族共同体一种形象感，有助于将"抽象的"观念转化为"亲临的"一家亲的切身感受，进而强化参与者"同属中华儿女""同属中华民族"的价值皈依与思想自觉。

广西"壮族三月三"活动，是广西世居民族共同的节日，旨在弘扬中华文化、促进中华民族认同。节日通过丰富多彩的非物质文化遗产展、歌舞展、音乐会、山歌赛等展演活动，吸引了来自全国各族同胞的广泛参与。各族人民通过此节庆互动沟通、交流感情，深刻地感受到各民族同胞都是中华民族的一份子，使共同体意识得到升华。各族人民"体会到了'民族团结一家亲'的情意，加深了各民族之间的了解，为促进民族团结进步创造了有利条件"，"是各民族交流互动、文化交融的重要平台，同时也是广西向世界递出的一张文化名片"③。

云南"民族团结誓词碑"，其所传递的"共同体"思想，不仅塑造着各族群众对"共同体"观念的形象认知与深刻体认，强化我们"同属中华儿女""同属中华民族"的思想自觉；而且，其所展现的历史事件、神圣仪式、铮铮誓言，将抽象的中华民族认知具象化、生动化，丰富人们对共同体的想象，使"共同体"意识在长期的文化浸润中入脑入心，从而直接助力群体聚合与中华民族凝聚力的强化；而且，其所表达的"一心向党、团结到底、命运与共"的信念，通过情感共融、价值代际传递，直接强化对"铸牢中华民族共同体意识"的观念内化与情感共鸣，并通过凝聚共识与内生动力激发，直接支撑中华民族伟大复兴的全过程。

---

① 廖林燕：《国家在场与认同转换——铸牢中华民族共同体意识下普洱澜沧拜年仪式现代转化分析》，《云南民族大学学报》（哲学社会科学版）2022 年第 2 期。

② ［英］维克多·特纳：《象征之林》，赵玉燕、欧阳敏、徐洪峰译，商务印书馆 2012 年版，第 48 页。

③ 王玥、龚丽娟：《广西"壮族三月三"的当代实践及交融范式发展研究》，《广西民族研究》2021 年第 5 期。

四 认同性维度：表达与引领命运共同体意识

习俗，往往被赋予了特定的"意义"。一个习俗，就是一个充满意义的世界，一个用感性手段作为意义符号的象征体系。① 一些传统习俗，其中一个具有根本性的文化意义或者说文化内涵，就是"命运共同体意识"的自发表达。这些传统习俗不仅是以民族传统文化的独特形式对"命运共同体意识"的自发表达，也是"命运共同体意识"得以政治社会化的重要文化载体。

诸如，被激发出全新时代生命力的澜沧县各民族拜年仪式，就是以民族传统礼节与大联欢的独特形式，自发诠释、深情表达与全面引领各民族的命运共同体意识。经"再生""互融"与"共生"的澜沧各民族大拜年仪式，不仅是"直过民族"历史性跨越的一面镜子，也是国家认同与民族团结的一面镜子。② 特别是当各族群众敲起锣打起鼓、载歌载舞、欢天喜地、其乐融融，而且自发自觉地向政府、部队、学校等拜年的时候，这不仅诠释着一种无比自豪的国家共同体意识，也歌颂着党与各族人民心连心的命运共同体意识。③

再如，云南"民族团结誓词碑"，通过传统盟誓习俗的传承与自下而上的认同表达，将云南各民族对党、对新中国、对中华民族的认同决心熔铸为"海枯石烂永不变心"的信仰，从而推进了认知→认同→信仰的升华。④ 这块碑歃血为盟的铮铮誓言，实质就是一份表达"一心向党、爱国奉献、团结到底、命运与共"的"命运共同体"宣言，在新中国的历史上具有永恒的意义。⑤ 突出体现在认同内涵历史性地实现了"去模糊性""去地域性""去依附性"的三大"认同转换"，彰

---

① 薛艺兵：《对仪式现象的人类学解释》（下），《广西民族研究》2003年第3期。
② 廖林燕：《国家在场与认同转换——铸牢中华民族共同体意识下普洱澜沧拜年仪式现代转化分析》，《云南民族大学学报》（哲学社会科学版）2022年第2期。
③ 廖林燕：《国家在场与认同转换——铸牢中华民族共同体意识下普洱澜沧拜年仪式现代转化分析》，《云南民族大学学报》（哲学社会科学版）2022年第2期。
④ 廖林燕：《中国式现代国家建构视阈下云南"民族团结誓词碑"精神分析》，《云南民族大学学报》（哲学社会科学版）2023年第1期。
⑤ 廖林燕：《中国式现代国家建构视阈下云南"民族团结誓词碑"精神分析》，《云南民族大学学报》（哲学社会科学版）2023年第1期。

显了无比坚定的中国共产党认同、无比自豪的国家认同与无比团结的中华民族认同，豪情宣示了各民族与中国共产党从此休戚与共、各民族从此团结一心共同建设新中国的命运共同体意识。① 而"誓词碑"精神在引领命运共同体意识方面的政治社会化意义，一是通过"盟誓"这一传统习俗特有的政治意义实现的。正是通过"盟誓"传统习俗的创新性发展与创造性运用，"誓词碑"精神所反映的，就不单是誓言本身，更是超脱誓言之上的"信仰"，包括对党的信仰、对新中国的信仰、对民族团结的信仰。② 二是通过"誓词碑"精神的全面弘扬实现的。盟誓之后，盟誓者不仅自发走村入寨，播撒信仰；层层盟誓，坚守信仰；百折不挠，守护信仰；而且，至死不渝，诠释信仰，即便各种生死考验面前始终没有一个人背叛誓言。正是他们的无限忠诚与担当，使"誓词碑"精神深入云南千家万户、村村寨寨。③ "民族团结誓词碑是一部铸牢中华民族共同体意识的教科书。"④ "它是进行革命传统教育、爱国主义教育、民族团结教育的最好教材。"⑤ 70年来，"誓词碑"精神一直感召激励着云南各族人民团结到底，命运与共，像石榴籽一样紧紧抱在一起。

第四节　传播主流价值的凝聚力：优秀传统价值资源创造性转化的效能

乡村振兴，旨在促进乡村物质文明与精神文明的协调发展，这是中国式现代化对于乡村振兴的必然要求。"这是一个以人的精神心理革命为核心的乡村文明现代秩序体系的重塑。它不满足于脱贫致富、小康生活等物质需求层面，而是要通过全体农民整体性精神文化心理

---

① 廖林燕：《中国式现代国家建构视阈下云南"民族团结誓词碑"精神分析》，《云南民族大学学报》（哲学社会科学版）2023年第1期。

② 廖林燕：《中国式现代国家建构视阈下云南"民族团结誓词碑"精神分析》，《云南民族大学学报》（哲学社会科学版）2023年第1期。

③ 廖林燕：《中国式现代国家建构视阈下云南"民族团结誓词碑"精神分析》，《云南民族大学学报》（哲学社会科学版）2023年第1期。

④ 刘宝明：《民族团结誓词碑精神是铸牢中华民族共同体意识应当用好的宝贵财富》，《今日民族》2021年7月25日。

⑤ 黄桂枢：《论云南普洱"民族团结誓词"碑》，《民族研究》1994年第6期。

面貌的改造"①,实现在经济振兴、组织振兴基础上进一步全面推进价值观念的现代转型,从而重塑乡村文化生态,促进乡风文明。其中,价值观念的现代转型,既是一个现代价值观念的新生,也是一个传统价值观念的"再生",而少数民族优秀传统价值观通过在传承中不断发展,不仅激活了少数民族传统文化的生机与活力,而且也成为涵养社会主义核心价值观的重要源泉,并从国家、社会、个人三个层面涵养社会主义核心价值观。

一 传统价值与国家层面的核心价值观相契合

"核心价值观是文化软实力的灵魂、文化软实力建设的重点。……一个国家的文化软实力,从根本上说,取决于其核心价值观的生命力、凝聚力、感召力。"② 而弘扬社会主义核心价值观必须充分立足于博大精深、丰富灿烂的中华优秀传统文化。"牢固的核心价值观,都有其固有的根本。"③ "深入挖掘和阐发中华优秀传统文化讲仁爱、重民本、守诚信、崇正义、尚和合、求大同的时代价值,使中华优秀传统文化成为涵养社会主义核心价值观的重要源泉。"④ 从结构上看,传统价值观与社会主义核心价值观有深度契合性。其中,传统价值观主要从"个人修身、社会齐家、治国平天下"三个层面展开,"格物致知、诚意正心、修身是个人层面的要求,齐家是社会层面的要求,治国平天下是国家层面的要求"。⑤ 而社会主义核心价值观亦"把涉及国家、社会、公民的价值要求融为一体"⑥。两者具有"框架同构、结构融通"⑦的特点。

---

① 胡惠林:《乡村文化治理:乡村振兴中的治理文明变革》,《福建论坛》(人文社会科学版) 2021 年第 10 期。
② 《习近平谈治国理政》(第一卷),外文出版社 2014 年版,第 163 页。
③ 《习近平谈治国理政》(第一卷),外文出版社 2014 年版,第 164 页。
④ 《习近平谈治国理政》(第一卷),外文出版社 2014 年版,第 164 页。
⑤ 习近平:《青年要自觉践行社会主义核心价值观》,《人民日报》2014 年 5 月 5 日第 2 版。
⑥ 习近平:《青年要自觉践行社会主义核心价值观》,《人民日报》2014 年 5 月 5 日第 2 版。
⑦ 孔繁柯:《推动中华优秀传统文化创造性转化、创新性发展的实践运用与路径探析——以传统文化与社会主义核心价值观的耦合转化为例》,《理论学刊》2018 年第 6 期。

其中,"富强、民主、文明、和谐是国家层面的价值要求"①。纵观我国少数民族传统价值观念中,对和谐社会的追求与"富强、民主、文明、和谐"价值取向有契合之处,特别是传统伦理规约、思想遗风、习俗习惯、民歌谚语、神话传说等体现的团结互助意识、伦理道德意识与朴素的民主意识等,这些都是涵养社会主义核心价值观的重要源泉。

(一) 富民强国的智慧与追求涵养了社会主义核心价值观

早在先秦古籍《尚书》中就有关于"裕民""惠民"的记载,少数民族传统价值观念中也有许多关于富民强国的美好期待与愿景。我国彝族、白族、纳西族、拉祜族、佤族等民族的传统节日——火把节,是象征光明与丰收的传统节日,通过农业祈丰,祈福来年人民富裕、五谷丰登;我国南方许多少数民族都有农业祭祀的传统,在春播秋收的关键节点都要祭祀神灵,以求风调雨顺、五谷丰收。诸如云南"直过民族"至今传承的播种节、新米节等,都共同表达了少数民族对于人民富裕、繁荣昌盛的殷切期待。近代以来的民族危机,促进了少数民族"国民"意识的觉醒,从此,国家富强、民族复兴成为人们梦寐以求的共同愿望。

(二) 朴素的民主思想涵养了社会主义核心价值观

中国古代有着丰富的民本思想。"民惟邦本,本固邦宁。"(《尚书》)"民为贵,社稷次之,君为轻。"(《孟子·尽心下》)"水能载舟,亦能覆舟。"等等。受儒家文化的影响,少数民族也蕴涵着许多朴素的民主思想。新中国成立以前,十多个"直过民族"其社会形态仍停留在原始社会末期,在公共生活中仍盛行着原始民主制的方式。如,独龙族,在新中国成立前但凡家庭公社中林地的分配、生产的组织形式等重大公共性事务,通常都要由家族长"卡桑"召集家庭公社中各个家庭的男家长在火塘边共同商议,并按原始民主制的方式进行。一些已进入阶级社会的民族,也仍然在基层政治体系中不同程度地保持着原始民主制的一些遗风。诸如,瑶族的瑶老制、石碑制、苗族的议榔制等,其寨老、榔头等都是由村民选举产生,为大家服务,保持着朴素的原始民主制遗风。"议榔政治体系的成员,如榔头、寨老等是经过民众的民主选举或在为民众

---

① 习近平:《青年要自觉践行社会主义核心价值观》,《人民日报》2014年5月5日第2版。

调解纠纷、主持正义的过程中累积威望，获得大家的认可而自然形成。"①这一朴素的民主思想在中华人民共和国成立后依然影响深远。如詹承旭在2000年左右对永宁摩梭人母系大家庭的调查时这样指出："在家庭管理中，保持着比较多的民主色彩，团结气氛十分浓厚。家长在家庭里没有显著的特权。……对重大的事情，家长更不能独断专行，必须和母亲、姨母、舅舅以及年长的兄弟姐妹共同商量，共同决定。"② 显然，这些民主遗风为涵养"民主"的价值目标提供了文化支撑。

(三) 崇德重仁的思想涵养了社会主义核心价值观

"仁义礼智信"是儒家的核心价值观。其中，"为政以德""为国以礼"的治国方略，崇德、重仁、厚礼的价值观，是我国传统文化的重要内容，也是我国古代文明的集中体现，而且是中华民族共同的民族精神。不单体现在汉族传统文化之中，也贯穿于少数民族之中。"如满族，早在其先民（女真）建立金朝的时期，就积极汲取中原文化，在其朴素、淳厚的民风习俗基础上形成崇德重仁的精神。金朝各君主虽良莠不齐，但都宣称以德治国，接受儒家'天命无常，惟德是辅'的观念。"③ 再如，蒙古族虽以武力兴起，但自忽必烈之后，也推崇重德崇仁的价值观。除了这些民族之外，南方各民族接受崇德重仁的现象也不逊色于北方民族。诸如白族，从南诏《德化碑》到大理国时期的《护法明公德运碑》《兴宝寺德化铭》等，这些都是崇德重仁的生动体现。从《德化碑》中"亲仁善邻，国之宝""夫德以立功，功以建业"，以及《护法明公德运碑》多次引述《诗经》《春秋》《论语》之言，等等，这些都说明儒家思想早已传入云南地区并产生广泛影响。显然，这些崇德重仁思想为涵养"文明"的价值目标提供了丰富的文化滋养。

(四) "和"文化涵养了社会主义核心价值观

中华民族以"和"为贵，崇尚和谐，追求和谐，不仅追求人与自然和谐的"天人合一"思想，而且追求人与人和谐的"天时不如地利，地

---

① 赵超：《苗族议榔政治体系的嬗变与重构——以贵州三穗县M村为例》，《贵州师范大学学报》2015年第5期。
② 詹承旭、王承权、李近春、刘龙初：《永宁纳西族的阿注婚姻和母系家庭》，上海人民出版社2006年版，第149页。
③ 伍雄武：《中华民族的形成与凝聚新论》，云南人民出版社2014年版，第236页。

利不如人和"的"人和"思想。这些和谐思想为涵养社会主义核心价值观提供了丰厚的文化底蕴与思想资源。

1. 团结互助意识对社会主义核心价值观的涵养

由于我国各少数民族历史上常以血缘关系为纽带,在一个相对固定的聚落聚族而居,而无论是为应对与协调由这个聚落所产生的公共事务,还是为提高与增强聚落内部的凝聚力与向心力,都需要大家团结互助、同心协力才能实现。如在历史上尚处于刀耕火种的原始生产方式下,无论是砍地、烧地,还是播种、打场、归仓等工序都需要集体团结协助、众志成城才能共同完成;即便是后期发展到了公有私耕制与伙有共耕制形式,其中的砍地、烧地等关键工序,也仍然需要依赖集体互助的力量才能完成;此外,在当时人们认识世界、改造世界尤其是抵抗自然灾害的能力极其低下的生存环境下,人们也只有团结互助、守望相助、互相搀扶才能共同应对各种自然灾害。另外,在游猎生产方式下,由于当时的生产力水平较低,狩猎活动也常依赖围猎这种集体互助通力合作的形式才能进行。正是在这样的生产生活方式下,使人们形成了团结互助的良好社会风尚并长期延续下来。如《苗族古歌·开天辟地》就歌颂了苗族先民精诚团结、互帮互助、战天斗地的精神。"耙公整山岭,秋婆修江河,绍公填平地,绍婆砌斜坡,才有土开田,才有地做活,才有山种树,庄稼绿满坡。"①

由于历史上相对封闭的地理环境下聚族而居,人们往往有着普遍的家族认同与内聚力。在家族内部,成员之间的相互援助是彼此责无旁贷的义务,如婚丧嫁娶、盖房、农作及日常生活中发生费用或劳力不足时,都会得到其他成员的帮助。彝族的相关谚语生动反映了家支的凝聚力。"树有树皮靠树皮,人有家支靠家支。""不能不养的是牛羊,不能不吃的是食粮,不能不有的是氏族。"②

这种团结意识不仅体现在家族内部,也体现在民族之间,有着强烈的内聚力与中华民族认同感。"中华民族所特有的内聚情感和认同观念,

---

① 潘定智、杨培德等编:《苗族古歌》,贵州人民出版社1997年版,第8页。
② 廖林燕:《论彝族政治权力的历史变迁》,《云南师范大学学报》(哲学社会科学版)2011年第2期。

它是维系祖国统一、中华民族团结的精神纽带。"① 诸如前面所提到的"民族团结誓词碑""民族团结鼓""民族团结树""民族团结塔""民族团结鼓"、傣族团结互助机制——"宾弄赛嗨",等等,这些都是各民族团结意识的生动写照、深刻诠释与文化象征。而五千多年来各民族在历史长河中积淀的民族团结意识,在近代则升华成强烈高昂的爱国主义意识,成为祖国统一、民族交融的重要情感纽带,成为中华民族凝聚力以及中华民族绵延不衰、永续发展的重要力量源泉,以及实现中华民族伟大复兴的坚实支撑与磅礴力量。

2. 伦理道德意识对社会主义核心价值观的涵养

由农耕、游猎等生产生活方式所衍生出的伦理道德意识,是少数民族普遍盛行的传统价值观。其中,孝是儒家伦理思想的核心,也是中华各民族伦理思想的核心。"儒以孝为百行之本,佛以孝为至道之宗。"② 由于老人在传统农业、游猎业等生产方式中必然积累更多的对大自然的认识与生产生活经验,不仅是传统知识的解读者、传统文化的重要传承者,也是伦理道德的教化者,因此受到人们的高度尊重。如在拉祜族人看来,父母老人是"厄莎"的化身之一,这样,孝敬父母老人就如同敬奉厄莎一样。在创世史诗《牡帕密帕》中,厄莎被人格化为人类的父母。正是在这样的传统文化语境下,尊老作为一种传统美德在少数民族地区蔚然成风。如走路时让老人优先通行并鞠躬,吃饭时请老人坐上方并帮老人盛饭盛菜,火塘座次上坐于最尊贵的位置,逢年过节时通过专门的习俗如"敬老会",专门的礼节如给老人拜年、行"洗手礼"等,表示尊老敬老。除尊老之外,赡扶幼小、夫妻和睦、长幼有序、邻里和谐等,也是少数民族传承的重要道德准则。这样的伦理道德准则在少数民族的诗歌、规约等中都有生动直观的体现。如,人口最多的少数民族——壮族,其民间伦理长诗《传扬诗》便是一部极具典型的道德教育长诗。据传它写成于明末清初,在广西一些地区家喻户晓、人人传唱,内容包括《志气》《教诲》《做人》《交友》《孝敬》《夫妇》《睦邻》等篇目。其中,"夫妻

---

① 伍雄武:《从南诏〈德化碑〉看我国古代各族的精神纽带》,《创造》1993年第1期。
② (明)智旭:《题至孝回书传》,转引自《佛教伦理中国化的方式与特色》,《哲学研究》1996年第6期。

一条心，勤俭持家忙。""相敬不争吵，有事好商量。和睦是个宝""鸾鸟归一树，今生巧相逢。有幸共一家，结为手足情。""兄弟拧成绳，外侮不临头。""邻里是兄弟，相敬又相让。""春耕待翻土，有牛要相帮。老少齐下田，挨家帮插秧。"① 等等，生动反映了壮族尊老爱幼、母慈子孝、兄友弟恭、重礼好客、诚实勤劳、团结互助、乐善好施等传统美德。此外，还有彝族的训世诗《玛牧特依》、瑶族的《孝歌》《父母歌》，② 基诺族的古歌，等等，无不凸显了少数民族历来就有极其重视伦理道德的传统。显然，各民族一直传承、弘扬、发展的这些伦理道德传统，为涵养社会主义核心价值观提供了丰厚的思想文化资源，也为滋养少数民族文明乡风、促进乡村文化振兴提供了宝贵的文化遗产，也为中国式现代化提供了深厚的文化根基。

二　传统价值与社会层面的核心价值观相契合

"自由、平等、公正、法治是社会层面的价值要求。"③ 纵观我国少数民族传统价值观念中，对公正秩序的追求与"自由、平等、公正、法治"价值取向有契合之处。特别是传统习惯法、伦理规约等体现的公平、正义思想，为涵养社会主义核心价值观提供了深厚的内生动力支持。

（一）自由平等的追求与遗风涵养了社会主义核心价值观

自由和平等是中华民族的共同价值追求，少数民族自古以来也同样追求自由和平等。这不仅反映在通过一些作品、诗歌、神话等形式来表达争取自由平等的权利。如傣族作品《三牙象》、景颇族作品《罗孔扎鼎》、哈尼族作品《马鹿儿子》等，都共同表达了对平等的强烈呼声，而且也反映在体育竞技活动、劳动生活等领域中积极的倡导平等。如蒙古族在体育竞技中非常注重平等的理念，搏克比赛参与者不分年龄、不分贫富贵贱、不分身份地位，这种平等的规则被誉为"搏克精神"。④ 再如，

---

① 梁庭望：《壮族文化概论》，广西教育出版社 2000 年版，第 386—390 页。
② 佟德富、宝贵贞：《中国少数民族哲学专题研究》，中央民族大学出版社 2006 年版，第 277—278 页。
③ 习近平：《青年要自觉践行社会主义核心价值观》，《人民日报》2014 年 5 月 5 日第 2 版。
④ 陈金龙：《少数民族优秀传统文化与社会主义核心价值观契合研究》，西南交通大学出版社 2018 年版，第 84 页。

《成吉思汗法典》中，不仅规定了人们享有信仰宗教的自由，还规定了每个人不论贫富贵贱都应该平等的劳动。① 此外，在我国傣族、纳西族、白族、侗族、哈尼族等民族中，男女在传统政治生活中虽地位有一些差距，但在家庭关系中的地位则要对等得多。另外，新中国成立以前，由于十多个"直过民族"其社会形态仍然处于原始社会阶段，因此，不仅人人平等地共有氏族生产资料、平等地劳动、平等地进行分配，而且平等地享有参与公共生活的民主权利。诸如，在中缅边境的拉祜族地区，两性和谐遗风至今依然烙刻在拉祜族人生产生活的方方面面。其中，在寨门处、寨桩处、景观处很常见的"男柱"与"女柱"，这类象征符号便是拉祜族人男女平等意识的重要文化表达。由于受双系社会遗风的影响，拉祜族人思想观念中至今依然传承着一种"世间万物成双成对"的二元合一世界观，这种世界观认为现实世界是由"玛"（阴性）和"巴"（阳性）共同组成的，而且极力追求阴阳的和谐、男女两性的和谐，以及男女之间的平等。正是这些自由平等的追求与遗风，为涵养社会主义核心价值观提供了思想资源。

（二）礼法合治传统涵养了社会主义核心价值观

中国古代有着悠久的法治传统，形成了"礼法合治""明德慎罚""德主刑辅"等基本法治精神。其中，"礼"与'法'两者相辅相成，共同发挥着对社会秩序的规范、调节与约束功能。"礼依靠道德教化的方式引导人们遵守社会规范，而法则依靠强制使人们遵守礼的有关规范。"② 历史上，由于"因俗而治"的统治方式，王朝中央往往承认少数民族的特殊性，并通过册封赋予少数民族首领自主管理本地区事务的权利。在相对自主的政治生态环境下，少数民族不仅依托各种风俗习惯、伦理规约、仪式、象征、宗教信仰等进行道德教化与行为规范，而且还制定和推行习惯法，通过其特有的强制性与法的约束力，从而实现社会控制与约束。在这个意义上，少数民族的习惯法也构成中国法文化的重要组成

---

① 陈金龙：《少数民族优秀传统文化与社会主义核心价值观契合研究》，西南交通大学出版社2018年版，第84页。

② 丁鼎、王聪：《中国古代的"礼法合治"思想及其当代价值》，《孔子研究》2015年第5期。

部分。少数民族地区有着丰富灿烂的习惯法文化，人们的习惯法意识、习惯法观念通过文字、言传、身教等进行代际传承。诸如，瑶族认为"白天有太阳，晚间有月亮，官家有法律，瑶民有私约"，这"私约"即为瑶族习惯法。"石牌大过天"的习惯法观念至今仍然在不同程度上发挥作用。此外，佤族的"阿佤理"、拉祜族的"拉祜理"、彝族的传统习惯法等，在经过创造性转化与创新性发展之后，与我国法治建设相契合，形成了对国家法律体系的地方性补充与辅助，对于涵养社会主义核心价值观、促进乡风文明与社会和谐产生了一定的推动作用。

从习惯法的功能看，习惯法不仅在调解村民邻里矛盾、化解土地争执、解决社会纠纷等乡村治理方面发挥着积极的辅助作用，而且在非传统安全问题上也发挥着一定的作用。以彝族为例，"近年来，随着吸毒、贩毒活动猖獗，原本宁静的彝族乡村社会中偷盗、抢劫、杀人等刑事案件日益增多，成为影响当地社区安定的首恶。面对这种情况，许多家支自发地配合政府关于社会禁毒的号召，组织家支成员以彝族的方式开展禁毒活动。禁毒活动有两个方面：一是利用'杀牛盟誓'的'虎日'活动来动员和集中社区权威和家族力量，用仪式创造出对社区生活具有极高威慑力的权威结构，以宗教信仰、群体压力为手段去阻止吸、贩毒活动的蔓延；二是对家支吸毒成员进行了负责的帮戒活动。家支社会是典型的熟人社会，个体间的信息交流是透明与充分的，这使得帮戒活动能够持续有效。家支的参与非常有效地配合了政府的禁毒行动，对社会稳定产生了积极影响"。[①] 由此可见，习惯法在经过创造性的利用，特别是通过传统文化语境下的特有象征意义与规约意义，从而有效助推现代法治建设。

三 传统价值与个人层面的核心价值观相契合

"爱国、敬业、诚信、友善是公民层面的价值要求。"[②] 纵观我国少数民族传统价值观念中，对真善美的伦理道德追求与"爱国、敬业、诚实、

---

① 罗章、赵声馗：《家支在当前凉山彝族乡村治理中的功能研究——基于社会资本理论的分析视角》，《云南社会科学》2009 年第 3 期。

② 习近平：《青年要自觉践行社会主义核心价值观》，《人民日报》2014 年 5 月 5 日第 2 版。

友善"价值取向有契合之处。特别是传统思想观念、伦理规约等体现的精忠报国、勤劳勇敢、奉公好义、乐善好施等观念,为涵养社会主义核心价值观提供了丰富的思想资源。

(一)爱国主义意识涵养了社会主义核心价值观

爱国主义是中华民族的民族精神,也是维护国家统一、民族团结的力量源泉。

由于历代中原王朝都以实现"大一统"为己任。这种"大一统"的政治统治与政治思想潜移默化地影响着少数民族传统价值的精神内核。历史上,中华各民族都以"大一统"思想来认识各民族与中华民族整体的关系以及各民族之间的关系;近代以来,"大一统"思想在抵抗外来侵略时升华为团结一致、同仇敌忾的爱国主义。其中,1913年内蒙古各王公通过的《联合东蒙反对库伦》与1934年云南佤族各首领发表的《告全国同胞书》,是强烈的爱国主义意识的集中体现。"天下兴亡,匹夫有责。"在爱国主义思想的指导下,各民族在外敌入侵时精诚团结、保家卫国,彰显了伟大的爱国主义精神。在南方,佤、拉祜、傣、彝、藏、壮、汉等各族人民共同抗击英、法、日的入侵。诸如云南,"19世纪滇西边境傣、景颇、汉各族联合抗击英帝国主义入侵的斗争,滇南边境苗、瑶、壮、汉各族联合抗击法帝国主义入侵的斗争,以及20世纪初滇南边境佤、傣、汉、彝各族联合抗击英帝国主义入侵班洪班老地区的斗争,直至抗日战争中云南各族精诚团结,在支持滇军出滇抗战、修筑滇缅公路、滇西大反攻等一系列斗争中,均表现出极为强的中华民族爱国主义精神"[①]。在北方,维吾尔、回、满、蒙古、朝鲜、汉等各族人民共同反对英国和沙俄侵略者的斗争。各民族并肩战斗、同仇敌忾、浴血奋战,将爱国主义升华到一个新的阶段。这些爱国主义传统,成为中华民族生生不息的力量源泉。这些中华民族共同的历史记忆,成为铸牢中华民族共同体意识的重要历史催化剂与情感黏合剂。

(二)传统美德涵养了社会主义核心价值观

少数民族传统价值资源中蕴涵着丰富的传统美德、社会和谐等价值

[①] 伍雄武:《多元文化相互包容 团结凝聚多元一体》,《民族时报》2021年4月12日第3版。

观念。如拉祜族传统价值观中蕴含着丰富的勇敢善良、诚实守信、尊老敬老、团结互助、知恩图报等理念；傣族传统价值资源亦同样包括诚实守信、至诚至善、团结互助、和谐共生等价值理念；等等。现将这些传统美德简要梳理如下：

一是尚勤劳。勤劳是中华民族的传统美德。由于少数民族往往分布在高山峡谷、河流纵横、戈壁草滩等自然地理环境之中，这样的生存条件自然使他们养成了吃苦耐劳、勤劳勇敢的品质，形成了尚勤劳、重节俭的传统美德。侗族有《戒懒汉》《懒人做活路》等谴责懒汉的民间故事；彝族《创世史诗》有言："闲时不偷懒，忙时多流汗。精耕又细作，不愁仓无粮，五谷大丰收，吃穿不用愁。"[①] 瑶族《盘古遗训》有言："黄纸灯头五更鸡，正是男儿立志时。""黑发不知勤学早，白头方悔读书迟。"壮族有谚语"一年辛苦，十年幸福，前人辛苦，后人幸福"。

二是守诚信。我国少数民族历来重视对诚信的推崇。纳西族在个人修养方面崇尚"笃"，即诚实守信，规范自己的言行举止合乎道德；彝族《玛牧特依》中言："居木的子孙！跟随家门要守信，跟随家族要守信。"独龙族、佤族、怒族、傈僳族、拉祜族、景颇族等少数民族中，至今依然有着"夜不闭户、路不拾遗"的传统。

三是重友善。友善是中华民族的传统美德，主要体现在人际关系和族际关系中。自古以来中华民族就是友善和睦的民族。郑和下西洋时便与周边国家建立了友好的睦邻关系，时至今日中国在处理对外关系也秉持着和平共处五项原则。我国少数民族传统文化中也将友善放在了重要位置，有善待他人、乐善好施、热情待客、扶困互助等传统习惯。拉祜族有谚语："仇人越少越好，朋友越多越好。"

少数民族传统价值观有着丰富的伦理资源与人文精神，在创造性转化之后与当代社会主义核心价值观有着深度的契合性，为涵养社会主义核心价值观提供了强大的精神力量和坚实的文化根基。与此同时，社会主义核心价值观也通过少数民族传统价值资源细化为一种生活方式与行为习惯，从而促进乡风文明，推动乡村文化振兴。

---

① 肖万源主编：《儒学与中国少数民族思想文化》，当代中国出版社 1996 年版，第 135 页。

第五章

未来展望：优秀传统治理资源创造性转化的深入推动

作为因地制宜推进乡村振兴的一个突破口，少数民族优秀传统治理资源不仅是承载乡愁与延续历史文脉的宝贵内生文化资源，也是一种重要的协同治理资源，还是一种稀缺的发展资源与难得的戍边资源。在逐一分析优秀传统治理资源"何以转""如何转""转的效能"之后，最后还要进一步探讨乡村振兴进程中如何进一步"深入推动"其创造性转化，以更好地服务和助推乡村振兴。

第一节 乡村振兴视域下优秀传统治理资源深度转化的发展方向

未来，须聚焦"建设好美丽家园""守护好神圣国土""维护好民族团结""记得住乡愁"等建设要求，进一步推动优秀传统治理资源向深度转化。

一 紧扣"建设好美丽家园"，深挖优秀传统治理资源的产业振兴与生态振兴功能

第一，紧扣乡村产业振兴需要，将传统治理资源进一步转化为乡村特色文化产业发展的助推力量。少数民族传统文化是乡村振兴的深厚土壤和宝贵资源，不仅是规范与秩序的象征、是社会和谐的重要内生性资源，也为经济增长与共同富裕提供了不竭的内生动力。少数民族乡村产

业的开发，须充分发挥基层党组织在组织领导、统筹协调、服务发展方面的领导核心作用，与此同时，也要深度挖掘传统治理资源在服务产业发展方面的积极作用。

一是进一步发挥少数民族优秀传统治理资源对乡村文明性再塑的作用。传统文化不仅是社会发展的精神支柱，也是乡村经济发展的重要推动力以及乡村文明性再塑的驱动力，必须全面盘活和创造性利用。一方面，进一步开发少数民族优秀传统治理资源的经济价值，将其打造为乡村旅游精品及其优势特色产业。通过市场的力量凸显传统文化的经济价值，形成一种"文化搭台，经济唱戏"的发展模式，在保护和传承传统文化的同时，因地制宜地促进少数民族乡村的经济发展。当然，在引入市场力量的时候，也要协调好发展旅游产业与保护原生态传统文化的关系，要在发展中做好保护，在保护中进一步推进相关产业的发展；另一方面，依托特色产业的发展、不同文化的交流、互联网信息技术等现代文明形态，在塑造乡村产业的同时，进一步对乡村文明从精神层面、社会层面等进行整体性重塑。

二是深度开发传统社会组织资源在乡村特色文化产业发展上的潜在价值。将其进一步转化为乡村特色文化产业发展的积极助推者与参与者，以实现民族特色文化发展与乡村文化振兴、乡村产业振兴的良性互促。在乡村振兴战略要求下，传统社会组织深度转化的方向必须以服务和促进乡村振兴为中心，尤其是要紧扣产业振兴、文化振兴、生态振兴等振兴要求，对其所蕴涵的服务发展与协同治理的优势潜能进行深度的开发、利用与创造性转化，将其进一步转化为乡村特色文化产业发展的助推者、乡村振兴内生动力激发的促进者以及乡村安全治理的协同者等。当然，要实现传统社会组织在这方面的深度转化，离不开政府的积极引导，特别是引导传统社会组织在服务产业发展时坚持正确的政治方向，树立科学的认知方式，从而更好地适应与服务乡村产业振兴的发展要求。

第二，紧扣乡村生态振兴需要，将传统治理资源进一步转化为乡村绿色生态空间的涵养力量。生态振兴是少数民族乡村振兴的内在要求。党的二十大报告指出："必须牢固树立和践行绿水青山就是金山银山的理念,站在人与自然和谐共生的高度谋划发展。"① 由于少数民族往往生活在高山峡谷、河流纵深的自然环境之中,在与自然相处与斗争中的过程中追求"天人合一",并形成人与自然和谐共生的价值理念。这些传统价值所蕴含的丰富的生态建设思想,同样契合乡村生态振兴的发展要求;此外,少数民族传统习惯法是少数民族生态环境保护的重要本土性资源,也蕴含着在长期生产生活实践中形成的善待自然、尊重自然、与自然和谐相处的生态伦理观。这些习惯法对当前乡村生态振兴依然具有积极的时代价值。未来,需要进一步传承好、发展好这些优秀传统价值资源以助力乡村生态振兴;同时,对这些传统习惯法在"去其糟粕,扬弃继承"②的基础上不断注入新的时代内涵,以更好地适应乡村生态振兴的发展要求;此外,也要进一步将传统社会组织创造性地转化为乡村绿色生态空间的涵养者,通过社会协同,用更低的成本取得更好的生态振兴效果。

二 紧扣"记得住乡愁",以现代文明为引领方向打造"现代乡愁"

"中国式现代化是物质文明和精神文明相协调的现代化。"③ 脱贫攻坚使人们经济上富起来,但精神层面的发展却呈现出不协调的问题。社会冷漠、传统礼俗日趋淡化、传统道德秩序日渐式微等问题不同程度的存在,使人们离那个美好的精神家园渐行渐远。如何实现物质文明、精神文明、生态文明的协调发展,让农村成为人们向往的美好精神家园,成为"望得见山、看得见水、记得住乡愁"的浓浓乡愁之地,是乡村振兴的本质要求。党的二十大报告明确要求"传承中华文明,促进物的全面丰富和人的全面发展"④。以传统治理资源为代表的民族文化是一个民族发展的不竭力量之源,也是中华优秀传统文化的重要组成部分,承载着

---

① 习近平:《高举中国特色社会主义伟大旗帜 为全面建设社会主义现代化国家而团结奋斗——在中国共产党第二十次全国代表大会上的报告》,人民出版社2022年版,第50页。
② 《关于实施中华优秀传统文化传承发展工程的意见》,《人民日报》2017年1月26日第6版。
③ 习近平:《高举中国特色社会主义伟大旗帜 为全面建设社会主义现代化国家而团结奋斗——在中国共产党第二十次全国代表大会上的报告》,人民出版社2022年版,第22页。
④ 习近平:《高举中国特色社会主义伟大旗帜 为全面建设社会主义现代化国家而团结奋斗——在中国共产党第二十次全国代表大会上的报告》,人民出版社2022年版,第23页。

一代又一代人的"乡愁"。这些优秀传统治理资源在现代性转化之后,不仅基于政治社会化的内生力守住乡愁、基于基层治理的协同力融入乡愁,也基于传播主流价值的凝聚力活化乡愁。未来,要以社会主义核心价值观为引领方向,与现代法治理念相适应,推进传统治理资源的深度转化,进一步打造"现代乡愁"。

第一,以社会主义核心价值观为引领方向,深入推动传统治理资源的创造性转化。党的二十大报告指出"社会主义核心价值观是凝聚人心、汇聚民力的强大力量。"① 以中国式现代化推进中华民族伟大复兴,必然需要统一价值的引领。通过社会主义核心价值观能凝聚广泛的价值共识与价值追求,为各民族共创复兴伟业、共圆复兴梦想提供强大的价值引领与精神滋养。在传承中华优秀传统文化,助推与滋养乡村经济振兴、文化振兴与生态振兴之时,同样要以社会主义核心价值观为引领,"推动中华优秀传统文化的创造性转化、创新性发展"②,从而塑造现代乡愁,实现乡愁的迭代与更新。无论是对于蕴涵丰富的传统美德、伦理道德、人文精神的少数民族传统价值资源,还是作为乡村伦理道德秩序的积极推动者的传统组织资源,抑或是传统习俗资源,都要以社会主义核心价值观进行改造升级,通过古为今用、推陈出新,使之符合新时代、新征程、新发展理念的要求,进而助力现代乡村文明与现代乡愁发展。

第二,与现代法治理念相适应,深入推动传统习惯法资源的创造性转化。依法治国是现代文明的重要标志。党的二十大报告指出"传承中华优秀传统法律文化"③,推动建设法治社会,为法治国家夯实基础。中共中央办公厅、国务院办公厅于2017年印发的《关于实施中华优秀传统文化传承发展工程的意见》也明确提出:"把优秀传统文化思想理念体现在社会规范中,与制定市民公约、乡规民约、学生守则、行业规章、团

---

① 习近平:《高举中国特色社会主义伟大旗帜　为全面建设社会主义现代化国家而团结奋斗——在中国共产党第二十次全国代表大会上的报告》,人民出版社2022年版,第44页。
② 习近平:《决胜全面建成小康社会　夺取新时代中国特色社会主义伟大胜利——在中国共产党第十九次全国代表大会上的报告》,人民出版社2017年版,第23页。
③ 习近平:《高举中国特色社会主义伟大旗帜　为全面建设社会主义现代化国家而团结奋斗——在中国共产党第二十次全国代表大会上的报告》,人民出版社2022年版,第42页。

体章程相结合。"① 2020 年颁发的《中华人民共和国民法典》中第 10 条②、第 289 条③也明确规定,若法律没有明确规定的部分,可以按照当地习惯。这是对中国传统习惯法的兼顾。因此,在传承发展少数民族传统治理资源特别是传统习惯法时,一方面,既要进一步重视通过村规民约的形式,在传承和弘扬优秀传统习惯法方面发挥更大的作用;另一方面,也要注意协调好国家法与习惯法之间的关系,使之成为国家法的有益补充。正如梁治平指出的:"国家法在任何社会里都不是唯一的和全部的法律,……在国家法之外、之下,还有各种各样其他类型的法律,它们不但填补国家法遗留的空隙,甚至构成国家法的基础。"④ 同时,也要正视在现代法治建设中,少数民族传统习惯法与现代法治要求也有冲突抵触的一面,特别是在婚姻与经济纠纷处理上较为明显。这往往制约着乡村现代文明的进一步发展。对此,乡村振兴多个重要文件以及司法部《"乡村振兴 法治同行"活动方案》对推进乡村法治建设提出了要求,为传统习惯法如何纳入现代法治化进程提供了方向指引,是乡村文明转型与秩序重塑的重要举措。未来,在村规民约传承与弘扬习惯法的过程中,要始终与现代法治精神与现代文明理念相适应,进一步推进传统习惯法在时代内涵上的现代转化。"要取其精华、去其糟粕,扬弃继承、转化创新,不简单照搬照抄,不简单否定,不断将固有习惯法赋予新的时代内涵,通过村规民约这一现代表达形式,不断补充、拓展、完善固有习惯法,通过转化、表达为村规民约使之成为有利于保障村民利益的规范,有利于解决乡村现实问题的规范,有利于助推乡村社会发展的规范,有利于弘扬民族文化、适应时代精神的规范。"⑤

---

① 《关于实施中华优秀传统文化传承发展工程的意见》,《人民日报》2017 年 1 月 26 日第 6 版。
② "处理民事纠纷,应当依照法律;法律没有规定的,可以适用习惯,但是不得违背公序良俗。"
③ "法律、法规对处理相邻关系有规定的,依照其规定;法律、法规没有规定的,可以按照当地习惯。"
④ 梁治平:《清代习惯法:社会与国家》,中国政法大学出版社 1996 年版,第 35 页。
⑤ 高其才:《延续法统:村规民约对固有习惯法的传承——以贵州省锦屏县平秋镇魁胆村为考察对象》,《法学杂志》2017 年第 9 期。

三 紧扣"守护好神圣国土",从"边境治理共同体"的角度推动深度转化

第一,深挖传统治理资源的文化戍边功能。"国家安全是民族复兴的根基,社会稳定是国家强盛的前提。"① 乡村振兴同样需要安全、稳定的社会环境。长期以来,学术界对少数民族传统文化的研究主要是历史、民族、经济、文化的视角,其中也有一些从治理的视角下研究,但主要聚焦于乡村治理的视角,而边疆治理的视角还是初步的;此外,地方政府也多从"治理资源"与"发展资源"的维度看待少数民族传统文化,而从"戍边资源"的角度重视远远不够。② 随着市场化、现代化的加快推进,加之边疆地区独特的地缘环境与民族宗教特点以及"一带一路"推动全面开放的新格局等,这些都使边疆社会管控的难度加大。特别是传统安全与非传统安全问题的交织,"围绕着遏制与反遏制、渗透与反渗透、颠覆与反颠覆、破坏与反破坏等地缘政治斗争将长期存在,并会愈演愈烈"③。而边疆安全治理,除了法治稳边、情感固边、开放兴边、共治强边之外,还必须高度重视文化戍边。少数民族传统治理资源在经创造性转化之后,不仅是丰富乡村文化生活、淳化乡风民风的优秀文化资源,④ 而且也是一种宝贵的戍边资源,在提升边疆社会、文化、政治、经济、生态、信息安全治理效能方面具有潜在价值。这些都要求在"经济发展资源"的基础上,进一步从"边疆治理"的角度深挖少数传统治理资源的"文化戍边"价值,通过文化戍边,从而在漫长的国家疆域的边缘地带形成一道隐性的边防长城,捍卫边境的安全与边疆的巩固。

第二,从"边境治理共同体"的视角进行传统治理资源的功能整合。边疆安全、巩固与发展问题,近年来越来越受到国家高度重视。习近平

---

① 习近平:《高举中国特色社会主义伟大旗帜 为全面建设社会主义现代化国家而团结奋斗——在中国共产党第二十次全国代表大会上的报告》,人民出版社2022年版,第52页。
② 参见廖林燕《经久不衰的"拉祜理":南段拉祜西边境安全治理的传统文化机制研究》,《西北民族大学学报》(哲学社会科学版)2019年第5期。
③ 方盛举、陈然:《现代国家治理视角下的边疆:内涵、特征与地位》,《云南师范大学学报》(哲学社会科学版)2019年第4期。
④ 廖林燕:《经久不衰的"拉祜理":南段拉祜西边境安全治理的传统文化机制研究》,《西北民族大学学报》(哲学社会科学版)2019年第5期。

总书记先是于 2013 年作出"治国必治边"的重要论述，随后在党的十九大报告中，又从国家战略的高度明确指出要"确保边疆巩固、边境安全"①；在党的十九届四中全会中，又指出要"加强边疆治理，推进兴边富民"②；党的二十大报告进一步提出："加强边疆地区建设，推进兴边富民、稳边固边。"③ 而边疆的安全、巩固与治理，需要从"治理共同体"的角度推进，"健全共建共治共享的社会治理制度"，"发展壮大群防群治力量，……建设人人有责、人人尽责、人人享有的社会治理共同体"④。对此，需要从"治理共同体"的角度，对少数民族优秀传统治理资源的作用进行创造性利用：一是深度挖掘少数民族优秀传统治理资源的社会教化、实边戍边、稳边固边等边疆治理功能。二是从社会协同的角度优化边疆治理体系。由边疆本身的地缘政治意义以及特殊的地理人文环境所决定，边疆巩固与边境安全需在党委领导与政府负责下，充分发挥自治组织、传统社会组织、民众等多元主体共同参与，通过党政军警民合力固边、良性互动、优势互补、相得益彰，从而实现边疆安全治理效能的最大化。⑤ 其中，需要通过参与机制的完善、治理方式的创新，发挥好长老组织、寨老组织等传统社会组织在坚持基层党组织领导下的社会协同作用。将这些传统社会组织创造性地转化为乡村精神文明建设的重要推动者、增进群众对党和国家的认同的促进者以及有效贯彻落实国家在乡村主要政策的助推者与积极的配合者。三是从德治、法治、自治相结合的角度创新边疆治理方式。2021 年，中共中央、国务院《关于加强基层治理体系和治理能力现代化建设的意见》指出："力争用 5 年左右时间，建立起党组织统一领导、政府依法履责、各类组织积极协同、群众

---

① 习近平：《决胜全面建成小康社会　夺取新时代中国特色社会主义伟大胜利——在中国共产党第十九次全国代表大会上的报告》，人民出版社 2017 年版，第 33 页。

② 《中共中央关于坚持和完善中国特色社会主义制度　推进国家治理体系和治理能力现代化若干重大问题的决定》，人民出版社 2019 年版，第 51 页。

③ 习近平：《高举中国特色社会主义伟大旗帜　为全面建设社会主义现代化国家而团结奋斗——在中国共产党第二十次全国代表大会上的报告》，人民出版社 2022 年版，第 32 页。

④ 习近平：《高举中国特色社会主义伟大旗帜　为全面建设社会主义现代化国家而团结奋斗——在中国共产党第二十次全国代表大会上的报告》，人民出版社 2022 年版，第 54 页。

⑤ 参见廖林燕《经久不衰的"拉祜理"：南段拉祜西边境安全治理的传统文化机制研究》，《西北民族大学学报》（哲学社会科学版）2019 年第 5 期。

广泛参与，自治、法治、德治相结合的基层治理体系。"① 中国共产党领导下的"三治"融合治理体系，为乡村振兴"治理有效"提供了目标引领，也为少数民族优秀传统治理资源的创造性转化提供了方向遵循。

四 紧扣"维护好民族团结"，以"铸牢中华民族共同体意识"为主线推动深度转化

少数民族乡村振兴的推进，除习近平总书记给沧源老支书的回信中提到的"建设好美丽家园""守护好神圣国土"外，还要"维护好民族团结"。其中，边疆少数民族在各民族共生共融传统上孕育的丰富灿烂的优秀传统治理资源，往往是推动民族团结进步的重要具象化载体、情感黏合剂与历史催化剂。由于各民族"大杂居、小聚居"的分布特点，未来要以"铸牢中华民族共同体意识"为主线持续推进优秀传统治理资源的创造性转化。

第一，进一步深度挖掘传统治理资源中积淀深厚的红色革命资源、民族团结资源与爱国主义资源。以红色教育基地为载体，以中华民族视角形象工程为转化形式，以中华文化符号为媒介，促进优秀传统治理资源的现代性转化、广泛宣传与创造性利用，从而充分激发人们"听党话、感党恩、跟党走"坚不可摧的信念，"构筑中华民族共有精神家园，使各民族人心归聚、精神相依，形成人心凝聚、团结奋进的强大精神纽带"②。

第二，将民族节庆习俗深度转化为铸牢中华民族共同体意识的重要内生文化载体。在形式上向族际交融深入推动，在内涵上与对中国共产党的认同、对伟大祖国的认同、对中华民族的认同融通起来。以喜闻乐见的方式，以人文化、大众化的形式，通过政治社会化的内生力与传播主流价值的凝聚力，使中华民族共同体意识嵌入心田、注入灵魂。

---

① 《中共中央 国务院关于加强基层治理体系和治理能力现代化建设的意见》，《人民日报》2021年7月12日第1版。

② 《以铸牢中华民族共同体意识为主线 推动新时代党的民族工作高质量发展》，《人民日报》2021年8月29日第1版。

第二节　乡村振兴视域下优秀传统治理资源深度转化的推动思路

一　统筹保护、传承与发展的关系，坚持传承中发展、发展中传承

少数民族优秀传统治理资源是乡村振兴植根的文化沃土，不仅是承载"乡愁"与延续历史文脉的宝贵内生文化资源，也是一种重要的协同"治理"资源、稀缺的"发展"资源与难得的"戍边"资源。而不论是大力发展文化产业以推动乡村经济发展，还是大力盘活少数民族优秀传统文化以促进边疆的巩固与和谐，抑或是大力传承优秀传统文化以让乡村成为记得住乡愁的空间载体，这些都必须从根本上落实好少数民族优秀传统治理资源的保护传承问题；但在现代化进程对传统文化的不断冲击下，同时鉴于传统文化具有消失后不可再生的特点，因此，如何切实保护好、传承好、发展好少数民族优秀传统治理资源是现代化加快推进中的一个重大时代课题，也是少数民族乡村振兴扎实推进的一项重大历史性任务。正如习近平总书记所强调的"中华优秀传统文化是中华文明的智慧结晶和精华所在，是中华民族的根和魂"，要推动"中华优秀传统文化创造性转化、创新性发展"[1]，等等。习近平总书记关于中华优秀传统文化传承发展的重要论述，对于作为中华优秀传统文化重要组成部分的少数民族优秀传统治理资源的传承发展具有重要指导意义。

一是加强对少数民族传统文化民间精英的可持续传承。推动少数民族优秀传统治理资源深度转化的基本前提，就是要加强对优秀传统治理资源的保护，尤其是要加强对传统文化民间精英的培养。在国家加大对少数民族特色村镇传统文化的保护形势下，也在客观上呼唤加强对少数民族传统文化民间精英的培养。其中，如寨老、长老、榔头等，往往是少数民族优秀传统文化传承的重要载体，尤其是作为传统文化核心的精神文化的重要承载者、守护者与弘扬者，以及乡村伦理道德秩序的积极建构者。因此，通过对传统文化民间精英的培养建设，有助于更好地传

---

[1]《把中国文明历史研究引向深入　推动增强历史自觉坚定文化自信》，《人民日报》2022年5月29日第1版。

承与延续少数传统文化。① 少数民族传统文化精英的培养，除了要依托非物质文化遗产项目之外，也可以发挥市场本身的激励作用，如依托民族传统文化资源积极发展乡村旅游及特色产业，通过市场的力量来凸显传统文化的经济价值，进而吸引年轻一代强化对民族传统文化的保护与传承意识。②

二是全面盘活与利用少数民族特色文化资源，实现传统文化传承与乡村发展的良性互促。鉴于边民离土离乡尤其是大量青壮年的外流，在不同程度上增加了边境的"虚空"程度，对此，充分依托民族特色文化资源对经济发展的拉动与辐射作用，有序开发与打造乡村旅游精品工程及其优势特色产业，首先便是有助于提高边民的致富能力。而边民的致富，不仅有助于边民安心守边固边，也有望吸收外出务工人员的回流进而一定程度上降低、遏制边境村落人口外流过多而出现的"虚空化"现象，③ 从而夯实守土固边的边民根基；而且，依托文化产业带来的边民回流，也有助于少数民族传统文化的保护传承，进而切实发挥文化戍边、文化固边、文化兴边的作用。

三是深入落实兴边富民政策以实现少数民族优秀传统治理资源发展的可持续性。通过惠边政策保障与补偿边民利益，尤其是不断改善基础设施条件，发展医疗卫生教育等社会事业，不断提高边民生产生活水平，这不仅是集聚与夯实边民力量、筑牢稳边固边安边的边民根基的重要保障，也是实现少数民族优秀传统治理资源可持续发展的重要物质保障。④

四是深入推动少数民族优秀传统治理资源的转化发展。统筹保护、传承与发展的关系，这既是马克思主义坚持历史观点的基本要求，也是

---

① 参见廖林燕《经久不衰的"拉祜理"：南段拉祜西边境安全治理的传统文化机制研究》，《西北民族大学学报》（哲学社会科学版）2019年第5期。
② 廖林燕：《乡村振兴进程中"直过"民族传统社会组织的创造性转化研究》，《西南民族大学学报》（人文社科版）2018年第10期。
③ 参见廖林燕《经久不衰的"拉祜理"：南段拉祜西边境安全治理的传统文化机制研究》，《西北民族大学学报》（哲学社会科学版）2019年第5期。
④ 廖林燕：《经久不衰的"拉祜理"：南段拉祜西边境安全治理的传统文化机制研究》，《西北民族大学学报》（哲学社会科学版）2019年第5期。

辩证法中坚持发展观点的内在要求。① 少数民族优秀传统治理资源创造性转化的方向，必须"坚持古为今用"②，且"以我们正在做的事情为中心"③。在乡村振兴战略的重大决策部署下，传统治理资源深度转化的方向必须以服务和促进乡村振兴为中心，尤其是要紧扣产业振兴、文化振兴、生态振兴、组织振兴等振兴要求推进。一是深入推动少数民族优秀传统治理资源在时代内涵上的创新性发展。根据时代要求，以时代精神为引领方向，在保护传承的基础上去粗取精、扬弃继承，不断引导少数民族优秀传统治理资源与社会主义相适应且与当代文化相协调，尤其是以社会主义先进文化为政治方向，以公民意识、权利意识与法治意识为基本准则，④ 不断推动传统治理资源的现代转化与创新；二是深入推动少数民族优秀传统治理资源在表现形式上的创新性发展。在传承的基础上不断探索与丰富少数民族优秀传统治理资源以新的发展形式，尤其是通过融入新的时代元素，对体现国家认同、中华民族共同体意识、民族团结、军民融合等重要象征符号的积极整合与形式创新，⑤ 不断激发少数民族优秀传统治理资源以新的生机与活力，从而助力乡村振兴。

二 健全优秀传统治理资源创造性转化的党建引领机制

少数民族优秀传统治理资源创造性转化需要"机制"来推动，而其中具有根本性的机制，就是"党建引领"。要始终坚持党的全面领导，坚持党统领一切、总揽全局、协调各方的原则，使党组织在推动优秀传统治理资源创造性转化中发挥重要引领作用。"党的领导是党和国家的根本

---

① 廖林燕：《经久不衰的"拉祜理"：南段拉祜西边境安全治理的传统文化机制研究》，《西北民族大学学报》（哲学社会科学版）2019年第5期。
② 习近平：《培养和弘扬社会主义核心价值观》，《习近平谈治国理政》，外文出版社2014年版，第164页。
③ 习近平：《在哲学社会科学工作座谈会上的讲话》，《人民日报》2016年5月19日第2版。
④ 廖林燕：《经久不衰的"拉祜理"：南段拉祜西边境安全治理的传统文化机制研究》，《西北民族大学学报》（哲学社会科学版）2019年第5期。
⑤ 廖林燕：《经久不衰的"拉祜理"：南段拉祜西边境安全治理的传统文化机制研究》，《西北民族大学学报》（哲学社会科学版）2019年第5期。

所系、命脉所系,是全国各族人民的利益所系、命运所系。"① 习近平总书记参加十三届全国人大五次会议内蒙古代表团审议时指出,"坚持党的全面领导是坚持和发展中国特色社会主义的必由之路"等五个"必由之路"的重大论断。② 党的二十大报告强调:"把党的领导落实到党和国家事业各领域各方面各环节,……确保我国社会主义现代化建设正确方向,确保拥有团结奋斗的强大政治凝聚力、发展自信心,集聚起万众一心、共克时艰的磅礴力量。"③ 2021年,中共中央、国务院《关于加强基层治理体系和治理能力现代化建设的意见》进一步指出:"坚持党对基层治理的全面领导,把党的领导贯穿基层治理全过程、各方面",用5年左右时间,"使党建引领基层治理机制全面完善"④。

一是提供思想指引。党的十八大以来,习近平总书记围绕中华优秀传统文化传承发展发表了系列重要论述,提出了系列新思想新观点新论断。他强调"中华优秀传统文化是我们最深厚的文化软实力,也是中国特色社会主义植根的文化沃土""要治理好今天的中国,需要对我国历史和传统文化有深入了解,也需要对我国古代治国理政的探索和智慧进行积极总结"⑤;"要处理好继承和创造性发展的关系,重点做好创造性转化和创新性发展"⑥,等等。习近平总书记关于中华优秀传统文化传承发展的重要论述,以及中共中央、国务院发布的《关于实施中华优秀传统文化传承发展工程的意见》《"十四五"文化发展规划》等,这些对于深入推动少数民族优秀传统文化创造性转化与创新性发展,进而助力乡村振兴都具有重要指导意义。

---

① 《中共中央关于党的百年奋斗重大成就和历史经验的决议》,人民出版社2021年,第27页。
② 《习近平参加十三届全国人大五次会议内蒙古代表团审议》,中国政府网:http://www.gov.cn/xinwen/2022-03/05/content_5677371.htm,2022-03-05。
③ 习近平:《高举中国特色社会主义伟大旗帜 为全面建设社会主义现代化国家而团结奋斗——在中国共产党第二十次全国代表大会上的报告》,人民出版社2022年版,第26—27页。
④ 《中共中央 国务院关于加强基层治理体系和治理能力现代化建设的意见》,《人民日报》2021年7月12日第1版。
⑤ 《牢记历史经验历史教训历史警示 为国家治理能力现代化提供有益借鉴》,《人民日报》2014年10月14日第1版。
⑥ 《把培育和弘扬社会主义核心价值观作为凝魂聚气强基固本的基础工程》,《人民日报》2014年2月26日第1版。

二是加强宏观指导。发挥党把方向、谋大局的作用,确保优秀传统治理资源在内的少数民族传统文化始终沿着中国共产党领导的正确方向转化创新,在创造性转化过程中始终与中国特色社会主义相适应,始终以社会主义核心价值观为引领,始终向着"推动各民族坚定对伟大祖国、中华民族、中华文化、中国共产党、中国特色社会主义的高度认同"①方向转化发展。

三是推进综合协调。"各级党委宣传部门要发挥综合协同作用,整合各类资源,调动各方力量,推动形成党委统一领导、党政群协同推进、有关部门各负其责、全社会共同参与的中华优秀传统文化传承发展工作新格局。"②

四是加强党的基层组织建设。"坚持党建带群建,更好履行组织、宣传、凝聚、服务群众职责。""培育扶持基层公益性、服务性、互助性社会组织。"③诸如,要切实发挥传统社会组织在乡村协同共治中的积极作用,离不开党建引领。要首先引导长老、寨老或头人转变思想、适应形势,进而再通过他们的言传身教发挥对群众的道德教化协同作用;同时,也要引导这些传统社会组织坚持正确的政治方向,并引导他们健康有序地发挥好维护稳定、促进和谐、服务发展的社会协同作用。④

三 正确把握好差异性与共同性之间的关系

推动少数民族优秀传统治理资源创造性转化一定要正确把握好差异性与共同性之间的关系问题,也就是"哪些方面必须'同',哪些方面可以'异'"⑤。"按照增进共同性的方向改进民族工作,做到共同性和差异性

---

① 《以铸牢中华民族共同体意识为主线 推动新时代党的民族工作高质量发展》,《人民日报》2021年8月29日第1版。

② 《关于实施中华优秀传统文化传承发展工程的意见》,《人民日报》2017年1月26日第6版。

③ 《中共中央 国务院关于加强基层治理体系和治理能力现代化建设的意见》,《人民日报》2021年7月12日第1版。

④ 廖林燕:《乡村振兴进程中"直过"民族传统社会组织的创造性转化研究》,《西南民族大学学报》(人文社科版)2018年第10期。

⑤ 尤权:《做好新时代党的民族工作的科学指引——学习贯彻习近平总书记在中央民族工作会议上的重要讲话精神》,《求是》2021年第21期。

的辩证统一、民族因素和区域因素的有机结合。""要正确把握共同性和差异性的关系,增进共同性、尊重和包容差异性是民族工作的重要原则。"①

一是尊重和包容少数民族优秀传统治理资源的差异性。少数民族优秀传统治理资源是各民族在特定生产生活方式与自然地理环境之中创造与积淀的具有丰富人文价值的传统文化体系,而且是有助于实现社会有效治理的一种民族民间传统文化资源,包括传统价值资源、习俗资源、组织资源等。受自然、地理、历史、社会环境等影响,各民族的优秀传统治理资源一定具有多样性的特点,是各具特色、千姿百态的。这是由于居于特定环境之中的民族在岁月的流逝中必然创造与特定自然地理环境、特定生产生活方式相适应的民族传统文化。千里不同风,百里不同俗。56个民族都有自己的独特传统文化,都有自己的文化特色,即便是同一民族下不同的支系其传统文化也具有差异性;然而,在现代化进程中,部分地区对少数民族传统文化的多样性缺乏正确的认识。如,乡村振兴过程中部分地区忽视了传统文化的元素,在建房时用统一装饰、同一模板进行规划,忽略了当地传统建筑文化的自身特色。事实上,文化的多样性或差异性,不仅有利于取长补短,而且也是促进文化繁荣和社会发展的重要基础。"从历史上看,一个地区文化越单一,保守性和排他性也越强,社会和文化发展也就越慢;而开放的、多种文化交流的地区,社会经济和文化的发展也越快;凡是文化繁荣发达的地区大多是文化多元共存和文化交流发达的地区。"② 对于差异性问题,2021年第五次中央民族工作会议进一步强调要"尊重和包容差异性"③。诸如,在饮食服饰、风俗习惯、文化艺术、建筑风格等方面,是各美其美、美美与共、百花齐放的。

二是按照增进共同性的方向推进少数民族优秀传统治理资源的创造性转化。在以尊重和包容差异性的原则推动少数民族优秀传统治理资源的保护传承的同时,也要按照增进共同性的方向推进其转化创新。第一,在优秀传统治理资源的方向引领方面,必须"同"。包括坚持正确的政治

---

① 《以铸牢中华民族共同体意识为主线 推动新时代党的民族工作高质量发展》,《人民日报》2021年8月29日第1版。

② 何星亮:《中华民族文化的多样性、同一性与互补性》,《思想战线》2010年第1期。

③ 《以铸牢中华民族共同体意识为主线 推动新时代党的民族工作高质量发展》,《人民日报》2021年8月29日第1版。

方向、坚持以社会主义核心价值观为引领，不能有差异；第二，在传统治理资源的文化内涵方面，必须"同"。包括对伟大祖国、中华民族、中华文化、中国共产党、中国特色社会主义的认同，必须"同"，在国家意识、公民意识、法治意识上不能有差异。① 要以社会主义核心价值观为引领，以铸牢中华民族共同体意识为主线，尊重和包容各民族文化的差异性，做到各美其美、美美与共。通过文化铸魂，推动少数民族乡村成为文明和谐、物心俱丰、美丽宜居、留得住乡情乡愁的空间，从而为中华民族伟大复兴奠定坚实的新型乡村文明基础。

四　正确把握好中华文化与各民族文化之间的关系

推动少数民族优秀传统治理资源创造性转化，还要把握好中华文化与各民族文化之间的关系问题。② "各民族优秀传统文化都是中华文化的组成部分，中华文化是主干，各民族文化是枝叶，根深干壮才能枝繁叶茂。"③ 中华民族之所以生生不息、发展壮大，究其原因正是因为有着深刻的中华文化传统积淀，有着深厚的中华传统文化的持久滋养。"中华民族多元一体是先人们留给我们的丰厚遗产，也是我国发展的巨大优势。"④ 中国在上下五千年文明史中所形成的"大一统"国家形态，孕育了独特的"多元一体"民族关系格局。在这个历史悠久的多民族国家中，生活着不同经济方式、语言形式、宗教信仰和不同历史文化的民族。这些民族在中华大地上繁衍生息，"经过接触、混杂、联结和融合，同时也有分裂和消亡"⑤。他们在竞争中相互依存，广泛交往交流交融，形成了"我中有你，你中有我"的中华民族多元一体格局。正是因为如此，各民族共同创造了具有丰富内涵的中华文化，同时也为构筑中华民族共有精神

---

① 尤权：《做好新时代党的民族工作的科学指引——学习贯彻习近平总书记在中央民族工作会议上的重要讲话精神》，《求是》2021年第21期。
② 《以铸牢中华民族共同体意识为主线　推动新时代党的民族工作高质量发展》，《人民日报》2021年8月29日第1版。
③ 《以铸牢中华民族共同体意识为主线　推动新时代党的民族工作高质量发展》，《人民日报》2021年8月29日第1版。
④ 习近平：《在全国民族团结进步表彰大会上的讲话》，《人民日报》2019年9月28日第2版。
⑤ 费孝通：《中华民族的多元一体格局》，中央民族学院出版社1989年版，第1页。

家园提供了文化沃土。"中华民族文化既具有多样性的特征,同时也具有同一性和互补性的特性。"①

一是中华文化是各民族文化的集大成。中华文化是"各民族、各地区文化在数千年的历史发展中逐步交融、整合而形成有机的文化整体"②。其多样性的特点"不是冲突的根源,而是互补的基础。不同民族文化在互动中取长补短、互通有无,从而使中华各民族文化在互补中得到繁荣和发展"③。优秀传统治理资源作为一个民族文化的重要组成部分,不同的民族文化互鉴融通、交相辉映,共同铸就了中华文化独有的文明气韵,赋予了中华文化强大的包容性。

二是少数民族优秀传统治理资源具有中华主流文化的基本特征。历史上,在大一统格局下,在各民族广泛交往交流交融传统下,优秀传统治理资源作为少数民族在长期历史积淀与治理实践中形成的治理经验与智慧,具有中华民族主流文化的基本特征。不仅蕴涵着中华民族共同的民族精神、爱国情怀、伦理道德、传统美德、社会风尚与人文精神,也积淀着中华民族最深层次的精神追求,如讲仁爱、守诚信、重友善、崇正义、尚和合、求大同等价值观念。

少数民族优秀传统治理资源是乡村振兴的深厚底蕴与突出优势。未来,要在党建引领下,深入推动少数民族优秀传统治理资源的创造性转化与创新性发展,为全面推进乡村振兴,进而以中国式现代化推进中华民族伟大复兴提供丰厚的传统文化滋养与精神动力支持。今后,要以铸牢中华民族共同体意识为主线,把握好差异性与共同性的关系,把握好中华文化与各民族文化的关系,让优秀传统治理资源的智慧之光在时代的碰撞中不断彰显新的生机与活力,成为乡村现代文明建设的重要内生性资源,特别是乡村振兴难得的"发展资源"、有效的"治理资源"与宝贵的"戍边资源",深度发挥习近平总书记提到的"建设好美丽家园""记得住乡愁""守护好神圣国土""维护好民族团结"等助推作用,从而全面助力乡村振兴与中华民族伟大复兴。

---

① 何星亮:《中华民族文化的多样性、同一性与互补性》,《思想战线》2010年第1期。
② 何星亮:《中华民族文化的多样性、同一性与互补性》,《思想战线》2010年第1期。
③ 何星亮:《中华民族文化的多样性、同一性与互补性》,《思想战线》2010年第1期。

参考文献

一 著作

陈翰笙、薛暮桥、冯和法合编：《解放前的中国农村》（第二辑），中国展望出版社1987年版。

陈金龙：《少数民族优秀传统文化与社会主义核心价值观契合研究》，西南交通大学出版社2018年版。

陈庆德等：《人类学的理论预设与建构》，社会科学文献出版社2006年版。

方盛举主编：《当代中国陆地边疆治理》，中央编译出版社2017年版。

费孝通：《乡土中国 生育制度》，北京大学出版社1998年版。

费孝通：《中华民族多元一体格局》，中央民族大学出版社2003年版。

高宣扬：《当代社会理论》，中国人民大学出版社2005年版。

虎有泽、尹伟先主编：《铸牢中华民族共同体意识研究》，中国社会科学出版社2019年版。

《拉祜族简史》编写组：《拉祜族简史》，民族出版社2008年版。

廖林燕：《政治人类学》，中国社会科学出版社2018年版。

刘泽华：《中国传统政治思想反思》，生活·读书·新知三联书店1987年版。

马戎：《中国民族关系现状与前景》，社会科学文献出版社2014年版。

王沪宁主编：《政治的逻辑——马克思主义政治学原理》，上海人民出版社2016年版。

伍雄武：《中华民族的形成与凝聚新论》，云南人民出版社、云南大学出版社2014年版。

肖万源、伍雄武、阿不都秀库尔主编：《中国少数民族哲学史》，安徽人民出版社 1992 年版。

徐勇：《中国农村村民自治》，生活书店出版有限公司 2018 年版。

中共中央统一战线工作部、国家民族事务委员会编：《中央民族工作会议精神学习辅导读本》，民族出版社 2022 年版。

周平主编：《国家的疆域与边疆》，中央编译出版社 2017 年版。

周平：《多民族国家的族际政治整合》，中央编译出版社 2012 年版。

周平：《民族政治学二十三讲》，中央编译出版社 2014 年版。

周平：《民族政治学》（第二版），高等教育出版社 2007 年版。

周平等：《中国边疆治理研究》，经济科学出版社 2011 年版。

[美] 本尼迪克特·安德森：《想象的共同体——民族主义的起源与散布》，吴叡人译，上海人民出版社 2011 年版。

[美] 费正清、赖肖尔主编：《中国：传统与变革》，陈仲丹、潘兴明、庞朝阳译，江苏人民出版社 1992 年版。

[美] 哈罗德·D. 拉斯韦尔：《政治学——谁得到什么？何时和如何得到？》，杨昌裕译，商务印书馆 2006 年版。

[美] 亨廷顿：《变动社会的政治秩序》，王冠华等译，上海译文出版社 1989 年版。

[美] 罗伯特·A. 达尔：《现代政治分析》，王沪宁、陈峰译，上海译文出版社 1987 年版。

[美] 迈克尔·G. 罗斯金等：《政治科学》（第十二版），林震等译，中国人民大学 2014 年版。

[日] 王珂：《从"天下"国家到民族国家：历史中国的认知与实践》，上海人民出版社 2020 年版。

[英] E. 霍布斯鲍姆、T. 兰格：《传统的发明》，顾杭、庞冠群译，译林出版社 2004 年版。

二 论文

安治民、李文钢、孙娟：《乡村振兴背景下贵州少数民族村落共同体重建研究》，《贵州民族研究》2022 年第 4 期。

毕曼：《少数民族传统文化现代转化的规律与策略研究——以恩施土家"女儿会"为例》，《华中师范大学学报》（人文社会科学版）2021 年第

6 期。

蔡富莲:《当代凉山彝族家支聚会及其作用》,《民族研究》2008 年第 1 期。

蔡文成:《基层党组织与乡村治理现代化：基于乡村振兴战略的分析》,《理论与改革》2018 年第 3 期。

蔡兴、蔡海山、赵家章:《金融发展对乡村振兴发展影响的实证研究》,《当代经济管理》2019 年第 8 期。

常凌翀:《数字乡村战略下农民数字化素养的价值内涵与提升路径》,《湖南社会科学》2021 年第 6 期。

陈波:《公共文化空间弱化：乡村文化振兴的"软肋"》,《人民论坛》2018 年第 21 期。

陈德顺:《中国西南民族地区的家族势力与家族政治》,《云南民族学院学报》(哲学社会科学版) 2003 年第 2 期。

陈寒非、高其才:《乡规民约在乡村治理中的积极作用实证研究》,《清华法学》2018 年第 1 期。

陈建平、张燕妹:《党建引领基层协商治理的实践与思考——以晋江市英林镇为例》,《领导科学》2022 年第 2 期。

陈军亚、张鑫:《内生责任：从脱贫攻坚到乡村振兴的现代国家建构逻辑》,《中国农业大学学报》(社会科学版) 2022 年第 4 期。

陈军亚:《"能人回乡"困境怎么解——基于湖北省 71 个村庄的问卷调查和深度访谈》,《人民论坛》2019 年第 33 期。

陈蒙:《新时代民族地区乡村治理现代化瓶颈及对策》,《中南民族大学学报》(人文社会科学版) 2020 年第 5 期。

陈时见、胡娜:《新时代乡村教育振兴的现实困境与路径选择》,《西南大学学报》(社会科学版) 2019 年第 3 期。

陈艳华、陈丽娟:《乡村振兴战略下农村红色旅游发展研究》,《农业经济》2021 年第 9 期。

陈燕:《脱贫攻坚后时代：农业农村现代化及乡村振兴的新征程》,《福建论坛》(人文社会科学版) 2021 年第 3 期。

陈燕:《农业农村现代化与乡村振兴：内在逻辑与机制建构》,《学习与探索》2021 年第 10 期。

陈一明：《数字经济与乡村产业融合发展的机制创新》，《农业经济问题》2021年第12期。

陈永亮、张立辉：《乡村振兴视域下新时代民族地区移风易俗路径——以四川省凉山彝族自治州J、Y县为例》，《民族学刊》2020年第6期。

党国印：《"村民自治"是民主政治的起点吗?》，《战略与管理》1999年第1期。

党国英：《我国乡村治理改革回顾与展望》，《社会科学战线》2008年第12期。

党国英：《中国乡村社会治理现状与展望》，《华中师范大学学报》（人文社会科学版）2017年第3期。

德扬措：《民族传统文化在当代社会的传承与再构——以青海尖扎地区的神箭文化为例》，《青海民族大学学报》（社会科学版）2021年第3期。

丁波：《数字治理：数字乡村下村庄治理新模式》，《西北农林科技大学学报》（社会科学版）2022年第2期。

丁静：《新时代乡村振兴与新型城镇化的战略融合及协调推进》，《社会主义研究》2019年第5期。

丁志刚、王杰：《中国乡村治理70年：历史演进与逻辑理路》，《中国农村观察》2019年第4期。

董江爱：《权威与民主关系视野下的村治模式探索——村民参与村级治理的类型及效果分析》，《东南学术》2008年第2期。

董翔薇、崔术岭：《社会资本理论视角下的当代宗族：一种传统嵌入现代的社会组织》，《学术交流》2009年第3期。

杜姣：《重塑治理责任：理解乡村技术治理的一个新视角——基于12345政府服务热线乡村实践的考察与反思》，《探索》2021年第1期。

杜鹏、王永梅：《乡村振兴战略背景下农村养老服务体系建设的机遇、挑战及应对》，《河北学刊》2019年第4期。

杜鹏：《乡村治理的"生活治理"转向：制度与生活的统一》，《中国特色社会主义研究》2021年第6期。

杜鹏：《转型期乡村文化治理的行动逻辑》，《求实》2021年第2期。

杜志雄：《农业农村现代化：内涵辨析、问题挑战与实现路径》，《南京农业大学学报》（社会科学版）2021年第5期。

范建华、秦会朵：《关于乡村文化振兴的若干思考》，《思想战线》2019年第4期。

范颖、周波、唐柳：《基于文化空间生产的民族地区乡村文化振兴路径》，《规划师》2019年第13期。

范玉刚：《乡村文化复兴与乡土文明价值重构》，《深圳大学学报》（人文社会科学版）2019年第6期。

冯辉：《对我国村民自治制度的几点认识》，《政治学研究》1996年第3期。

冯晓平、江立华：《乡村振兴的系统性、跨时空性、实践性与路径选择》，《中南民族大学学报》（人文社会科学版）2022年第4期。

冯兴元、鲍曙光、孙同全：《社会资本参与乡村振兴和农业农村现代化——基于扩展的威廉姆森经济治理分析框架》，《财经问题研究》2022年第1期。

冯旭：《乡村振兴中的农村生态环境治理共同体建设》，《甘肃社会科学》2021年第3期。

冯兆蕙：《乡村振兴法治化的时代价值、基本框架与实现机制》，《法律科学（西北政法大学学报）》2022年第6期。

傅才武、李俊辰：《乡村文化空间营造：中国乡村文化治理的空间转向》，《深圳大学学报》（人文社会科学版）2022年第5期。

干靓、钱玲燕、杨秀：《乡村内生型发展活力测评——德国巴伐利亚州的实践与启示》，《国际城市规划》2020年第5期。

高杰：《村民委员会组织建设的背景、现状和政策导向》，《法学研究》1994年第2期。

高立伟：《党建引领下的基层治理智能化精细化研究》，《人民论坛·学术前沿》2019年第21期。

高卫星、张慧远：《乡村治理共同体构建的理论逻辑、现实困境及策略》，《中州学刊》2021年第2期。

高艳芳、黄永林：《论村规民约的德治功能及其当代价值——以建立"三治结合"的乡村治理体系为视角》，《社会主义研究》2019年第2期。

高永久：《宗教对民族地区社会稳定的双重作用》，《甘肃社会科学》2003年第4期。

耿达:《公共文化空间视角下农村公共文化服务体系建设研究》,《思想战线》2019 年第 5 期。

耿达:《民族地区脱贫攻坚与乡村振兴有效衔接的文化路径——基于一个少数民族村寨的文化扶贫实践》,《思想战线》2021 年第 5 期。

耿松涛、张伸阳:《乡村振兴背景下乡村旅游与文化产业协同发展研究》,《南京农业大学学报》(社会科学版) 2021 年第 2 期。

谷宇:《祖先信仰变迁与海南黎汉民族文化交融》,《西南民族大学学报》(人文社会科学版) 2022 年第 3 期。

管宁:《导入产业意识 激活乡村文化——关于农村文化产业发展的一个视角》,《东岳论丛》2009 年第 10 期。

郭俊华、卢京宇:《产业兴旺推动乡村振兴的模式选择与路径》,《西北大学学报》(哲学社会科学版) 2021 年第 6 期。

郭苏建、王鹏翔:《中国乡村治理精英与乡村振兴》,《南开学报》(哲学社会科学版) 2019 年第 4 期。

郭晓勇、张静、杨鹏:《党建引领乡村治理:生成逻辑、价值旨归与优化向度》,《西北农林科技大学学报》(社会科学版) 2022 年第 5 期。

郭正林:《乡村治理及其制度绩效评估:学理性案例分析》,《华中师范大学学报》(人文社会科学版) 2004 年第 4 期。

韩俊魁:《拉祜西头人制度:传统与国家力量影响下的变迁》,《民族研究》2006 年第 3 期。

韩玉祥:《乡村振兴战略下农村基层治理新困境及其突围——以农村人居环境整治为例》,《云南民族大学学报》(哲学社会科学版) 2021 年第 2 期。

何包钢、王春光:《中国乡村协商民主:个案研究》,《社会学研究》2007 年第 3 期。

何包钢、周艳辉:《中国农村从村民选举到乡村协商:协商民主试验的一个案例研究》,《国外理论动态》2017 年第 4 期。

何得桂、韩雪:《属性治理:基层党建引领乡村振兴的有效实现路径》,《农村经济》2022 年第 5 期。

何宏庆:《数字金融助推乡村产业融合发展:优势、困境与进路》,《西北农林科技大学学报》(社会科学版) 2020 年第 3 期。

何雷华、王凤、王长明：《数字经济如何驱动中国乡村振兴？》，《经济问题探索》2022 年第 4 期。

何明、方坤：《组织再造与文化接续：后脱贫时代社会工作介入民族地区乡村振兴的实现路径研究——以广西上林县壮族 F 村为例》，《贵州民族研究》2020 年第 11 期。

何清清：《传统文化资源在少数民族地区乡村振兴中的作用》，《农业经济》2021 年第 5 期。

何仁伟、杨慧、张海朋、袁晨曦：《城乡"对流"视角的城乡融合发展路径》，《中国沙漠》2022 年第 4 期。

何阳、孙萍：《"三治合一"乡村治理体系建设的逻辑理路》，《西南民族大学学报》（人文社科版）2018 年第 6 期。

何晔：《论传统乡村治理资源的现代转型》，《皖西学院学报》2021 年第 3 期。

何元元：《乡村振兴战略背景下大别山"红色文化＋"创新发展研究》，《农业经济》2021 年第 4 期。

和晓蓉：《心灵传承视角下壮族布洛陀信仰的当代重构及其意义》，《广西民族研究》2011 年第 4 期。

贺金瑞：《中国少数民族传统基层社会自治体系及其现代治理启示》，《中央民族大学学报》（哲学社会科学版）2016 年第 5 期。

贺雪峰：《城乡关系视野下的乡村振兴》，《中南民族大学学报》（人文社会科学版）2020 年第 4 期。

贺雪峰：《关于实施乡村振兴战略的几个问题》，《南京农业大学学报》（社会科学版）2018 年第 3 期。

贺雪峰：《论富人治村——以浙江奉化调查为讨论基础》，《社会科学研究》2011 年第 2 期。

贺雪峰：《乡村振兴与农村集体经济》，《武汉大学学报》（哲学社会科学版）2019 年第 4 期。

贺雪峰：《乡村治理研究的三大主题》，《社会科学战线》2005 年第 1 期。

贺雪峰：《制度引入与利益主导——余村村委会换届选举的观察与思考》，《管理世界》1999 年第 5 期。

侯宏伟、马培衢：《"自治、法治、德治"三治融合体系下治理主体嵌入型共治机制的构建》,《华南师范大学学报》(社会科学版) 2018 年第 6 期。

胡惠林:《城乡文明融合互鉴:构建中国乡村文化治理新发展格局》,《治理研究》2021 年第 5 期。

胡惠林:《国家需要文化治理》,《领导科学》2012 年第 13 期。

胡惠林:《没有贫困的治理与克服治理的贫困——再论乡村振兴中的治理文明变革》,《探索与争鸣》2022 年第 1 期。

胡鹏辉、高继波:《新乡贤:内涵、作用与偏误规避》,《南京农业大学学报》(社会科学版) 2017 年第 1 期。

胡杨:《基于文化治理视角的乡村美育发展:价值、困境与路径》,《重庆社会科学》2022 年第 6 期。

胡钰、付饶、金书秦:《脱贫攻坚与乡村振兴有机衔接中的生态环境关切》,《改革》2019 年第 10 期。

黄彩文:《从村寨祭祀仪式到民族法定节日:云南耿马佤族青苗节的变迁与重构》,《西南民族大学学报》(人文社会科学版) 2015 年第 5 期。

黄承伟:《论乡村振兴与共同富裕的内在逻辑及理论议题》,《南京农业大学学报》(社会科学版) 2021 年第 6 期。

黄振华、陈梓清:《记得住乡愁:乡村振兴的路径选择——基于云南大理的实践与思考》,《党政研究》2022 年第 2 期。

黄振华:《县域、县城与乡村振兴》,《理论与改革》2022 年第 4 期。

贾晋、李雪峰、申云:《乡村振兴战略的指标体系构建与实证分析》,《财经科学》2018 年第 11 期。

江明生:《新中国成立后侗款与侗族地区社会治理的历史变迁》,《广西社会科学》2014 年第 5 期。

江维国、胡敏、李立清:《数字化技术促进乡村治理体系现代化建设研究》,《电子政务》2021 年第 7 期。

蒋平:《乡村治理视角下少数民族优秀传统民俗文化的传承与开发——以南方少数民族歌圩文化为例》,《广西科技师范学院学报》2019 年第 5 期。

金书秦、牛坤玉、韩冬梅:《农业绿色发展路径及其"十四五"取向》,《改革》2020 年第 2 期。

金太军:《走出对村民自治的认识误区》,《探索与争鸣》1999年第8期。

金炜玲:《理解生活富裕:农民的感知与需求》,《中国农业大学学报》(社会科学版)2022年第4期。

柯平、彭亮:《欠发达地区民族乡镇公共文化服务探索——以贵阳市乌当区新堡布依族乡为例》,《图书馆论坛》2018年第5期。

孔韬:《乡村振兴战略背景下新型职业农民培育的困境与出路》,《中国职业技术教育》2019年第6期。

孔祥智、卢洋啸:《建设生态宜居美丽乡村的五大模式及对策建议——来自5省20村调研的启示》,《经济纵横》2019年第1期。

郎友兴、周文:《社会资本与农村社区建设的可持续性》,《浙江社会科学》2008年第11期。

冷波:《选派书记:有效治理问题村的实践与机制》,《华中农业大学学报》(社会科学版)2019年第3期。

李博:《"一体两翼式"治理下的"三治"融合——以秦巴山区汉阴县T村为例》,《西北农林科技大学学报》(社会科学版)2020年第1期。

李国英:《乡村振兴战略视角下现代乡村产业体系构建路径》,《当代经济管理》2019年第10期。

李皓:《我国乡村振兴战略的伦理之维》,《伦理学研究》2018年第4期。

李华胤:《习近平关于乡愁重要论述的核心要义与现实价值》,《中国农村观察》2022年第3期。

李辉:《迈向党委统领的乡村善治:中国乡村治理范式的新飞跃》,《探索》2021年第5期。

李慧燕:《京津冀城市群新型城镇化与乡村产业振兴耦合协调关系比较研究》,《生态经济》2022年第9期。

李佳:《从资源到产业:乡村文化的现代性重构》,《学术论坛》2012年第1期。

李利宏、杨素珍:《乡村治理现代化视阈中传统治理资源重构研究》,《中国行政管理》2016年第8期。

李楠、覃志威:《乡村振兴视野下完善我国农村社会保障体系探析》,《学校党建与思想教育》2018年第15期。

李楠:《文化记忆与意义阐释:中华民族共同体视野中的〈格萨尔〉》,

《西北民族大学学报》（哲学社会科学版）2022年第2期。

李琴：《瑶长制与瑶族乡村治理——以平地瑶为例》，《贵州民族研究》2007年第1期。

李容芳：《文化秩序与少数民族村落仪式民俗变迁——基于山地白族哭嫁与哭丧的对比研究》，《西北民族大学学报》（哲学社会科学版）2018年第3期。

李实、陈基平、滕阳川：《共同富裕路上的乡村振兴：问题、挑战与建议》，《兰州大学学报》（社会科学版）2021年第3期。

李世武：《神话在铸牢中华民族共同体意识过程中的作用——以彝族史诗中的"月中有树"神话为例》，《思想战线》2021年第2期。

李斯颖：《少数民族非遗资源的"两创"实践与乡村振兴——以广西为例》，《社会科学家》2021年第7期。

李斯颖：《少数民族口头传统资源的创造性转化实践——以壮族为例》，《社会科学家》2020年第10期。

李文钢：《民族文化产业发展中的经济文化二重性矛盾与调和》，《西南民族大学学报》（人文社会科学版）2022年第9期。

李小波、张利云：《农村职业教育人才培养助力乡村振兴的路径探究》，《教育与职业》2022年第13期。

李小云、马阳：《中国现代化语境下乡村振兴的实现路径》，《理论与改革》2022年第4期。

李新仓、刘新志：《乡村振兴战略视野下新型职业农民培育研究》，《农业经济》2021年第10期。

李新仓、周文利：《乡村社会治理的内涵、问题与治理对策》，《农业经济》2022年第4期。

李云新、阮皓雅：《资本下乡与乡村精英再造》，《华南农业大学学报》（社会科学版）2018年第5期。

梁满艳、曾平：《乡村振兴战略的伦理意蕴》，《伦理学研究》2020年第6期。

廖林燕：《乡村振兴视域下边疆民族地区乡村治理机制创新研究》，《西北民族大学学报》（哲学社会科学版）2018年第1期。

刘德喜：《超越西方工业文明的中国新农村建设》，《中国党政干部论坛》

2006 年第 10 期。

刘海洋：《乡村产业振兴路径：优化升级与三产融合》，《经济纵横》2018 年第 11 期。

刘合光：《乡村振兴战略的关键点、发展路径与风险规避》，《新疆师范大学学报》（哲学社会科学版）2018 年第 3 期。

刘家斌、王娟：《论新型职业农民培育在全面乡村振兴中的关键性作用》，《农业经济》2022 年第 8 期。

刘俊祥、曾森：《中国乡村数字治理的智理属性、顶层设计与探索实践》，《兰州大学学报》（社会科学版）2020 年第 1 期。

刘明松、曹席：《从乡村振兴战略总要求看党的初心和使命》，《湖北社会科学》2020 年第 3 期。

刘诗谣、刘小珉：《新古典"结构—功能论"视域下民族文化产业化发展研究——以湖南省凤凰县为例》，《贵州民族研究》2020 年第 12 期。

刘守英、熊雪锋：《我国乡村振兴战略的实施与制度供给》，《政治经济学评论》2018 年第 4 期。

刘彦随：《中国新时代城乡融合与乡村振兴》，《地理学报》2018 年第 4 期。

刘彦武：《从嵌入到耦合：当代中国乡村文化治理嬗变研究》，《中华文化论坛》2017 年第 10 期。

刘玉侠、王嘉琪：《乡村人才振兴的内生式发展分析》，《理论与评论》2020 年第 5 期。

刘筱：《乡村治理共同体的变迁与重塑——以 H 省 L 市"屋场会"为例》，《湖湘论坛》2021 年第 3 期。

刘祖云、张诚：《重构乡村共同体：乡村振兴的现实路径》，《甘肃社会科学》2018 年第 4 期。

柳军、梁小燕：《农村职业教育协同乡村振兴的逻辑优化与路径探析》，《中国职业技术教育》2021 年第 36 期。

龙花楼、屠爽爽：《土地利用转型与乡村振兴》，《中国土地科学》2018 年第 7 期。

卢福营：《乡村振兴背景下的村庄治理共同体重构》，《社会科学》2022 年第 6 期。

陆益龙：《乡村振兴中的农业农村现代化问题》，《中国农业大学学报》（社会科学版）2018 年第 3 期。

吕宾：《乡村振兴视域下乡村文化重塑的必要性、困境与路径》，《求实》2019 年第 2 期。

吕德文：《乡村振兴背景下乡村工作共同体的建构逻辑》，《南昌大学学报》（人文社会科学版）2021 年第 5 期。

吕方：《乡村振兴与中国式现代化道路：内涵、特征、挑战及关键议题》，《杭州师范大学学报》（社会科学版）2021 年第 5 期。

吕建华、林琪：《我国农村人居环境治理：构念、特征及路径》，《环境保护》2019 年第 9 期。

罗利玉：《红色旅游发展的基本遵循与现实进路——基于乡村振兴战略的解读》，《社会科学家》2021 年第 7 期。

罗中枢：《公民社会视野下的农村社区治理初探》，《理论视野》2010 年第 12 期。

马辉、邹广天、何彦汝：《美丽乡村背景下黔西南布依族香车河传统村落文化传承与保护》，《黑龙江民族丛刊》2017 年第 6 期。

马一先、邓旭：《乡村教育助力乡村振兴的价值意蕴、目标指向与实践路径》，《现代教育管理》2022 年第 10 期。

毛一敬：《构建乡村治理共同体：村级治理的优化路径》，《华中科技大学学报》（社会科学版）2021 年第 4 期。

梅军、李宁阳：《乡村传统治理资源的整合重构与乡村善治——基于贵州两个彝族村寨的考察》，《地方治理研究》2020 年第 3 期。

明跃玲：《文化互动与仪式变迁——"武陵民族走廊"跳香仪式的田野调查》，《中南民族大学学报》（人文社会科学版）2015 年第 2 期。

倪咸林、汪家焰、南京财经大学公共管理学院：《"新乡贤治村"：乡村社区治理创新的路径选择与优化策略》，《南京社会科学》2021 年第 5 期。

聂建亮、吴玉锋：《社会保障助力乡村振兴：基础、路径与提升策略》，《农村经济》2021 年第 12 期。

牛耀红：《建构乡村内生秩序的数字"社区公共领域"——一个西部乡村的移动互联网实践》，《新闻与传播研究》2018 年第 4 期。

欧阳静：《简约治理：超越科层化的乡村治理现代化》，《中国社会科学》

2022 年第 3 期。

欧阳雪梅:《振兴乡村文化面临的挑战及实践路径》,《毛泽东邓小平理论研究》2018 年第 5 期。

彭庆军:《论民族地区传统社会组织的创造性转化——以湖南省通道侗族自治县为例》,《华中科技大学学报》(社会科学版) 2013 年第 5 期。

彭庆军:《乡村治理现代化视域下民族地区少数民族传统社会组织的功能——以黔东南 L 村侗族"寨老"组织为例》,《西南民族大学学报》(人文社会科学版) 2015 年第 6 期。

彭振:《民族习惯法在乡村善治中的地位和功能》,《广西民族大学学报》(哲学社会科学版) 2017 年第 3 期。

蒲实、孙文营:《实施乡村振兴战略背景下乡村人才建设政策研究》,《中国行政管理》2018 年第 11 期。

祁占勇、王晓利:《农村职业教育培育新型职业农民的现实困顿与实践路向》,《陕西师范大学学报》(哲学社会科学版) 2021 年第 6 期。

钱再见、汪家焰:《"人才下乡":新乡贤助力乡村振兴的人才流入机制研究——基于江苏省 L 市 G 区的调研分析》,《中国行政管理》2019 年第 2 期。

钱正武:《论新时代乡村振兴战略的四维导向》,《内蒙古社会科学》(汉文版) 2018 年第 5 期。

乔伟峰、戈大专、高金龙、卢诚、黄璐莹:《江苏省乡村地域功能与振兴路径选择研究》,《地理研究》2019 年第 3 期。

乔运鸿、杜倩:《农村民间组织参与农村公共服务供给的新路径——以山西永济蒲韩乡村社区的实践为例》,《理论探索》2015 年第 3 期。

秦秋霞、郭红东、曾亿武:《乡村振兴中的数字赋能及实现途径》,《江苏大学学报》(社会科学版) 2021 年第 5 期。

秦中春:《乡村振兴背景下乡村治理的目标与实现途径》,《管理世界》2020 年第 2 期。

邱星、董帅兵:《新时代的乡愁与乡村振兴》,《西北农林科技大学学报》(社会科学版) 2022 年第 3 期。

曲比阿果:《传统与现代婚姻观念之间的调适及社会影响——以凉山彝族婚姻观念变迁为例》,《西南民族大学学报》(人文社科版) 2017 年第

12期。

渠彦超、张晓东:《新时代我国乡村振兴的伦理之维》,《长白学刊》2021年第1期。

任成金:《国家治理现代化视域下乡村文化建设的多维透视》,《云南社会科学》2020年第5期。

邵桦、杨京彪、薛达元:《佤族传统文化在生物多样性保护中的作用》,《生物多样性》2021年第8期。

申云、陈慧、陈晓娟、胡婷婷:《乡村产业振兴评价指标体系构建与实证分析》,《世界农业》2020年第2期。

申云、李京蓉:《我国农村居民生活富裕评价指标体系研究——基于全面建成小康社会的视角》,《调研世界》2020年第1期。

沈费伟、叶温馨:《数字乡村建设:实现高质量乡村振兴的策略选择》,《南京农业大学学报》(社会科学版)2021年第5期。

沈延生:《村政的兴衰与重建》,《战略与管理》1998年第6期。

石黎卿、石裕祖:《民族地区乡村经济与传统文化共同振兴的协同效应研究——白族大型民俗文化活动"秧赕会"与"田家乐"的启示》,《民族艺术研究》2021年第3期。

宋国恺、李岩:《村民主体视角下农村人居环境问题成因及整治路径分析》,《福建论坛》(人文社会科学版)2020年第2期。

宋忠敏:《少数民族传统文化与铸牢中华民族共同体意识——以贵州苗族侗族食俗文化为例》,《贵州民族研究》2021年第1期。

苏志龙、尹铎、唐雪琼:《文化经济视角下景迈山芒景村布朗族山康茶祖节的重构》,《地理科学进展》2020年第2期。

孙刚、罗昊:《乡村振兴背景下文化治理现代化的价值意蕴与政策路径》,《江汉论坛》2021年第7期。

孙久文、李承璋:《共同富裕目标下推进乡村振兴研究》,《西北师大学报》(社会科学版)2022年第3期。

孙伟:《红色文化与乡村振兴的契合机制与实践路径——以新县田铺大塆为分析样本》,《河南社会科学》2020年第7期。

孙喜红、贾乐耀、陆卫明:《乡村振兴的文化发展困境及路径选择》,《山东大学学报》(哲学社会科学版)2019年第5期。

孙莹:《协同共治视角下的乡村治理现代化——以四川省 J 市的乡村振兴实践为例》,《理论学刊》2022 年第 2 期。

谭文平:《少数民族地区乡村振兴视域下治理效能提升研究——基于西藏自治区日喀则市拉孜县 G 村的观察》,《黑龙江民族丛刊》2020 年第 1 期。

谭燕芝、李云仲、叶程芳:《省域数字普惠金融与乡村振兴评价及其耦合协同分析》,《经济地理》2021 年第 12 期。

汤蕤蔓:《中国共产党乡村治理政策的演进逻辑与内在机理》,《重庆社会科学》2022 年第 9 期。

汤洋:《赫哲族非物质文化遗产的创造性转化和创新性发展》,《黑龙江民族丛刊》2021 年第 2 期。

唐斌尧、谭志福、胡振光:《结构张力与权能重塑:乡村组织振兴的路径选择》,《中国行政管理》2021 年第 5 期。

唐胡浩、赵金宝:《重塑村落共同体:乡村治理视角下传统文化的现代价值研究——基于席赵村丧葬仪式的田野调查》,《华中师范大学学报》(人文社会科学版)2021 年第 5 期。

唐俊、徐祖祥:《桂西南壮族乡村治理中的仪式传统与族群互动》,《云南民族大学学报》(哲学社会科学版)2020 年第 4 期。

唐俊、徐祖祥:《空间表征与象征秩序:桂西南壮族乡村治理中传统文化的现代价值重塑》,《云南民族大学学报》(哲学社会科学版)2022 年第 2 期。

唐任伍:《新时代乡村振兴战略的实施路径及策略》,《人民论坛·学术前沿》2018 年第 3 期。

唐文浩:《数字技术驱动农业农村高质量发展:理论阐释与实践路径》,《南京农业大学学报》(社会科学版)2022 年第 2 期。

陶红梅:《佤族传统计量文化对佤族农户经济行为的影响》,《学术探索》2017 年第 2 期。

陶自祥:《论民族地区文化振兴的价值认知——基于云南的考察》,《中南民族大学学报》(人文社会科学版)2021 年第 4 期。

汪锦军、王凤杰:《激发乡村振兴的内生动力:基于城乡多元互动的分析》,《浙江社会科学》2019 年第 11 期。

王宾、于法稳:《"十四五"时期推进农村人居环境整治提升的战略任务》,《改革》2021年第3期。

王崇:《"互塑"理论视阈下民族地区乡村治理中的非正式制度研究》,《广西民族大学学报》(哲学社会科学版)2022年第3期。

王春光:《迈向共同富裕——农业农村现代化实践行动和路径的社会学思考》,《社会学研究》2021年第2期。

王杰:《实施乡村振兴战略和区域协调战略,推进中国特色社会主义现代化建设》,《农业经济》2019年第7期。

王岚:《少数民族优秀传统文化滋养文明乡风的路径》,《民族学刊》2020年第2期。

王丽华、赵启燕:《利用少数民族乡村传统社会资本创新社会管理——以云南某佤族乡村为例》,《云南行政学院学报》2013年第6期。

王丽敏:《乡村振兴战略视域下乡村自治、法治、德治"三治融合"的实践探索——基于河南省先进村镇的实证分析》,《领导科学》2019年第14期。

王露璐:《中国式现代化进程中的乡村振兴与伦理重建》,《中国社会科学》2021年第12期。

王宁:《乡村振兴战略下乡村文化建设的现状及发展进路——基于浙江农村文化礼堂的实践探索》,《湖北社会科学》2018年第9期。

王沛:《以乡村振兴战略为抓手 推动辽宁农业农村现代化发展》,《农业经济》2020年第6期。

王瑞光:《乡村文化振兴与非物质文化遗产的价值呈现》,《济南大学学报》(社会科学版)2021年第2期。

王胜、余娜、付锐:《数字乡村建设:作用机理、现实挑战与实施策略》,《改革》2021年第4期。

王思斌:《乡村振兴中韧性发展的经济—社会政策与共同富裕效应》,《探索与争鸣》2022年第1期。

王维:《论少数民族传统道德及其在当今的重建与调适》,《中南民族大学学报》(人文社会科学版)2004年第2期。

王文彬:《自觉、规则与文化:构建"三治融合"的乡村治理体系》,《社会主义研究》2019年第1期。

王晓为、孙德昊：《乡村振兴战略中传承和发扬鄂伦春族传统民俗文化的时代意蕴》，《黑龙江民族丛刊》2018年第6期。

王延中、丁赛：《民族地区脱贫攻坚的成效、经验与挑战》，《西南民族大学学报》（人文社会科学版）2020年第11期。

王泳兴：《湘西苗族传统殡葬文化的现代审视》，《吉首大学学报》（社会科学版）2021年第6期。

王勇：《新型城镇化进程中现代乡村文明建设的逻辑与理路》，《西安财经学院学报》2017年第5期。

王宇航、于佳宾、徐宏幸：《少数民族文化产业发展的路径探析》，《黑龙江民族丛刊》2018年第1期。

王治河：《第二次启蒙呼唤有根的后现代乡村文明》，《中国乡村发现》2014年第4期。

王忠武：《乡村文明的价值结构与新时代重构——实现乡村振兴的文明复兴之路探讨》，《山东社会科学》2018年第5期。

魏后凯：《新常态下中国城乡一体化格局及推进战略》，《中国农村经济》2016年第1期。

温暖：《多元共治：乡村振兴背景下的农村生态环境治理》，《云南民族大学学报》（哲学社会科学版）2021年第3期。

温铁军：《生态文明与比较视野下的乡村振兴战略》，《上海大学学报》（社会科学版）2018年第1期。

文丰安：《党组织领导乡村治理：重要意义、现实困境及突破路径》，《西南大学学报》（社会科学版）2022年第3期。

文丰安：《乡村振兴战略与农业现代化治理融合发展：价值、内容及展望》，《西南大学学报》（社会科学版）2020年第4期。

文立杰、纪东东：《乡村文化振兴进程中农村公共文化服务的实践转向》，《图书馆》2021年第4期。

吴理财、解胜利：《文化治理视角下的乡村文化振兴：价值耦合与体系建构》，《华中农业大学学报》（社会科学版）2019年第1期。

吴理财：《把治理引入公共文化服务》，《探索与争鸣》2012年第6期。

吴毅：《村民自治的成长：国家进入与社区内生——对全国村民自治示范第一村及所在县的个案分析》，《政治学研究》1998年第3期。

伍雄武：《从南诏〈德化碑〉看我国古代各族的精神纽带》，《创造》1993年第 1 期。

夏显力、陈哲、张慧利、赵敏娟：《农业高质量发展：数字赋能与实现路径》，《中国农村经济》2019 年第 12 期。

夏小华、雷志佳：《乡村文化振兴：现实困境与实践超越》，《中州学刊》2021 年第 2 期。

夏银平、汪勇：《以农村基层党建引领乡村振兴：内生逻辑与提升路径》，《理论视野》2021 年第 8 期。

项继权：《中国村民的公共参与——南街、向高、方家泉三村的考察分析》，《中国农村观察》1998 年第 2 期。

辛璟怡、于水：《主体多元、权力交织与乡村适应性治理》，《求实》2020 年第 2 期。

辛丽平：《论全面对外开放格局下西南地区民族传统文化的保护》，《贵州民族研究》2016 年第 11 期。

徐凤增、袭威、徐月华：《乡村走向共同富裕过程中的治理机制及其作用——一项双案例研究》，《管理世界》2021 年第 12 期。

徐勇、石健：《市场化、社会化、国家化进程中的乡村振兴瓶颈及其突破——基于山东烟台"苹果村"的调查》，《探索》2022 年第 2 期。

徐勇：《GOVERNANCE：治理的阐释》，《政治学研究》1997 年第 1 期。

徐勇：《城乡一体化进程中的乡村治理创新》，《中国农村经济》2016 年第 10 期。

徐勇：《浸润在家族传统文化中的村民自治——湖南省秀村调查》，《社会科学》1997 年第 10 期。

徐勇：《论现代化中后期的乡村振兴》，《社会科学研究》2019 年第 2 期。

徐勇：《民主化进程中的政府主动性——对四川达州市村民自治示范活动的调查与思考》，《战略与管理》1997 年第 3 期。

徐勇：《县政、乡派、村治：乡村治理的结构性转换》，《江苏社会科学》2002 年第 2 期。

徐勇：《乡村文化振兴与文化供给侧改革》，《东南学术》2018 年第 5 期。

徐祖祥、罗张悦：《乡村振兴中民间信仰重塑的文化力实践逻辑——以贵州黔西南州望谟县 H 村苗族为例》，《中南民族大学学报》（人文社会科学版）2021 年第 7 期。

许丹：《中国农村公共文化服务高质量发展——基本内涵、问题清单与行动框架》，《社会科学研究》2021 年第 5 期。

许汉泽、徐明强：《"任务型乡贤"与乡村振兴中的精英再造》，《华南农业大学学报》（社会科学版）2020 年第 1 期。

闫德亮、李娟：《乡村振兴战略背景下乡村文明话语的转型与重建》，《学术界》2019 年第 10 期。

闫书华：《实施乡村振兴战略的根本遵循》，《学海》2021 年第 6 期。

杨春娥、赵君：《少数民族特色村寨振兴的实践困境及路径探索——基于鄂西南民族地区的考察》，《民族学刊》2020 年第 6 期。

杨福泉：《社会与文化变迁对民族宗教文化认同的影响——纳西人对东巴教的认同及其变迁研究》，《思想战线》2010 年第 4 期。

杨海涛、荣达海：《西南民族地区人口较少民族传统文化的法律保护》，《贵州民族研究》2021 年第 1 期。

杨忍、陈燕纯、龚建周：《转型视阈下珠三角地区乡村发展过程及地域模式梳理》，《地理研究》2019 年第 3 期。

杨瑞：《近代中国乡村改造之社会转向》，《中国社会科学》2017 年第 2 期。

杨伟荣：《乡村振兴的伦理之维——"乡村振兴与乡村伦理"高层论坛综述》，《伦理学研究》2018 年第 3 期。

杨郁、刘彤：《国家权力的再嵌入：乡村振兴背景下村庄共同体再建的一种尝试》，《社会科学研究》2018 年第 5 期。

杨增紫：《乡村振兴战略实施中的移风易俗：现实问题与积极进路》，《贵州社会科学》2021 年第 9 期。

姚丽娟、石开忠：《侗族地区款组织的变迁》，《贵州民族学院学报》（哲学社会科学版）2004 年第 5 期。

易柳、张少玲：《农村基本公共服务均等化：深度贫困治理的机遇与挑战》，《湖北民族学院学报》（哲学社会科学版）2019 年第 4 期。

尹清龙、李凯：《乡村振兴视阈下民族地区文化产业发展的困境与纾解》，《云南民族大学学报》（哲学社会科学版）2022 年第 5 期。

于法稳：《乡村振兴战略下农村人居环境整治》，《中国特色社会主义研究》2019 年第 2 期。

于法稳:《新时代农业绿色发展动因、核心及对策研究》,《中国农村经济》2018 年第 5 期。

原超:《新"经纪机制":中国乡村治理结构的新变化——基于泉州市 A 村乡贤理事会的运作实践》,《公共管理学报》2019 年第 2 期。

袁方成、周韦龙:《从振兴共同体到共同体振兴:乡村振兴的乡贤逻辑》,《社会主义研究》2022 年第 2 期。

袁君刚、李佳琦:《走向文化治理:乡村治理的新转向》,《西北农林科技大学学报》(社会科学版) 2020 年第 3 期。

袁树卓、刘沐洋、彭徽:《乡村产业振兴及其对产业扶贫的发展启示》,《当代经济管理》2019 年第 1 期。

岳奎、张鹏启:《新时代党建引领农村基层治理路径探析》,《行政论坛》2022 年第 3 期。

曾天雄、曾鹰:《乡村文明重构的空间正义之维》,《广东社会科学》2014 年第 6 期。

曾亿武、宋逸香、林夏珍、傅昌銮:《中国数字乡村建设若干问题刍议》,《中国农村经济》2021 年第 4 期。

张波、李群群:《乡村文化治理的行动逻辑与机制创新》,《山东社会科学》2022 年第 3 期。

张波:《互联网+党建引领基层社会治理创新》,《中共天津市委党校学报》2018 年第 2 期。

张彩云:《文化生态视阈下傣族传统文化与生态意蕴——以湾甸傣族乡帕旭村为例》,《宁夏社会科学》2022 年第 3 期。

张成涛、张秋凤:《乡村振兴背景下农业职业教育的机遇、挑战与应对》,《中国职业技术教育》2019 年第 3 期。

张方旭:《内生型发展视角下新乡贤助力乡村振兴的社会基础——基于 F 村"绿色菜园"发展的经验研究》,《人文杂志》2021 年第 7 期。

张国芳:《传统社会资本及其现代转换——基于景宁畲族民族自治村的实证研究》,《浙江社会科学》2014 年第 1 期。

张厚安:《村民自治:中国农村基层民主建设的必由之路》,《河北学刊》2008 年第 1 期。

张厚安:《民主科学的结晶 村民自治的章程——从章丘经验看农村深化改

革的新的启动点》，《社会主义研究》1991年第5期。

张奎力、肖金光：《以生态—旅游促进共同富裕：基于云南沧源佤族自治县的实践》，《民族研究》2022年第4期。

张良：《论国家治理现代化视域中的文化治理》，《社会主义研究》2017年第4期。

张林：《数字普惠金融、县域产业升级与农民收入增长》，《财经问题研究》2021年第6期。

张龙、孔梦圆：《理论探索、制度创新与实践——以党建引领提高基层治理水平》，《西北农林科技大学学报》（社会科学版）2021年第3期。

张琦、杨铭宇：《民族地区乡村文化治理：逻辑起点、理论机理与实践路径》，《西南民族大学学报》（人文社会科学版）2021年第10期。

张强、张怀超、刘占芳：《乡村振兴：从衰落走向复兴的战略选择》，《经济与管理》2018年第1期。

张世定：《乡村振兴中乡村文化治理的制度构建》，《长白学刊》2020年第4期。

张挺、李闽榕、徐艳梅：《乡村振兴评价指标体系构建与实证研究》，《管理世界》2018年第8期。

张文彩：《乡村振兴视阈下农村现代化的路径选择》，《农业经济》2018年第9期。

张文明、章志敏：《资源·参与·认同：乡村振兴的内生发展逻辑与路径选择》，《社会科学》2018年第11期。

张孝德：《中国乡村文明研究报告——生态文明时代中国乡村文明的复兴与使命》，《经济研究参考》2013年第22期。

张新文、郝永强：《党建引领乡村治理共同体建构的行动逻辑与实践路径》，《学习论坛》2022年第2期。

张新文、张龙：《乡土文化认同、共同体行动与乡村文化振兴——基于鄂西北武村修复宗族文化事件的个案启示》，《南京农业大学学报》（社会科学版）2021年第4期。

张旭刚：《农村职业教育服务乡村振兴：实践困境与治理路径》，《职业技术教育》2018年第10期。

张焱、唐婷、胡雪枝、李勃：《乡村振兴视角下脱贫村内生发展能力的

DEA-Malmquist 评估及空间分异研究——以云南省为例》,《江苏农业科学》2022 年第 19 期。

张燕、卢东宁:《乡村振兴视域下新型职业农民培育方向与路径研究》,《农业现代化研究》2018 年第 4 期。

张有亮、赵龙:《困境与突破:社会转型背景下农民参与式民主初探》,《农村经济》2012 年第 2 期。

张宇、朱立志:《关于"乡村振兴"战略中绿色发展问题的思考》,《新疆师范大学学报》(哲学社会科学版)2019 年第 1 期。

张雨薇、武晋:《任务型经纪:新乡贤参与乡村治理的新范式——基于桐乡"乡贤+三治"融合的田野观察》,《西北农林科技大学学报》(社会科学版)2021 年第 6 期。

张蕴萍、栾菁:《数字经济赋能乡村振兴:理论机制、制约因素与推进路径》,《改革》2022 年第 5 期。

张铮、何琪:《从脱贫到振兴:党建引领乡村治贫长效机制探析》,《中国行政管理》2021 年第 11 期。

张志胜:《多元共治:乡村振兴战略视域下的农村生态环境治理创新模式》,《重庆大学学报》(社会科学版)2020 年第 1 期。

章志敏、张文明:《农村内生发展研究的理论转向、命题与挑战》,《江汉学术》2021 年第 2 期。

赵超:《论苗族传统议榔治理体系的结构、功能及运行》,《湖北民族学院学报》(哲学社会科学版)2017 年第 4 期。

赵廷阳、张颖、李怡欣:《乡村振兴背景下的乡风文明建设——基于全国村级"乡风文明建设"典型案例分析》,《西北农林科技大学学报》(社会科学版)2021 年第 3 期。

赵晓飞:《面向国家治理现代化的乡村振兴制度框架构建》,《中南民族大学学报》(人文社会科学版)2020 年第 6 期。

赵旭东:《乡愁中国的两种表达及其文化转型之路——新时代乡村文化振兴路径和模式研究》,《西北师大学报》(社会科学版)2019 年第 3 期。

郑法:《农村改革与公共权力的划分》,《战略与管理》2000 年第 4 期。

郑永君、吴春来:《基层党建统合与乡村治理创新——都江堰市"党引民治"实践案例分析》,《南京农业大学学报》(社会科学版)2020 年第

5 期。

钟洁、皮方於：《西部民族村寨旅游业发展促进乡村全面振兴的逻辑与路径》，《民族学刊》2020 年第 5 期。

周丹丹：《少数民族乡村治理中的传统社会组织研究——以侗族寨老组织为例》，《江淮论坛》2016 年第 6 期。

周锦、赵正玉：《乡村振兴战略背景下的文化建设路径研究》，《农村经济》2018 年第 9 期。

周竞红：《传统社会资源的挖掘和创新利用——"民族团结誓词碑"的启示》，《中央民族大学学报》（哲学社会科学版）2016 年第 3 期。

周娟：《农村集体经济组织在乡村产业振兴中的作用机制研究——以"企业+农村集体经济组织+农户"模式为例》，《农业经济问题》2020 年第 11 期。

周俊华、舒琴：《云南佤族的传统政治组织形式和制度》，《玉溪师范学院学报》2013 年第 5 期。

周立、李彦岩、王彩虹、方平：《乡村振兴战略中的产业融合和六次产业发展》，《新疆师范大学学报》（哲学社会科学版）2018 年第 3 期。

周晓光：《实施乡村振兴战略的人才瓶颈及对策建议》，《世界农业》2019 年第 4 期。

周作翰、朱剑清：《论村民自治的民主进程——兼论贫困地区村民委员会的建设》，《湖南师范大学社会科学学报》1995 年第 4 期。

朱映占：《基诺族长老制的结构与过程分析》，《民族论坛》2011 年第 12 期。

朱玉福、廉潘红：《论传统文化在人口较少民族地区乡村振兴中的作用——以西藏边陲南伊珞巴民族乡才召村珞巴族文化为例》，《西藏民族大学学报》（哲学社会科学版）2019 年第 1 期。

朱战辉：《富人治村与悬浮型村级治理——基于浙东山村的考察》，《中共浙江省委党校学报》2017 年第 4 期。

宗成峰、朱启臻：《"互联网+党建"引领乡村治理机制创新——基于新时代"枫桥经验"的探讨》，《西北农林科技大学学报》（社会科学版）2020 年第 5 期。

宗喀·漾正冈布、王振杰：《民族杂居地区乡村文化振兴与社会治理的耦合逻辑——基于文化资本视角的分析》,《西北农林科技大学学报》(社会科学版)2021年第5期。

邹和平:《论我国村民自治的发展特征》,《理论与改革》1994年第6期。

左停、李卓:《自治、法治和德治"三治融合":构建乡村有效治理的新格局》,《云南社会科学》2019年第3期。

左正龙:《绿色低碳金融服务乡村振兴的机理、困境及路径选择——基于城乡融合发展视角》,《当代经济管理》2022年第1期。

后 记

感谢书稿撰写过程中专家们的宝贵意见,其中朱军老师、罗强强老师、吕庆春老师、程中兴老师、白利友老师、常轶军老师、张翠霞老师等,为研究设计提出了极富建设性的宝贵意见和建议。同时,也感谢赵成龙、张涵、尹雯沁、彭泉钦、李琴、张爱玲、杨洋等同学,他们为本书的资料收集付出了辛勤劳动。其中一些同学也参与了部分章节的撰写工作。详见如下:

导 论　第一节　廖林燕
　　　　第二节　廖林燕　彭泉钦
　　　　第三节　张涵
　　　　第四节　彭泉钦
第一章　廖林燕
第二章　第一节　廖林燕
　　　　第二节　廖林燕
　　　　第三节　廖林燕　尹雯沁
第三章　第一节　廖林燕　张涵
　　　　第二节　廖林燕　李庚伦
第四章　第一节　廖林燕
　　　　第二节　廖林燕　赵成龙
　　　　第三节　廖林燕　赵成龙　辜小倩
　　　　第四节　廖林燕　尹雯沁
第五章　廖林燕

本书得以顺利出版,特别感谢孔继萍女士的大力帮助!感谢责编和校对老师！借此后记，谨向所有关心帮助我的老师们致以谢意！本书撰写中难免存在不足之处，恳望学界前辈、同仁和读者们不吝批评赐正！

廖林燕

于云南大学东陆园

2023 年 5 月 8 日